1968

EL MOVIMENTO

Angélica Müller
COORDENADORA

1968 EM MOVIMENTO

FGV EDITORA

Direitos desta edição reservados à
FGV EDITORA
Rua Jornalista Orlando Dantas, 37
22231-010 | Rio de Janeiro, RJ | Brasil
Tels.: 0800-021-7777 | 21-3799-4427
Fax: 21-3799-4430
editora@fgv.br | pedidoseditora@fgv.br
www.fgv.br/editora

Impresso no Brasil / *Printed in Brazil*

1ª edição – 2018

PREPARAÇÃO DE ORIGINAIS: Dora Rocha
REVISÃO: Fatima Caroni
PROJETO GRÁFICO, DIAGRAMAÇÃO: Abreu's System
CAPA: Studio 513

Ficha catalográfica elaborada pela Biblioteca Mario Henrique Simonsen/FGV

1968 em movimento / Angélica Müller (coordenadora). – Rio de Janeiro : FGV Editora, 2018.
232 p.

Inclui bibliografia.
ISBN: 978-85-225-2082-4

1. Brasil – História – 1968. 2. Movimentos estudantis – Brasil – 1968. 3. Estudantes –Atividades políticas – 1968. 4. Ditadura – Brasil. I. Müller, Angélica. II. Fundação Getulio Vargas.

CDD – 322.40981

Sumário

Apresentação

Angélica Müller

1968 foi um ano crucial, escreveu a jornalista italiana Oriana Fallaci em seu diário (Fallaci, 2017). Crucial pela importância que apresentou na história do século XX. Crucial porque cruzou diferentes formas de contestação e porque nele se cruzaram distintas dimensões do tempo: foi um ano que se espelhou num passado próximo, mas que, sobretudo, projetou futuros diversos. Como evento capital, 68 não pode ser reduzido apenas à sua cronometria: precisa ser entendido através de sua longa duração e questionado no que diz respeito a seus possíveis fins... Por ser crucial, torna-se imperativo reinterpretá-lo 50 anos depois à luz de um presente com pouco ou sem nenhum horizonte de expectativa.

No Brasil, o ano de 1968 continua a pautar o imaginário político, a incentivar narrativas memoriais dos seus participantes e a estimular análises dos acadêmicos. Das interpretações realizadas *à chaud*, na sequência dos fatos, até os eventos ligados à comemoração dos 40 anos da data, a produção historiográfica brasileira privilegiou os grandes acontecimentos políticos e culturais e a fala de seus grandes personagens, ancorados sobretudo no movimento estudantil e no movimento operário. Do "momento 68", na curta duração do ano calendário, as perspectivas foram se expandindo para se entender à "época de 1968" através de seu caráter revolucionário (Ridenti, 2009:81-90).

Este livro pretende trazer outros ângulos de observação e perspectivas sobre o momento e sua época. Apresentar os movimentos de 1968 e aqueles que dele derivaram será o fio condutor dos textos aqui reunidos. Entendendo o ano de 1968 no Brasil como chave para o aprofundamento da ditadura militar, a ideia é trazer novos enfoques para alguns eventos bastante, e outros muito pouco, conhecidos. Mas, sobretudo, este livro dará uma atenção particular às reações, aos desdobramentos e heranças que aqueles eventos suscitaram no e ao longo do tempo. Quais foram os contatos, as apropriações e circulações de ideias de um mundo em ebulição que perpassaram pela singularidade do caso brasileiro? Quais são as permanências (e as rupturas) projetadas na época que continuam presentes até os dias de hoje na nossa sociedade? As diversas gerações de estudantes que se formaram desde então são herdeiras daquela geração? Como é apresentado aquele contexto e as lutas travadas no plano memorial? Como foi rememorado 68 à luz de cada presente nestes últimos 40 anos?

Neste percurso, começaremos examinando a trajetória de militarização do regime no Brasil desde o pós-1964 e as formas diversas e heterogêneas de reação do mundo civil, em particular a resistência encampada pelo movimento estudantil, como nos mostrará João Roberto Martins Filho.

Num mundo dominado pela Guerra Fria, a contestação como ideia tornou-se global, estendendo-se desde a radicalidade dos movimentos anarquistas e comunistas do Zangakuren japonês, e passando pelos movimentos de libertação nacional da Argélia, pelo longo *'68 studentesco* italiano, pela contracultura e os novos movimentos sociais que surgiram nos Estados Unidos, pela barbárie do Massacre de Tatleloco, no México, até chegar ao *Cordobazzo* argentino. A historiografia brasileira não cansa, porém, de mostrar as especificidades do nosso caso.[1] Já neste livro, procuramos apresentar as possíveis conexões que diferentes atores brasileiros apresentavam com outros contextos, bem como a circulação de ideias e influências vindas de outros países.

A preocupação dos militares com os estudantes não ficava restrita ao território brasileiro, até mesmo porque outro 68 abalava o mundo: o "maio francês" os inquietava pela desordem e a subversão, especialmente porque em Paris viviam mais de 100 estudantes brasileiros numa casa financiada pelo país na Cidade Universitária, como apresentarei em meu artigo.

O binômio cultura e política, lido numa chave de cultura de contestação, é a marca da época de 1968. Nesse sentido, foi inegável a atração exercida por visões de mundo transformadoras que estavam presentes nas propostas das esquerdas naquele momento e que influenciaram fortemente o campo intelectual, atraindo para sua "órbita" intelectuais e revistas de início mais afinadas com a direita, como analisará Marcelo Ridenti com o caso da *Cadernos Brasileiros*.

---

[1] A última obra publicada defendendo a singularidade do caso brasileiro, demonstrando pouco envolvimento com as questões que pautaram o 68 global é a de Hagemeyer (2016).

Se o comportamento e as ações da juventude e do movimento estudantil foram preponderantes naquela conjuntura, não menos importante foi o papel do movimento operário, sobretudo se lembrarmos das greves de Contagem e Osasco. Larissa Corrêa e Paulo Fontes vão além desse auge do 68 operário. Partindo do sindicalismo internacional e especificamente da influência americana, que investiu pesadamente na educação sindical dos trabalhadores latino-americanos, visando a "espalhar as sementes do sindicalismo livre e democrático", os historiadores repensam os significados do ano para os trabalhadores a partir das ações do regime militar e das reações a ele.

Parafraseando Zuenir Ventura, o ano de 1968 terminou duas vezes para o movimento estudantil. O Ato Institucional nº 5, sem dúvida, levou ao fechamento do regime. Mas um episódio que, entre todos os outros, ficou bastante conhecido na história e foi mitificado e glorificado na memória daqueles que o vivenciaram foi o XXX Congresso da UNE, na cidade de Ibiúna. O que poucos conhecem, de fato, são os detalhes da grande operação montada pelas polícias políticas para desbaratar o congresso e os eventos que a partir dela se desenrolaram, trabalho do historiador Pedro Ernesto Fagundes no texto "Operação Ibiúna".

A socióloga francesa Camille Goirand colocará em perspectiva como o confronto entre manifestantes e policiais nas ruas contribuiu para acelerar o processo de construção de um regime autoritário em 1968, ou para fortalecer a ideia de transição para a democracia no final dos anos 1970. As técnicas eram as mesmas? Ainda comparando uma década com outra, a historiadora Gislene Lacerda tratará das "batalhas" pela construção da memória das gerações de 1968 e 1977. Quem, afinal, derrubou a ditadura?

A memória de uma geração heroica também foi (des)construída pela imprensa. A socióloga Maria Ribeiro do Valle analisará como o jornal *O Estado de S. Paulo*, que se posicionou contrariamente ao movimento estudantil em 1968 e nas décadas posteriores, reconstruirá a imagem daqueles jovens (e do próprio jornal) por ocasião das comemorações dos 30 anos, num contexto de grande repercussão midiática das manifestações e de fortalecimento da incipiente democracia brasileira.

Já as graduandas em história da UFF Gabriela Costa e Maria Júlia Dias, partindo da edição do dia 18 de janeiro de 2013 d'*O Globo*, cuja capa anunciava "A nova marcha dos 100 mil", irão verificar como o jornal reconstruiu sua própria memória dos eventos e como continuou desconstruindo as manifestações contestatórias, lá e aqui.

Por fim, Rafael Hagemeyer nos brindará com um ensaio sobre os significados cambiantes de 1968, sempre reatualizados, e apresentará o encontro de um historiador com seu tema de pesquisa reincidente em diferentes contextos, refletindo, assim, o *métier* de historiador.

Vale registrar, ainda, que *1968 em movimento*, como fio vermelho deste livro, foi pensado também para ser um encontro. Aqui cruzam-se diferentes gerações: desde aqueles que viveram as utopias e a radicalidade do "ano mágico" aos que, nas décadas subsequentes, reconstruíram e adequaram propostas que também lá nasceram até chegar aos estudantes de hoje, que ainda estão em formação. Esse encontro foi propiciado pelas diferentes leituras e abordagens de um tema que continua sendo agenda importante para os pesquisadores. Os historiadores e sociólogos aqui reunidos escreveram no tempo presente à luz de suas experiências de pesquisa e de vida. A todos eles, meu grande agradecimento pela colaboração. Agradeço também o trabalho sempre muito benfeito pela Editora FGV. Um agradecimento mais que especial à sua diretora, professora Marieta de Moraes Ferreira, que ajudou enormemente a delinear o formato deste projeto e acompanhou com dedicação todas as suas etapas. Seu espírito "*soixante-huitard*", benévolo e entusiasta, foi fundamental para este livro chegar até você, caro leitor.

Referências

FALLACI, Oriana. *1968:* dal Vietnam al Messico. Diario di um anno cruciale. Milano: Rizzoli Libri, 2017.

HAGEMEYER, Rafael Rosa. *Caminhando e cantando:* o imaginário do movimento estudantil brasileiro de 1968. São Paulo: Edusp, 2016.

RIDENTI, Marcelo. A época de 1968: cultura e política. In: FICO, Carlos e ARAUJO, Maria Paula. *1968, 40 anos depois:* história e memória. Rio de Janeiro: 7 Letras, 2009.

Rio de Janeiro, maio de 2018
Angélica Müller

Movimento estudantil e militarização do Estado (1964-1968)

João Roberto Martins Filho

Nos primeiros anos depois do golpe de 1964 o protesto estudantil foi o movimento antiditatorial por excelência, desde seu renascer, menos de um ano depois da derrubada do governo João Goulart, até as grandes manifestações do primeiro semestre de 1968. Liderado pela UNE (União Nacional dos Estudantes) e pelas uniões estaduais,[1] entidades que o governo militar procurou em vão banir da vida política do país, o movimento dos estudantes é lembrado principalmente pelas passeatas duramente reprimidas pelas forças policiais e militares. A presença política dos jovens serviu para trazer precocemente à luz o caráter ditatorial do regime. Desde o início do ano letivo de 1966, cassetetes, bombas, carros blindados, cavalaria e mesmo tanques e metralhadoras enfrentaram os setores mais mobilizados de uma categoria social anteriormente tratada com cuidado pelas autoridades e considerada um celeiro de lideranças.

Em seu apogeu, no primeiro semestre de 1968, os movimentos universitário e secundarista conseguiram apoio de setores da intelectualidade e da Igreja Católica, de artistas e de categorias profissionais como jornalistas e advogados, mas tal aproximação foi efêmera e não teve continuidade numa frente política mais consistente, dada a fragilidade da oposição liberal àquela altura e a propensão da esquerda estudantil a aderir a formas de enfrentamento direto com a ditadura.[2] Depois do "golpe dentro do golpe" de dezembro de 1968, uma parcela dos dirigentes e da militância aderiu à luta armada contra o regime, sofrendo as consequências dessa opção nos chamados anos de chumbo, que correspondem

---

[1] No caso do estado da Guanabara, que tinha como capital a cidade do Rio de Janeiro, a entidade representativa dos estudantes era a UME (União Metropolitana de Estudantes).

[2] Este artigo não analisa especificamente o movimento estudantil secundarista, de importância inegável no período e de extração social mais aberta aos setores populares.

grosso modo ao final do governo Costa e Silva (1967-1969) e ao período Médici (1969-1973). Nas listas de torturados, assassinados e desaparecidos, os jovens e as jovens estudantes figuram com trágico destaque.[3]

O exame, ainda que sucinto, da trajetória desse movimento tipicamente de classe média, entre 1964 e 1968, pode contribuir para afastar a ideia de que o regime do pós-1964 só foi ditatorial depois do Ato Institucional nº 5. Ao mesmo tempo, permite constatar como o mundo civil reagiu de forma diversa e heterogênea à militarização do Estado, um primeiro problema que se coloca à caracterização do regime como "civil-militar". O apoio de setores como o empresariado, os proprietários rurais, a grande imprensa e a alta burocracia civil conviveu com a oposição de outros setores da sociedade. Esta nunca foi unificada, ao contrário do campo militar, cimentado em torno de ideologias e doutrinas contrarrevolucionárias típicas da Guerra Fria e homogêneo na disposição de impedir a "volta ao passado" do pré-1964. Por fim, compreender a evolução do processo político de 1964-1968 possibilita considerar que os militares tiveram peso desigual na dinâmica e na estrutura do poder do pós-1964. Em suma, o lugar e o papel das Forças Armadas definem o arranjo de poder instalado com o golpe, vale dizer, a ditadura militar de 1964-1985.

O inimigo estudantil

O movimento social dos estudantes universitários depois de 1964 apresenta fortes traços de continuidade com as mobilizações dessa categoria social no final do período inaugurado em 1945. Tanto antes quanto depois do golpe, os jovens viam-se representados por entidades existentes desde o final dos anos 1930. No bojo da crise política da primeira metade dos anos 1960, a corrente política hegemônica na UNE era uma organização católica radical, a AP (Ação Popular), que permaneceu influente até 1968, depois dos breves meses de desarticulação que se seguiram ao golpe militar. No entanto, ao contrário da hegemonia quase sem concorrência da AP no meio estudantil até 1964, o panorama da esquerda estudantil passou a ser mais diversificado a partir de 1965-1966. Por um lado,

[3] Ridenti (1993:115 e segs.) refere-se a 24,5% dos processados por ligação com grupos de esquerda e 30,7% dos denunciados por pertencerem a organizações guerrilheiras urbanas, uma porcentagem muito maior que a de estudantes na esquerda brasileira antes de 1964.

ascenderam nas entidades estudantis grupos de militantes que deixaram o PCB (Partido Comunista Brasileiro) por considerá-lo responsável pela falta de resistência popular ao golpe. Por fim, a antiga organização trotskista Polop (Política Operária) também cresceu em importância nas escolas.[4]

A UNE foi participante ativa da frente nacional-popular na luta pelas chamadas reformas de base, que incluía a campanha pela reforma da universidade e antevia maior participação estudantil nas decisões e expansão do ensino público e gratuito. Por isso, mesmo antes do golpe, o movimento e suas principais entidades eram vistos pelos ideólogos militares como uma ameaça à segurança nacional. Os golpistas subiram ao poder munidos do ideário anticomunista da ideologia da segurança nacional, nascida na ESG (Escola Superior de Guerra), e de uma doutrina importada da França, a *guerre révolutionnaire*, que propunha enfrentar a ascensão comunista com métodos de guerra heterodoxos, onde a tortura ocupava lugar central. Os vitoriosos de 1964 acreditavam ser a força da esquerda nas entidades representativas dos estudantes resultado de uma falsa representação, que desapareceria se o "estudante autêntico" pudesse expressar sem distorções suas expectativas políticas.

Já no começo de seu governo, o marechal Castelo Branco (1964-1967) propôs uma legislação específica para a representação estudantil, afinal aprovada em novembro de 1964, e conhecida a partir de então como Lei Suplicy. Inspirada no sindicalismo operário atrelado ao Estado, a lei previa a existência de um Diretório Nacional de Estudantes para substituir a UNE e de diretórios estaduais no lugar das UEEs. Diretórios de faculdade substituiriam os antigos centros acadêmicos. Esse edifício estava destinado a assessorar as autoridades educacionais do novo regime. O ministro da Educação, Flavio Suplicy de Lacerda, que deu nome à lei, estava tão confiante nessas previsões que se esqueceu de proibir a existência da UNE e das UEEs como associações civis. Isso só seria corrigido no início de 1966. A essa altura, já estava evidente que as expectativas governamentais tinham se revelado demasiado otimistas: os estudantes viram a

[4] Das dissidências do PCB saíram grupos de velhos militantes, como a ALN (Aliança Libertadora Nacional) e o PCBR (Partido Comunista Brasileiro Revolucionário). Da Polop, organizações como o Colina (Comando de Libertação Nacional) e a VPR (Vanguarda Popular Revolucionária). Todos eles aderiram à luta armada como forma de luta contra a ditadura. No meio estudantil, a AP era forte nos movimentos paulista, baiano e do Distrito Federal. As dissidências tinham peso no Rio de Janeiro e São Paulo. Os grupos originários da Polop estavam presentes com mais influência em Minas Gerais e no Rio Grande do Sul.

proposta governamental como um ataque direto a seu direito de representação. Logo a esquerda estudantil passou a vencer as eleições nos novos diretórios de faculdade, e a UNE e as UEEs sobreviveram, apesar das dificuldades. O repúdio à ofensiva ditatorial foi tão amplo que mesmo entidades que tinham fugido à hegemonia da esquerda, durante os meses que precederam o golpe, aderiram à campanha contra os novos organismos.[5]

A antipatia dos estudantes pelos generais foi quase imediata. Em meio a uma série de medidas obscurantistas de cerceamento da livre expressão do pensamento, que fizeram surgir o termo "terror cultural", já em março de 1965 o marechal Castelo Branco foi vaiado ao comparecer à aula inaugural na Universidade do Brasil, no Rio de Janeiro. Seis meses depois, a edição do Ato Institucional nº 2 determinou a extinção dos partidos políticos do período anterior e criou apenas duas agremiações – a Arena e o MDB – para abrigar governistas e oposicionistas. Ao mesmo tempo, para desconsolo de parte dos apoiadores civis do golpe, o novo ato estabeleceu eleições indiretas para presidente da República e renovou o direito do Executivo de cassar mandatos parlamentares. O AI-2 fortaleceu no meio estudantil a ideia de que o país era governado por uma ditadura militar, o que foi reiterado pela consolidação da candidatura do ministro da Guerra, general Artur da Costa e Silva, à sucessão de Castelo Branco, contra a vontade deste e de seu grupo.[6]

O ano de 1966 começou com a UNE e as principais uniões estaduais nas mãos da esquerda católica radical, com capacidade para dirigir a insatisfação crescente no meio estudantil. Já no início do ano, manifestações contra a ditadura encontraram um aparato de repressão até então desconhecido, pronto a mostrar aos jovens universitários que o novo regime via suas mobilizações como ameaça à segurança nacional e estava disposto a enfrentá-las com métodos muito diversos da negociação e cooptação que preponderavam no período anterior. Em julho, em Minas Gerais, estado onde eclodiu o golpe de 1964, foram mobilizados 5 mil homens da polícia militar, do Exército e da Aeronáutica para impedir, sem sucesso, que a UNE realizasse seu 28º congresso em Belo Horizonte. Poucos dias depois, a UEE paulista não teve a mesma sorte: sua reunião anual foi invadida pela polícia, que efetuou 178 prisões.

---

[5] O caso mais notório dessa transição foi o da UME, no Rio de Janeiro.

[6] No ano anterior, a cassação de um dos candidatos naturais à presidência em 1966, o ex-presidente Juscelino Kubitschek, e a intervenção no estado de Goiás tinham antecipado tempos piores.

A política do governo para o meio estudantil teve continuidade com o emprego de 20 mil policiais e soldados no Rio de Janeiro para reprimir protestos contra os acontecimentos de São Paulo. Houve prisões e feridos entre os estudantes. Como resultado, a UNE convocou para 22 de setembro um "Dia Nacional de Luta contra a Ditadura", que foi precedido por uma greve geral universitária e marcado por passeatas duramente reprimidas nas principais capitais do país. O auge da repressão foi a invasão da Faculdade Nacional de Medicina, no Rio, numa exibição inédita de violência, que incluiu laboratórios destruídos, moços e moças arrastados para fora do prédio e um corredor polonês de soldados, por onde os jovens foram obrigados a passar. Tudo isso à vista da imprensa. Esses episódios passariam à memória estudantil com o nome de "Setembrada". Diante da brutalidade de policiais e soldados e da falta de apoio social mais amplo, os protestos de 1966 arrefeceram.

Enquanto isso, a ditadura avançava. Aproveitando-se da trégua nas tensões militares possibilitada pela consolidação da candidatura Costa e Silva, Castelo Branco encaminhou um projeto duro de nova carta constitucional, estabeleceu regras rígidas para sua tramitação no Legislativo e fechou o Congresso por dois meses, a 20 de outubro, depois de cercá-lo no final da madrugada com tropas dos Fuzileiros Navais, Exército e Aeronáutica. Nos últimos meses, seu governo aprovou a nova carta e decretou novas leis de segurança nacional e de imprensa. Liquidavam-se, assim, as esperanças de políticos liberais de que o apoio ao golpe significaria uma oportunidade para desmantelar os excessos da democracia de massas, com a diminuição do poder do PTB (Partido Trabalhista Brasileiro), dos sindicatos e movimentos sociais, seguida pela retomada das eleições, em que finalmente poderiam triunfar os conservadores, principalmente da UDN (União Democrática Nacional) e de setores do PSD (Partido Social Democrático).

Quando o novo presidente militar tomou posse, em março de 1967, esses partidos não mais existiam, e o país tinha uma nova "Constituição" por força da qual os direitos individuais estavam cerceados, o federalismo diminuído e o Legislativo emasculado. Os líderes civis de 1964 – Carlos Lacerda, Magalhães Pinto, Ademar de Barros, entre outros – defrontavam-se com a realidade da anulação das eleições presidenciais diretas. Quem mandava no país eram os militares, e aos civis restava cada vez mais o papel de dar-lhes sustentação, sem participar diretamente das decisões. O marechal Castelo Branco terminava seu governo como o protótipo do ditador militar.

Do "diálogo" aos tanques

Não espanta assim que o marechal Costa e Silva tenha começado sua administração com promessas de liberalização do regime e de "entendimento" com estudantes e trabalhadores. O novo ministro da Educação esboçou medidas que pareciam simpáticas aos pleitos dos "excedentes", jovens cujas notas garantiam sua aprovação nos vestibulares, mas que não podiam ingressar nas faculdades por falta de vagas. A trégua durou muito pouco. No meio estudantil, o ano foi marcado por greves, assembleias gerais e seminários contra a política educacional da ditadura e contra os acordos desta com a agência norte-americana de ajuda externa (Usaid).[7] Em novo congresso clandestino, a Ação Popular cedeu espaço na diretoria da UNE aos grupos de dissidentes do PCB já examinados.

No final do ano o general Meira Mattos foi nomeado para coordenar a comissão cuja tarefa era fazer um balanço da situação nas universidades e propor medidas para sua "modernização". Seu relatório final, publicado em maio de 1968, propunha medidas centralizadoras para a gestão da política de educação superior, capazes de concentrar nas mãos do ministro o que antes cabia aos reitores. Também atacava frontalmente a liberdade de cátedra e a própria concepção liberal das universidades como espaços autônomos. Por último, mas não menos importante, incentivava a criação de mecanismos de interlocução com os estudantes "democráticos", aos quais caberia propor soluções construtivas, a fim de marginalizar as lideranças "ilegítimas" da esquerda. Coerente com a ideologia da segurança nacional, o texto considerava que a política deveria ser erradicada da universidade, cabendo aos estudantes que almejassem participar dela procurar os partidos oficiais. A nomeação do general Meira Mattos foi considerada à época pela imprensa um sinal de militarização da questão estudantil. Em crônica publicada a 3 de janeiro de 1968, o jornalista Carlos Castello Branco (1978:248) assim avaliou a decisão:

> Parece evidente que a condução da política estudantil, das relações do governo com os estudantes, passa a ser de direito o que já era de fato, uma questão colocada no âmbito da segurança, uma operação quase militar ou paramilitar. O Ministro da Educação terá de delegar suas atribuições ao novo órgão, que indicará diretrizes e supervisionará sua execução.

---

7 Ver quadro em Martins Filho (1987:152-153). Para os acordos, ver Araujo (2007:158).

Em nenhum lugar o conflito crescente entre estudantes e militares veio à luz com mais força que no Rio de Janeiro. Mais do que em qualquer outra cidade, aí se revelaram as novas táticas de enfrentamento militar dos protestos estudantis. O então estado da Guanabara deixara de ser, em 1961, o Distrito Federal, mas ainda sediava as embaixadas estrangeiras, alguns ministérios, faculdades com longa tradição de mobilização, a UME, jornais de grande circulação e influência e uma população urbana com longa história de radicalismo. A Vila Militar era o maior quartel do país, a Marinha tinha na cidade sua esquadra, e a Força Aérea tinha bases importantes. O presidente da República despachava regularmente do Palácio das Laranjeiras. O governador Negrão de Lima, de oposição, não tinha controle sobre sua polícia militar, chefiada pelo I Exército. A cidade foi o epicentro do movimento universitário brasileiro entre 1964 e 1968. E os protestos estudantis encontraram apoio da população que trabalhava no centro da cidade, indignada com o emprego de tanta violência para enfrentar jovens rebelados.

Um breve exame dos acontecimentos no Rio de Janeiro, entre finais de março e fins de junho de 1968, basta para mostrar que as relações entre militares e estudantes entravam numa nova fase. Tudo começou com uma manifestação rotineira, um ato de protesto em frente ao restaurante frequentado por estudantes pobres, na maioria secundaristas, conhecido como Calabouço. No dia 28 de março, os soldados da PM reprimiram a tiros a pequena reunião. Um jovem vindo de Belém do Pará para cursar o supletivo no Rio caiu morto. O assassinato de Edson Luís de Lima Souto fez eclodir a maior onda de protestos estudantis da história do país, atraiu a solidariedade de setores sociais mais próximos aos estudantes, fez o governo recuar momentaneamente e atiçou a efervescência nos quartéis, num processo que desembocou afinal no golpe dentro do golpe em 13 de dezembro.[8]

Em editorial de 29 de março de 1968, o oposicionista *Correio da Manhã* denunciou: "Não agiu a polícia militar como força pública. Agiu como bando de assassinos". Até mesmo *O Estado de S. Paulo*, cujos proprietários estavam entre os expoentes civis do movimento de 1964, atribuiu a morte do jovem à "escalada militarista" e à distorção dos objetivos da "revolução" de março de 1964 (Martins Filho, 1987:139). Desta vez, sindicatos, associações profissionais e autoridades eclesiásticas se manifestaram contra a violência.

---

[8] Uma entidade bastante ativa, a Fuec (Frente Unida dos Estudantes do Calabouço) organizava os frequentadores do local. Ver Groppo (2005:88).

A morte do estudante ocorreu numa quinta-feira. No dia seguinte, a cidade parou para acompanhar o velório e o cortejo fúnebre. Milhares de pessoas se reuniram na frente do prédio da Assembleia Legislativa.[9] Quando o caixão saiu para o sepultamento, foi acompanhado por 50 mil manifestantes. A imprensa em uníssono ficou do lado dos estudantes. O jornal *Última Hora* publicou na capa do dia seguinte foto de página quase inteira sob o título "Velório". Nas páginas internas anunciou "Só Getúlio teve enterro assim".[10] A comoção gerada pelo crime surpreendeu o próprio governo e o forçou a ceder a rua aos jovens e seus apoiadores, mas não suprimiu as pulsões ditatoriais oriundas dos comandos e da caserna. No domingo 31 de março, quarto aniversário do golpe, os ministros do Exército, Marinha e Aeronáutica emitiram notas alertando seus comandados para o fato de que o governo tinha conhecimento das manifestações preparadas para a semana, "de orientação nitidamente comunista".

Na segunda-feira o governo suprimiu a curta trégua. Houve protestos em seis capitais, mas o maior deles, com 30 mil estudantes e populares, ocorreu no Rio. Por volta da meia-noite, quando já se contavam 60 feridos, 200 presos e uma morte em razão da violência policial, tropas militares ocuparam o centro com tanques, carros blindados e carros de assalto. Durante toda a semana, brotaram manifestações pelo país. No total, 26 grandes passeatas em 15 capitais.[11] O ciclo terminou como começou: à saída da missa de Sétimo Dia pela alma de Edson Luís, encomendada pela Assembleia Legislativa, na igreja da Candelária, na manhã da sexta, dia 4, a cavalaria atacou os participantes, sem aviso. O *Correio da Manhã* alardeou em sua edição do sábado: "Canhões e tanques protegeram repressão policial contra o povo".[12] A antiga capital federal viu ninhos de metralhadora e ilhas de arame farpado em suas ruas centrais.

Guerra contra os estudantes

Maio foi um mês tranquilo no meio estudantil, mas em São Paulo uma comemoração oficialista do Dia do Trabalhador acabou revelando a irrupção no

---

[9] Para análise e fotos, ver Araujo (2007:174-179). Para imagens do fotojornalista Pedro Moraes, do *Jornal do Brasil*, ver Reis Filho (1988).

[10] Para reprodução, ver Martins Filho (1996:19). As informações seguintes estão nas p. 17 e segs.

[11] Ver quadro em Martins Filho (1987:154-157).

[12] Ver reprodução da primeira página do jornal em Martins Filho (1987:74).

cenário político de outras forças, dispostas a enfrentar com violência o governo militar. O ato que deveria reunir autoridades e sindicalistas moderados nem chegou a começar, interrompido por lemas e palavras de ordem. No momento em que o governador do estado, Abreu Sodré, tentou falar ao microfone, uma chuva de pedras caiu sobre o palanque. Após a fuga das autoridades, militantes sindicais e o presidente da UNE, Luiz Travassos, usaram um megafone para falar a trabalhadores e estudantes.[13] Depois disso, formou-se uma passeata que seguiu até a praça da República, com ataque a uma agência bancária (Martins Filho, 1996:41-42).

Em abril, com a participação de organizações clandestinas de esquerda, uma greve de 16 mil trabalhadores eclodiu em Contagem (MG) pegando de surpresa autoridades e patrões e terminando em vitória.[14] Em maio, vieram de fora do Brasil notícias que pareciam colaborar para a mobilização aqui dentro. O maio francês, com suas imensas passeatas, ocupação de escolas e espaços culturais simbólicos, choques com a polícia e violência cada vez maior desta e de manifestantes, fez parecer que o Brasil fazia parte de uma onda mundial de revoltas.[15] O vice-presidente da UNE, Luís Raul Machado, expressou as altas expectativas da vanguarda estudantil ao alfinetar o governo: "Nossos generais podem ficar tranquilos. O que aconteceu na França não irá acontecer no Brasil. Será muito pior".[16]

Na frase, expressava-se a postura da Ação Popular, conhecida então no meio estudantil como "primeira posição": confronto aberto com o governo, denúncia da ditadura, campanha permanente contra o imperialismo dos EUA e suas responsabilidades na guerra do Vietnã. Já a "segunda posição", formada pelas dissidências do PCB e da Polop, ao mesmo tempo em que defendia o foco na

---

[13] Além de Travassos, vinculado à AP, os líderes universitários mais conhecidos eram José Dirceu (presidente da UEE de São Paulo) e Vladimir Palmeira, que dirigia a UME carioca. Estes dois eram próximos de grupos dissidentes do PCB.

[14] Aproveitando-se da conjuntura agitada, no mesmo mês o governo federal proibiu a Frente Ampla, movimento criado em 1967 pelo ex-governador da Guanabara Carlos Lacerda para agrupar líderes cassados na luta pela volta das eleições diretas, entre os quais os ex-presidentes Juscelino Kubitschek e João Goulart. A aproximação do líder direitista com dois símbolos da situação do pré-1964 encerrou sua carreira política, em meio a grande insatisfação entre os setores da oficialidade que antes o apoiavam fervorosamente, principalmente na FAB.

[15] Este é o título do livro de Groppo (2005).

[16] Citado por Martins Filho (1996:68). Para as manifestações francesas e em várias partes do mundo, ver também Kurlansky (2005).

questão educacional e nas lutas específicas, apresentava-se nas passeatas cada vez mais armada e com táticas de enfrentamento.[17]

No dia 11 de junho, o simples anúncio de nova concentração de estudantes no Rio de Janeiro levou o I Exército a empregar 4 mil soldados e policiais militares em nova ocupação do centro da cidade. Impossibilitados de se reunir em uma única passeata, os estudantes passaram a provocar as tropas com manifestações menores, que pipocavam em vários lugares, desnorteando-as e exasperando-as. Na manhã do dia 20, quinta-feira, após mais um dia de conflitos de rua, o movimento carioca realizou uma assembleia-geral no prédio da reitoria da agora Universidade Federal do Rio de Janeiro, antiga Universidade do Brasil, a fim de discutir a melhor forma para exigir a libertação de manifestantes presos durante a semana.

A presença dos principais líderes estudantis na reunião levou o comando da PM a cercar o prédio com 2 mil homens, visando sua prisão. De nada adiantaram as gestões do reitor junto às autoridades e a presença dos principais órgãos de imprensa. Quando, no começo da noite, os participantes tentaram escapar em pânico, diante do boato de que a reitoria estava sendo invadida, a polícia agiu com extrema violência e prendeu indiscriminadamente os jovens em fuga. O vizinho estádio do Botafogo F.C. foi transformado em campo de detenção. Moças e rapazes foram enfileirados no gramado, ou deitados no chão. O *Correio da Manhã* usou sua capa para duas grandes imagens e a manchete: "A guerra contra os estudantes".[18]

Cem mil contra a ditadura

No dia seguinte, os confrontos atingiram seu ápice. A cidade, mais uma vez, amanheceu ocupada. Com o começo dos protestos, um helicóptero da FAB acompanhava os deslocamentos dos manifestantes e orientava a ação repressiva,

---

[17] A UME passou a se concentrar em maio e junho em sucessivas manifestações em frente ao prédio do MEC, no centro do Rio, anunciadas como meio de forçar o governo ao diálogo sobre a reforma universitária, mas efetivamente destinadas a desencadear a reação repressiva, abrindo espaço para novas manifestações de solidariedade. Para um quadro da esquerda estudantil, ver Martins Filho (1987:171-201). A melhor análise das organizações armadas em geral é a de Gorender (1998).

[18] Ver reprodução em Martins Filho (1987:111).

ao mesmo tempo em que jogava bombas de gás lacrimogêneo sobre os manifestantes. A avenida Rio Branco foi fechada ao trânsito. Da rua 7 de Setembro à praça Mauá, os conflitos se espalharam. Desta vez, os grupos organizados de estudantes encontraram inusitado apoio na população do centro da cidade, moradores e trabalhadores. A aliança se expressou no plano tático na profusão de objetos atirados dos prédios contra os policiais, em reforço às pedras utilizadas pelos jovens. Presença constante na ação contra os protestos, a cavalaria da PM foi enfrentada com bolinhas de gude, que faziam os cavalos escorregarem, levando ao chão os cavaleiros e suas espadas. Não houve passeatas, mas ações-relâmpago bem organizadas, que faziam transparecer a ação de grupos clandestinos. Na manhã de sábado, o *Correio da Manhã* denunciou em editorial:

> A Nação está sobressaltada. Os acontecimentos na Guanabara lançaram-na na anarquia. Interrompeu-se o trabalho. Generalizou-se a insegurança. Estudantes e população perderam a garantia à liberdade e à vida. Sangue e morte são os saldos dos episódios de ontem.[19]

O ato seguinte no Rio de Janeiro marcaria o ápice do movimento estudantil brasileiro de 1968. Enquanto isso, em São Paulo, segundo maior centro dos protestos, as manifestações de rua evidenciavam uma profunda divisão entre os líderes do movimento, reflexo das discordâncias no seio da esquerda clandestina.[20]

A violência extrema da "sexta-feira sangrenta" gerou no Rio de Janeiro um clima de solidariedade que levou o movimento liderado por Vladimir Palmeira a preparar com cuidado e paciência a nova manifestação, marcada para o dia 26 de junho, quarta-feira. As evidências da ampliação do apoio aos estudantes levaram o governo a um segundo recuo: o I Exército comunicou que não se pensava em intervenção militar na Guanabara. Os sinais de que desta vez não

---

[19] Citado por Martins Filho (1996:90).

[20] O "racha" ocorrido na UEE paulista culminou na presença de duas diretorias, que se apresentavam como legítimas vencedoras das eleições para a entidade. Acostumada a liderar, a AP defendia que a vitória de José Dirceu sobre Catarina Meloni fora resultado de fraude. Na manifestação de 24 de junho, diante da evidente briga no palanque, os estudantes na praça da República passaram a gritar: "União, união!". Estranhamente, as ruas estavam vazias de policiais. Seguiu-se uma passeata marcada por ordens de comando contraditórias, ataques ao Citibank, à sede d'*O Estado de S. Paulo* e até a uma farmácia do Exército. No dia seguinte, a cizânia estudantil foi o destaque no noticiário de imprensa. Ver Martins Filho (1996:91). Para ilustração de Pipsi Munk sob o trajeto e os conflitos, ver Reis Filho (1988).

haveria repressão criaram um clima de feriado, festa e solidariedade que se estendeu a artistas, intelectuais, jornalistas, servidores públicos, membros do clero católico, parlamentares, grupos de mães e cidadãos comuns. No lado dos estudantes, percebeu-se que a hora era de moderação. Pacificamente, as delegações foram chegando à Cinelândia, logo repleta, sob aplausos. A escadaria do Teatro Municipal foi a tribuna e Palmeira, o principal orador. Terminados os discursos, a massa moveu-se pela avenida Rio Branco em direção à igreja da Candelária, ocupando todo o trajeto.[21]

A dinâmica da militarização

Depois da histórica Passeata dos Cem Mil e de manifestações em outras capitais, o movimento de massas refluiu, na ausência de alternativas concretas de continuidade. A liderança tinha outras prioridades: entre elas, de imediato, a disputa pela chefia da UNE, num clima de polarização das duas "posições" já mencionadas. Por outro lado, a oposição liberal, que se aproximou do movimento estudantil em abril-junho de 1968, na cidade do Rio de Janeiro, estava ela mesma profundamente sem perspectivas. Nos anos posteriores ao golpe de Estado, os expoentes do liberalismo brasileiro que fizeram parte do governo Castelo Branco, na expectativa de que ele encaminhasse a volta do poder aos civis, sofreram uma decepção após outra e foram tomados por uma sensação de impotência diante da militarização do regime e da pouca atração que sentiam por uma aliança com a esquerda.[22]

Esta, por sua vez, em pleno processo de radicalização, parecia pouco propensa a explorar a alternativa de luta pela redemocratização ou a procurar entender o que se passava na cabeça dos militares (Martins Filho, 187:133). Nesse campo, depois da fundação da Escola Superior de Guerra no final dos anos 1940, a década de 1950 testemunhara a disseminação da ideologia da segurança nacional, desenvolvimentista e anticomunista. A ela veio se acrescentar, a partir de 1959, o ideário difundido pelos militares franceses que tinham combatido na Argélia, com amplo uso da tortura e dos assassinatos. A já mencionada doutrina da *guerre révolutionnaire* propunha que a ofensiva comunista evoluiria em

---

[21] Ver relato em Martins Filho (1996:91-93).

[22] Foi o caso dos senadores Milton Campos, Mem de Sá, Luís Vianna Filho e Afonso Arinos.

etapas sucessivas, como já havia ocorrido em outras partes do mundo, sendo o momento da eclosão da luta armada o sinal vermelho, que justificaria a adoção de métodos de guerra não convencionais (Martins Filho, 2008). Em suma, na tragédia que se aproximava, ao optar pelas ações armadas, a esquerda brasileira não imaginava que a direita militar estava munida de uma visão de mundo que há tempos antecipava sua radicalização.[23]

Em março de 1968, como se viu, logo se evidenciou que no Rio de Janeiro operava uma central de pulsões pelo endurecimento, situada no comando do I Exército, usando como instrumento a polícia militar da Guanabara. Foi aí que surgiu a ideia de enfrentar o movimento estudantil com a decretação do estado de sítio, depois apoiada pelos ministérios da Marinha, da Aeronáutica e da Justiça (Martins Filho, 1987:139 e segs.). Em contraste, embora seu governo seja considerado na literatura representante da linha dura que derrotou Castelo Branco em outubro de 1965, o presidente Costa e Silva parece ter tendido a enfrentar com cautela, para não dizer indecisão, a crise estudantil. Foi apoiado pelo ministro do Exército, general Lyra Tavares, cuja atitude foi suficiente para abortar a pressão pelo sítio. Na crise de junho, como vimos, o I Exército funcionou novamente como polo gerador das táticas policiais que resultariam na "sexta sangrenta".

Apesar desse quadro, no primeiro semestre, as manifestações estudantis e populares encontraram o campo militar unido contra a subversão das ruas e, sobretudo, diante da irrupção dos primeiros atos da esquerda armada.[24] Na exposição do ministro do Exército ao Conselho de Segurança Nacional datada de 2 de julho, pode-se ler: "O quadro que se configura é o de um processo adiantado de guerra revolucionária".[25] Com o refluxo do protesto estudantil, no começo de julho, o governo proibiu as passeatas e, um mês depois, ordenou a participação direta das Forças Armadas na repressão a eventuais manifestações na primeira semana de aulas.

---

[23] Maud Chirio (2012:119) mostra como o ensino da doutrina francesa já avançava no sistema educacional militar em 1967, paralelamente ao aguçamento do discurso anticomunista.

[24] No próprio dia da Passeata dos Cem Mil ocorreu o atentado contra o quartel do II Exército, mencionado acima. No dia 1º de julho, numa ação do Colina, foi executado no Rio de Janeiro o major alemão Edward von Westernhagen, confundido com o capitão boliviano Gary Prado, envolvido na morte de Che Guevara em 1967 na Bolívia. Ver Gorender (1998:141 e segs).

[25] Citado por Gaspari (2002:311).

Com o movimento universitário recolhido às faculdades e suas lideranças empenhadas na preparação do XXX Congresso da UNE, a agitação concentrou-se nos quartéis, e é na dinâmica militar que se deve encontrar o motor do novo golpe dentro do golpe.[26] Se o movimento estudantil participou desse processo foi como pretexto. No final de agosto, por iniciativa do Ministério da Justiça, apoiada pelo chefe do Gabinete Militar da Presidência, general Jayme Portella, ao qual se atribuía a aspiração de suceder a Costa e Silva, a Universidade de Brasília foi invadida, sob a justificativa, mais uma vez, de executar ordem de prisão contra alguns líderes estudantis (Martins Filho, 1987:147). O colunista político Carlos Castello Branco aproveitou-se da recente invasão da Tchecoslováquia por tropas soviéticas para comentar no dia seguinte: "A polícia, que entrou na universidade como se fossem russos entrando em Praga, bateu, quebrou, prendeu e abateu um estudante com um tiro na testa" (Castello Branco, 1978:141-142). Era impossível ver a medida senão como uma provocação.[27] No dia 2 de setembro, falando da tribuna da Câmara, os deputados Márcio Moreira Alves e Hermano Alves, ambos do MDB, denunciaram a responsabilidade das Forças Armadas no episódio, o que serviria de pretexto para a abertura de profunda crise entre o governo e o Congresso.[28]

Foi nesse contexto que eclodiu a efervescência nos quartéis que caracterizou os meses anteriores à decretação do AI-5.[29] Seu lado mais visível foi a série de atentados de organizações de direita, como o CCC (Comando de Caça aos Comunistas) e o MAC (Movimento Anticomunista), embriões da futura Operação Bandeirantes, criada em meados de 1969 para combater as organizações da esquerda armada, além de vários grupelhos radicais surgidos então no seio da oficialidade para atuar nas sombras, às vezes com incentivo de setores da hierarquia militar.[30] No começo de outubro, dividiu o mundo militar a revelação de que o brigadeiro Burnier tinha tentado empregar o Para-sar, unidade de elite da FAB especializada em resgate e salvamento, para realizar atentados

---

[26] Em julho, nova greve operária ocorreu em Osasco, desta vez com táticas de ocupação que revelavam a participação ativa de grupos da esquerda armada. Ver Gorender (1998:156-158).

[27] Para inglês ver, o governo nomeou o general Médici, futuro presidente, para fazer uma investigação sobre o caso. O relatório final endossou a atuação repressiva. Ver Martins Filho (1987:142).

[28] Ver Chirio (2012:127), Alves (1984:129), e Gaspari (2002:316).

[29] O novo quadro foi precedido por uma retomada do discurso anticomunista, agora expresso em temas novos como a destruição da família, a derrubada da moral e os estragos provocados pelo materialismo ateu, numa nítida alusão aos jovens rebelados. Ver Chirio (2012:121).

[30] Ver Chirio (2012:122 e segs) e Gaspari (2002:313 e segs).

e assassinatos por ocasião da Passeata dos Cem Mil.[31] Ao mesmo tempo, a crise mais ampla parece ter destampado o poço das insatisfações da oficialidade: manifestos como o dos capitães da Esao (Escola de Aperfeiçoamento de Oficiais) e o dos coronéis da Eceme (Escola de Comando e Estado-Maior do Exército) passaram a ocupar as páginas da imprensa.[32]

No plano da hierarquia, a identificação do Gabinete Militar como usina das pressões pró-fechamento levou as diferentes correntes a agir em relação às iniciativas de seu chefe, Jayme Portella. Por seu lado, um dos mais visíveis aspirantes à sucessão, o general Albuquerque Lina, passou a mover suas peças nesse tabuleiro, com base na avaliação de que poderia, como fizera Costa e Silva em 1965, cavalgar a insatisfação da oficialidade e triunfar como líder desses segmentos. Outra corrente militar, a antiga linha dura, agiu não no sentido de apoiar o fechamento, mas de evitar o fortalecimento de seu inimigo número 1, Portella. Enfim, com destaque para os irmãos Geisel e o general Golbery do Couto e Silva, os desarticulados partidários do ex-presidente Castelo Branco, morto em acidente de avião em julho de 1967, também procuraram, de início, defender a Carta de 1967, como forma de cercear os movimentos do chefe do Gabinete Militar.

Mas o desenrolar da crise, com o temor de que a cizânia militar se aprofundasse, ao mesmo tempo em que o confronto com o Congresso se agravava, acabou por recompor provisoriamente a unidade militar na hierarquia, diante da anarquia imperante na caserna.[33] A necessidade de silenciar os quartéis e acalmar a luta sucessória parece ter sido o fator fundamental para o apoio quase unânime dos chefes militares à solução do Ato Institucional nº 5.

O desfecho

Outubro foi o mês da desesperança para o movimento estudantil. No dia 3, a mais conhecida referência da esquerda estudantil paulista, a Faculdade de Filosofia

[31] O apoio do ministro daquela força, Márcio Sousa e Melo, a Burnier encontrou a oposição de um dos mais conhecidos conspiradores de 1964, o brigadeiro Eduardo Gomes. Ver Martins Filho (1987:141-142), Chirio (2012:126) e Gaspari (2002:318).

[32] Esses documentos revelam uma oficialidade insatisfeita com a falta de acolhida na hierarquia a suas reivindicações corporativas e aspirações de influência política e com a impopularidade do regime, que, segundo era dito, se traduzia em hostilidade do público aos oficiais das Forças Armadas. Ver Martins Filho (1987:143); Chirio (2012:129) e Gaspari (2002:330).

[33] O termo é usado por Elio Gaspari (2002:310 e segs.).

da Universidade de São Paulo, situada na rua Maria Antônia, foi invadida por grupos do CCC que tinham grande apoio na Universidade Mackenzie, no outro lado da rua. Um estudante foi morto.[34] No dia 12, a PM paulista cercou e invadiu o congresso da UNE que estava sendo realizado em Ibiúna (SP).[35] Perto de mil estudantes foram presos, entre eles vários líderes importantes, que só sairiam da prisão em setembro de 1969, na troca de presos pelo embaixador americano.[36] No dia 23, um protesto de estudantes de Medicina no Rio de Janeiro, de forma inusitada, foi reprimido quando já se dispersava. O jornal *O Estado de S. Paulo* assim descreveu o episódio: "Os policiais, ainda com os veículos em movimento, começaram a atirar, inclusive com metralhadoras. Em poucos minutos, o pânico foi total: a praça Onze era uma praça de guerra".

No plano da grande política, houve uma certa trégua em novembro, ajudada pela visita da rainha da Inglaterra ao país. No dia 12 de dezembro, confirmando todas as previsões, num último gesto de dignidade ferida, a licença para processar os dois deputados que constituíram o pivô da crise foi recusada na Câmara dos Deputados por 216 votos contra 136. A comemoração foi breve. No dia seguinte, o presidente Costa e Silva assinou o Ato Institucional nº 5. Seguiram-se os anos de chumbo. Só em 1979 a UNE seria reorganizada.

Referências

ALVES, Maria Helena Moreira. *Estado e oposição no Brasil (1964-1984)*. Petrópolis: Vozes, 1984.

ARAUJO, Maria Paula. *Memórias estudantis:* da fundação da UNE aos nossos dias. Rio de Janeiro: Relume Dumará, 2007.

CASTELLO BRANCO, Carlos. *Os militares no poder:* o Ato 5. Rio de Janeiro: Nova Fronteira, 1978.

CHIRIO, Maud. *A política nos quartéis:* revoltas e protestos de oficiais na ditadura militar brasileira. Rio de Janeiro: Zahar, 2012.

GASPARI, Elio. *A ditadura envergonhada*. São Paulo: Companhia das Letras, 2002.

GORENDER, Jacob. *Combate nas trevas*. São Paulo: Ática, 1998.

[34] Ver Araujo (2007:180) e Gaspari (2002:324).

[35] Ver Martins Filho (1996:111) e Gaspari (2002:323-326).

[36] No mesmo dia, o grupo que logo se denominaria VPR executou o capitão americano Charles Rodney Chandler em São Paulo. Ver Gorender (1988:144).

GROPPO, Luís Antonio. *Uma onda mundial de revoltas:* movimentos estudantis de 1968. Piracicaba: Editora Unimep, 2005.

KURLANSKY, Mark. *1968:* o ano que abalou o mundo. Rio de Janeiro: José Olympio, 2005.

MARTINS FILHO, João Roberto. *Movimento estudantil e ditadura militar, 1964-1968.* Campinas/São Paulo: Papirus/Fapesp, 1987.

______. *O palácio e a caserna:* a dinâmica militar das crises políticas na ditadura (1964-1969). São Carlos: EDUFSCAR, 1995.

______. *A rebelião estudantil:* México, França, Brasil, 1968. Campinas: Mercado de Letras, 1996.

______. A influência doutrinária francesa sobre os militares brasileiros nos anos 1960. *Revista Brasileira de Ciências Sociais,* v. 2367, p. 39-50, jun. 2008.

REIS FILHO, Daniel Aarão. *1968:* a paixão de uma utopia. Rio de Janeiro: Espaço e Tempo, 1988.

RIDENTI, Marcelo. *O fantasma da revolução brasileira.* São Paulo: Editora da Unesp/Fapesp, 1993.

"Le mai 68" brasileiro: a Casa do Brasil na Cidade Universitária de Paris

Angélica Müller

1968, o "ano mágico", ficou conhecido como um momento de contestação global e de manifestações contra a ordem política e social dominante em que os jovens tiveram o protagonismo. No imaginário sobre 1968, o maio francês guarda um espaço privilegiado: as barricadas na rua Gay-Lussac, as grandes manifestações de rua e as greves gerais, as reivindicações por liberdades, o desejo de autogestão, os *slogans* que marcaram a geração da época e as gerações subsequentes – "É proibido proibir", "Imaginação no poder", "Seja realista, peça o impossível", entre tantos outros. A historiografia brasileira muito já questionou sobre os possíveis impactos (ou não) dos episódios parisienses no 68 brasileiro. No entanto, pouco se conhece sobre os brasileiros que estavam na França naquele momento. E ainda, sobre como o governo brasileiro, que reprimia o movimento estudantil aqui, vinha acompanhando as movimentações francesas, e o que esperava dos estudantes brasileiros que lá estavam. Havia um motivo nada desprezível para inquietação: o Brasil mantinha uma residência para mais de 100 estudantes na Cidade Universitária de Paris.

Nosso objetivo aqui é justamente apresentar esse contexto ainda pouco conhecido do leitor brasileiro. Em meio ao tumultuado "maio francês", a Cidade Universitária de Paris, a Casa do Brasil e seus estudantes teriam tido algum envolvimento naqueles eventos? E os militares, que partiram para a violência nas diversas manifestações no Brasil, que colocaram a UNE e as entidades estudantis na ilegalidade e acabaram por fechar um ciclo de escalada do autoritarismo com o AI-5, como viam a "liberdade de ação" das manifestações francesas? Controlavam estudantes sem controle? Como era mediada a relação com uma casa sustentada pelo governo brasileiro, mas que estava em território francês? Essas e outras questões serão apresentadas ao longo deste texto. Mas para tanto será necessário, primeiramente, entender a origem da Casa do Brasil e seu funcionamento.

Antecedentes

Quando da criação da Cité Internationale Universitaire de Paris (Ciup) na década de 1920, o governo brasileiro, reconhecido por sua tradição diplomática apesar de não ter uma atuação significativa no setor cultural e educativo, logo se interessou pela ideia de nela construir uma casa para o estudante brasileiro.[1] Em 1928, o embaixador do Brasil Luis Martins de Souza Dantas visitou na própria Cidade Universitária um de seus fundadores, André Honnorat, para lhe pedir que reservasse um terreno para o Brasil na "colina de Montsouris". A visita foi realizada em companhia de Paulo Carneiro, então doutorando em química na Sorbonne e bolsista do governo brasileiro, futuro pesquisador do Institut Pasteur e chefe da delegação permanente do Brasil junto à Unesco.

No entanto, foi só nos anos 1950, momento de expansão das universidades brasileiras e de criação das agências reguladoras do ensino superior no país, que o projeto de construção de uma Maison du Brésil na França foi retomado. Assim, em 1952 foi formada uma "Commission pour la construction du pavillon brésilien à la cité universitaire de Paris" no seio do Instituto Brasileiro de Educação, Ciência e Cultura, órgão ligado ao Ministério das Relações Exteriores (MRE, também conhecido como Itamaraty). Presidida por Ana Amélia de Queiroz Carneiro de Mendonça,[2] que anos antes tentara estabelecer as primeiras casas de estudantes fora do Brasil, a comissão se reuniu ao longo de três anos e contou com o apoio do Ministério da Educação e Cultura (MEC).[3] Foi assim que, em 11 de junho de 1954, o embaixador do Brasil na França, Caio de Mello Franco, assinou o ato referente ao prédio a ser construído doando-o à Universidade de Paris, responsável pela Cidade Universitária. O documento foi também assinado por Jean Sarrailh, presidente do conselho da universidade.

---

1 Em 31 de dezembro de 1927, o *Diário Oficial* já registrava a "3ª Discussão do projecto n. 756, de 1927, autorizando o governo a criar, em Paris, a Casa do Estudante Brasileiro". Outras menções ao assunto aparecem nas edições de 30 de novembro e de 2, 6, 7 e 26 de dezembro de 1928. Ver Salim, *1959-2009...* (s.d.).

2 Nos anos 1930-1940 Ana Amélia foi presidente da Casa do Estudante do Brasil.

3 Ver Salim, *Discours 50 ans....*

Algumas das condições expressas no ato de doação são importantes para entender as normas que deveriam nortear o funcionamento da Casa do Brasil: registrada como "Université de Paris, Maison du Brésil", a instituição seria administrada sob controle da Universidade de Paris[4] e gerida por um conselho de administração constituído de 10 membros.[5] A gestão da casa ficaria a cargo de um diretor nomeado pelo reitor da Academia de Paris mediante indicação desse Conselho de Administração.[6]

O projeto do prédio foi desenhado pelo arquiteto modernista brasileiro Lucio Costa (que juntamente com Oscar Niemeyer projetaria Brasília nos anos subsequentes). Mas foi o escritório do famoso arquiteto francês Le Corbusier que assinou, em julho de 1954, o contrato com o governo brasileiro para a construção do prédio e, no ano seguinte, começou a obra.[7] Mais do que um prédio para os estudantes brasileiros, a Maison du Brésil deveria ser um monumento que representasse as relações entre Brasil e França, um patrimônio, como posteriormente a Unesco a classificou.

Em 1959, a Casa do Brasil entrou em funcionamento. Em fevereiro daquele ano foi nomeado diretor provisório o professor Péricles Madureira de Pinho, funcionário do MEC que supervisionou a construção do prédio. A primeira reunião do Conselho de Administração foi realizada em 18 de junho, às vésperas da inauguração da casa. Nessa reunião foram aprovadas as normas que compunham o regulamento interno da casa, entendidas, anos mais tarde, como "dispositivos drásticos":[8] o fechamento da casa se daria à 1h30 (o residente que chegasse depois desse horário seria obrigado a apresentar sua carteira de morador ao funcionário de plantão, que posteriormente comunicaria o fato ao diretor); era proibida a permanência nos quartos na parte da manhã depois de 9h a fim de permitir sua arrumação pelas funcionárias; o elevador seria bloqueado a partir das 17h, servindo apenas ao 4º e 5º andares, destinados às mulheres (homens e casais que habitassem os andares abaixo deveriam utilizar as escadas); nenhum

---

4 De acordo com a convenção estabelecida para a Ciup em 25 de julho de 1925.

5 Eram eles: 1) o embaixador do Brasil em Paris, ou seu delegado; 2) o reitor da Academia de Paris; 3) o presidente da Ciup; 4) o delegado geral da Ciup; 5) quatro personalidades brasileiras propostas pelo embaixador ao reitor da Academia de Paris e 6) duas personalidades francesas propostas pelo Conselho de Administração da Ciup ao reitor da Academia de Paris.

6 AEB, nº 606/542.93 (85).

7 Ver Salim, *Discours 50 ans*....

8 AEB , nº 606/542.93 (85).

cartaz poderia ser afixado no prédio sem a permissão do diretor; as visitas só poderiam ser recebidas no *hall* do prédio até 23h.[9]

Fechado o regulamento, que se coadunava com o da Cidade Universitária, a casa foi inaugurada com uma cerimônia em 24 de junho de 1959 na presença do ministro da Educação brasileiro Clóvis Salgado e de seu homólogo francês André Boulloche. Estiveram presentes também outras autoridades dos dois países, como o ministro da Cultura francês André Malraux e a primeira-dama brasileira Sara Kubitschek (representante do presidente Juscelino Kubitschek),[10] mostrando a importância das relações franco-brasileiras.

Em 18 de agosto o *Diário Oficial da União* registrou o Decreto nº 46.683, assinado pelo presidente JK e pelo ministro da Educação e Cultura, que dispunha sobre a "Casa do Brasil na Cidade Universitária de Paris": logo no art. 1º definia-se que a casa era vinculada ao MEC, "funcionando sob o regime do acordo a esse respeito firmado com a Universidade de Paris" [leia-se o ato de doação da casa já citado]; já o art. 2º diferia do conteúdo assinado no ato de doação, ao determinar que a casa seria "dirigida por um Conselho de Administração presidido pelo embaixador do Brasil em Paris e por um diretor, designado pelo embaixador do Brasil em Paris, mediante a indicação do ministro de Estado da Educação e Cultura".

No mesmo decreto apresentavam-se as questões da seleção de candidatos e da manutenção da casa: caberia à agência do Ministério da Educação, a Coordenação de Aperfeiçoamento de Pessoal de Nível Superior (Capes), realizar a "seleção dos candidatos brasileiros à residência" e ao diretor da casa autorizar a admissão dos mesmos. O MEC deveria ainda, conforme o art. 4º, incluir anualmente na proposta do orçamento da União "os recursos necessários para o funcionamento e a conservação da casa". Em resumo: o MEC subvencionava a casa e organizava os candidatos, o Itamaraty presidia o conselho, e o poder de decisão final ficava com a cité universitaire, de acordo com o ato de doação assinado em 1954, e com o conselho presidido pelo embaixador, segundo o decreto de 1959. Esse ponto, aparentemente sem importância, faria diferença quando dirigentes brasileiros, anos depois, tentaram impor normas que não se coadunavam com a direção central da Cidade Universitária.

A descrição pormenorizada das legislações e normas que passaram a reger a casa é importante para que possamos entender os eventos ocorridos em 1968 e

[9] Idem.
[10] Idem.

seus desdobramentos, ou seja, entender como os principais atores, representados pela cité universitaire, pela embaixada do Brasil e pelos militares que tomaram o poder no Brasil com o golpe em 1964 iriam agir e usar essas regras em benefício dos seus pontos de vista, embasando assim suas ações.

A Maison du Brésil em seus primeiros anos

Em seus primeiros anos de existência, a Maison du Brésil desempenhou um papel importante de representação do Brasil em Paris: "viveu seus primeiros anos com todo o brilho de que poderia desfrutar: todas as autoridades e todos os artistas nacionais que passavam por Paris a visitaram, e foi assim que a casa recebeu o presidente JK em pessoa e que nela foram apresentados concertos de Vinícius de Moraes".[11] Internamente, vários problemas se apresentaram, a começar pelo próprio prédio, cujas instalações e mobiliário ainda não tinham sido concluídos no momento da abertura. O orçamento tornou-se mais elevado que o previsto, ocasionando problemas para a realização dos pagamentos, advindos ainda da dificuldade do MEC em repassar as somas calculadas para a manutenção da casa.

Na reunião do Conselho de Administração em 2 de fevereiro de 1960,[12] a primeira depois da inauguração, a diretora Célia Neves Lazzarotto relatou problemas disciplinares com os residentes causados por sua "heterogeneidade". Assim, a diretora propôs que a maison passasse a receber estudantes de pós-graduação (ressalva para médicos e artistas com trabalho reconhecido), "cuja maturidade facilitaria a manutenção da disciplina". A maioria dos conselheiros achou a proposta radical e optou por aprovar uma nova regra de admissão de residentes: que todos fossem portadores de diploma de ensino superior e apresentassem um plano de estudos concreto. O conselho ainda decidiu que o diretor não tinha autonomia para considerar pedidos, de bolsistas ou não, que não tivessem sido recomendados pela Capes. Somente depois da análise dos dossiês o diretor tomaria decisões segundo os critérios regidos pela Ciup e passaria os casos ao controle do Conselho de Administração da maison, quando necessário.

---

[11] Ver Salim, *Discours 50 ans*.... Tradução livre da autora.

[12] AEB, Ata da reunião do Conselho de Administração da Casa do Brasil na Cidade Universitária em Paris, 2 de fevereiro de 1960.

Em seus primeiros quatro anos de vida, a maison teve quatro diretores.[13] Finalmente, em julho de 1963, assumiu a direção o professor de história da Universidade de São Paulo Luis Lisanti Filho, que fora aluno de Fernand Braudel e estava atuando como professor na VI Seção da École Pratique des Hautes Études. Naquele momento, o maior problema da administração da maison advinha das dificuldades de repasse orçamentário do Ministério da Educação, o que aconteceu sucessivamente com os outros diretores, que acabaram recorrendo à embaixada para a resolução de problemas financeiros.

Em 1º de abril de 1964 o Brasil passou por um golpe de Estado, organizado por civis e militares, que derrubou o presidente João Goulart (1961-1964) e deu início a uma ditadura militar que duraria 21 anos. Em tempos de Guerra Fria, o anticomunismo, de larga tradição no Brasil desde os anos 1920, foi potencializado com o "perigo" da Revolução Cubana (1959), servindo como motivo, junto com a questão da corrupção, para a derrubada do governo. E este foi um dos focos dos militares: neutralizar e exterminar opositores ditos comunistas ou ligados a ideias "esquerdizantes" e "subversivas". Como afirmou o historiador Rodrigo P. Sá Motta (2014:23), depois dos sindicatos e das organizações de trabalhadores rurais, as instituições universitárias foram os alvos das ações repressivas. Estima-se que nos primeiros dias após o golpe foram presas entre 20 e 30 mil pessoas, entre elas vários professores universitários reconhecidos e muitos estudantes. Universidades foram invadidas, reitores foram destituídos, professores demitidos e aposentados, e muitos inquéritos administrativos instalados. Assistiu-se a uma mudança radical nos quadros do novo governo, e a fala do novo ministro da Educação, ex-reitor da Universidade Federal do Paraná, Flávio Suplicy de Lacerda, veio demonstrar claramente o novo objetivo: fazer uma "limpeza" na área do MEC para "sanear o comunismo das instituições responsáveis pela formação da juventude" (Motta, 2014:33).

Foi nesse contexto que em 8 de junho de 1964 o diretor da Casa do Brasil recebeu o comunicado de que o ministro da Educação nomeara o professor da Universidade Federal do Ceará, Francisco Martins, como novo diretor da maison. A notícia parece não ter agradado apenas a Luís Lisanti, que se mobilizou para continuar na função. O lado francês também parece não ter gostado de uma nova indicação.

---

[13] Os professores Péricles Madureira de Pinho, Célia Neves Lazarotto, Leônidas Sobrinho Porto e Américo Jacobina Lacombe.

Robert Garric, delegado-geral da cité universitaire, procurou o ministro conselheiro da embaixada do Brasil, Raul de Vincenzi, buscando informações sobre os rumores acerca da demissão de Lisanti e pedindo a permanência do professor na direção da maison, pela excelência do seu trabalho e por conta de toda a atribulação dos primeiros anos de existência da maison, com cinco diretores.[14] Não bastasse a "visita", Garric preparou um documento contundente para a embaixada, relembrando às autoridades brasileiras alguns pontos importantes da convenção firmada para a gestão da maison, destacadamente o que afirmava que somente o reitor da Universidade de Paris (presidente da Ciup) poderia nomear os diretores das casas, pois as mesmas faziam parte do patrimônio da própria universidade. Garric afirmava ainda que fora nessa condição que o reitor nomeara Lisanti, a partir de uma proposta do Conselho de Administração da casa, e que não era habitual retirar um diretor sem que este o requeresse. Caberia, portanto, ao conselho indicar novos nomes para exame do reitor. Por fim, ainda um pedido: "o presidente da Ciup ficaria honrado em tratar pessoalmente do conjunto dos problemas que poderia causar a administração da Maison du Brésil com o embaixador".[15]

O documento de Garric não deixava dúvidas quanto ao poder de mando da cité sobre a maison. O Itamaraty se encarregou de repassar o documento ao MEC, que foi obrigado a anular a nomeação do novo diretor e manter Luis Lisanti na direção da Maison du Brésil. Os dirigentes do ministério entenderam que, apesar de fornecerem o orçamento e escolherem os moradores, a casa não estava submetida ao MEC e, em última hipótese, ao governo brasileiro.

Assim, sob o pretexto de inteirar-se dos problemas das casas do Brasil no exterior (pois havia uma também em Madri), em maio de 1965 o governo instalou na Capes um grupo de trabalho integrado por dois membros do MEC e dois do Itamaraty, e presidido pelo presidente do conselho deliberativo da Capes. Esse grupo sugeriu ao presidente da República que editasse um novo decreto de regulamentação das casas passando-as para a responsabilidade do Ministério das Relações Exteriores e deixando a Capes encarregada apenas da seleção dos bolsistas. Essas sugestões foram traduzidas no Decreto nº 56.728 de 16 de agosto de 1965 que, além de passar o vínculo das casas para o âmbito

---

[14] AEB, 542.93 (85) de 15 de junho de 1964.

[15] AN, BR_DFANBSB_AAJ_IPM_0236_d. Lettre de Robert Garric au Chargé des Affaires de l'Ambassade du Brésil, le 17 juin 1964. p. 33 a 35. Tradução livre da autora.

do Itamaraty, definiu, em seu art. 2º, que "as Casas do Brasil serão dirigidas, na forma prevista pelos acordos de estabelecimento, por um diretor designado pelo embaixador do Brasil no país respectivo, mediante a escolha feita pelo ministro das Relações Exteriores através de uma lista tríplice elaborada por uma Comissão Supervisora". O governo brasileiro ainda tentava assim ter o poder de decidir quem dirigiria a sua casa.

No Brasil, a resistência ao regime implantado crescia: muitos estudantes, juntamente com vários intelectuais e artistas, formavam uma frente de resistência ao regime que cada vez mais se mostrava autoritário. Em consequência, o aparelhamento de vigilância do Estado crescia, inclusive no exterior. A "ordem" interna era garantida, mas como vigiar opositores do regime que não se encontravam em solo brasileiro? Foi assim que em 1966 foi instalado clandestinamente no Ministério das Relações Exteriores o Ciex, Centro de Informações do Exterior, e no ano seguinte, no mesmo ministério, a Divisão de Segurança e Informação (DSI), órgão que passou a existir em todos os ministérios civis. Já a Maison du Brésil, entre 1965 e 1967, parece que seguiu seu curso. No entanto, cresceu a preocupação dos militares com a casa e os possíveis elementos "subversivos" que por lá passavam.

Assim é que no ano de 1967 aumentou a troca de correspondência entre os órgãos militares sobre a circulação de "suspeitos",[16] sobre a vigilância das próprias instituições do governo e os critérios adotados para o desempenho de suas funções. Em 21 de junho daquele ano, a Secretaria Geral do Conselho de Segurança Nacional, preocupada com "uma verdadeira propaganda organizada com o fito de torcer a verdade dos fatos que ocorrem no Brasil", enviou à DSI do MRE o seguinte pedido de informação:

> Tal propaganda, feita por meio de folhetos impressos em português e distribuída regularmente aos estudantes brasileiros, é realizada sob a inspiração de asilados políticos e conta com a participação de estudantes bolsistas de tendências e convicções políticas e ideológicas totalmente contrárias ao espírito da revolução de março de 1964. Ocorre ainda mais, que tais estudantes bolsistas se ausentam do país, na maioria das vezes, recebendo uma ajuda financeira em dólares fornecida por esse Ministério. Desta forma, esta Secretaria-geral solicita a V. Sa. que seja enviada à consideração do SNI uma lista com o nome de tais pretendentes, antes

[16] AN, Ofício nº 033-1S/2144/67. Em 21.6.1967. BR_DFANBSB_N8_0_PSN_EST_0301_d0001de0001.

da concessão de tal auxílio, para que no futuro, evite-se o paradoxo do governo brasileiro auxiliar financeiramente elementos que se dirigem ao exterior para lá denegrir sua pátria.[17]

Em 18 de maio de 1967, o chefe do Conselho de Segurança Nacional pediu um informe à DSI do MRE sobre a Casa do Brasil, uma vez que o conselho vinha recebendo "informações pouco lisonjeiras" sobre a atuação da maison. Para tanto, pedia a elaboração de um estudo contendo:

- dados sobre a sua organização;
- cooperação brasileira para o seu funcionamento;
- qual a sua finalidade: cultural, assistencial ou ambas?;
- vem desempenhando suas missões satisfatoriamente?;
- tem promovido reuniões de caráter político?;
- quem a dirige no momento? É funcionário diplomático?;
- outros esclarecimentos julgados convenientes.[18]

Se era preciso mapear os estudantes fora do país, maior ainda era o nível de controle interno. Um documento também de junho de 1967 mostra a apreensão e a tentativa de reverter a doação de uma bolsa concedida por uma agência americana ao então estudante de veterinária da Universidade da Bahia Diógenes Santiago dos Santos, "conhecido como agitador da área estudantil local". O chefe de gabinete do Conselho de Segurança Nacional foi claro ao demonstrar descontentamento com a concessão de uma bolsa para um "elemento agitador. Pois tal ocorrência somente pode causar decepção e repercussão negativa entre os universitários democratas e a todo transe deve ser evitada".[19] O documento termina com o pedido de máximo empenho para a anulação da concessão realizada. A vigilância aumentava proporcionalmente aos movimentos de resistência que cresciam no Brasil e no exterior.

---

17 AN, BR_DFANBSB_N8_0_PSN_EST_0301_d0001de0001. Ofício n 031-1S /2142/67.
18 AN, BR_DFANBSB_N8_0_PSN_EST_0301_d0001de0001. Oficio n 019-1S/1104/67.
19 AN, BR_DFANBSB_N8_0_PSN_EST_0301_d0001de0001. Ofício n 032-1S /2142/67.

O ano de 1968

A contestação organizada pelo movimento estudantil no Brasil crescia vultosamente e explodiu em março de 1968 com a morte de um estudante secundarista pelas forças militares no Rio de Janeiro. A morte de Edson Luís foi mote para a realização de grandes manifestações em todo o país, e os estudantes pareciam ganhar apoio de uma classe média e de parte da imprensa que outrora apoiara o golpe. Se os militares estavam muito preocupados com a importância das manifestações que aconteciam no país contra o governo, não ficaram menos tranquilos quando eclodiu o maio francês.

Os acontecimentos de maio e junho de 1968 na França, considerados o movimento social mais importante do século XX neste país, apresentaram questões políticas, sociais e culturais que estavam latentes para uma sociedade que se transformava rapidamente no pós-guerra e cada vez mais se urbanizava. Os eventos mobilizaram não apenas a juventude universitária, mas também os sindicatos, os operários e parte da sociedade, que passaram a contestar os problemas políticos do país, como a questão do desemprego e da sociedade de consumo, a lutar pelos movimentos libertários, influenciados sobretudo pela atuação da França na Guerra da Argélia e pela Guerra do Vietnã empreendida pelos Estados Unidos. Assistia-se enfim a uma contestação dos valores tradicionais de uma sociedade que mudava rapidamente de perfil. O movimento estudantil local estava engajado numa dupla batalha: a reforma universitária do ministro Fouchet, que já havia gerado uma série de protestos e uma greve dos estudantes em novembro de 1967, e os regulamentos internos das residências universitárias, considerados conservadores e arcaicos (Bantigny, 2018:39).

O fato que disparou esses eventos, ainda em março, foi a prisão de um militante estudantil de sociologia de origem judaico-alemã e considerado anarquista revolucionário, Daniel Cohn-Bendit, que ocupava, juntamente com seus mais de 100 colegas, o centro administrativo da Universidade de Nanterre, localizada na região parisiense. O "clima" foi esquentando no mês de abril com grandes debates políticos e cursos interrompidos, entre outros o do conhecido historiador René Rémond, no dia 2 de maio. No dia seguinte a universidade foi fechada, os estudantes saíram de Nanterre e ocuparam a Sorbonne. A polícia interveio. Assim começou o maio francês (Bantigny, 2018:41). Por várias semanas o país ficou paralisado, com muitas greves, manifestações, assembleias e debates acontecendo em universidades, teatros, escolas e fábricas. Evidentemente, a Cidade Universitária estaria nesta listagem.

Em 24 de abril, o comitê de residentes da Casa do Brasil, presidido pelo historiador Ciro Flamarion Cardoso, que fazia seu doutorado na Faculté des Lettres et Sciences Humaines de Nanterre, fez uma reunião com o diretor para estabelecer uma programação cultural para o mês seguinte e falar sobre o problema da liberalização do regime de visitas, em vista do cenário que se apresentava naquele momento.[20] Foi assim que Lisanti pediu uma reunião de emergência na embaixada, realizada no dia 26. Na ordem do dia estava o exame do problema da livre circulação entre os alojamentos de ambos os sexos. Durante a reunião, Lisanti afirmou "que os movimentos estudantis localizados em Nanterre e outras universidades produzem reflexos profundos na cité". Votou a favor da liberação da circulação, pois, justificava, não poderia isolar a Casa do Brasil do meio universitário francês. Outro ponto abordado pelo diretor durante a reunião merece destaque: o "mau recrutamento" de bolsistas, cujo nível vinha baixando sensivelmente, uma vez que era realizado "em moldes precários". Lisanti sugeriu assim a "instituição do exame psicofísico obrigatório, o que permitiria uma seleção mais apurada dos bolsistas". O embaixador Carlos Chagas, por sua vez, propôs a elaboração de um comunicado ao ministro das Relações Exteriores apresentando a questão do baixo nível de recrutamento dos bolsistas com vistas a melhorar a seleção[21] realizada pela Capes, que já se sentia sem poder de comando da casa, criando, assim, mais um atrito na história da maison entre o Itamaraty e o MEC.

Reunidos em 22 de maio, os residentes da casa, em sintonia com as propostas do movimento estudantil francês, adotaram a cogestão como modo de vida administrativa e comunitária,[22] o que nesse universo queria dizer uma gestão partilhada da administração da casa entre residentes e direção. O tema da cogestão,[23] palavra de ordem entre a esquerda francesa naquele momento, juntamente com a questão das liberdades (sobressaindo a liberdade de expressão

---

[20] Archives Nationales, 20090014/33. Rencontre du Comité des Residents avec monsieur le directeur de la Maison du Brésil, le 24 avril 1968. O documento traz a data de abril, mas de acordo com a cronologia dos eventos é provável que a reunião tenha se realizado em 24 de maio de 1968.

[21] Archives Nationales, 20090014/33. Ata confidencial, 27 de abril de 1968.

[22] Archives Nationales, 20090014/29.

[23] O tema da cogestão rendeu inúmeras discussões, para além dos sindicatos, entre os intelectuais de esquerda. Um dos clássicos é a obra de Rosanvallon (1976).

e política) seria o foco das discussões e ações, nos anos seguintes, dos residentes, da direção da casa e da Ciup. Por outro lado, a questão da cogestão do prédio passou a ser considerada "o problema fundamental"[24] da casa, tornando-se objeto de discussão entre o MRE e o MEC[25] e, sobretudo, foco de preocupação por parte dos militares, uma vez que a proposta batia de frente com seu projeto de "intervencionismo controlador do Estado" (Carvalho, 2006).

No dia 30 de maio a Casa do Brasil, a exemplo do que aconteceu com outras casas na cité universitaire, como a do Marrocos e a de Portugal, foi invadida. Foi apurado que os invasores eram pessoas externas à casa e em sua maioria estrangeiros: espanhóis, portugueses, latino-americanos e apenas dois ou três franceses. O número de participantes relatado variou muito, de 30 até 100 pessoas.[26] Se os comitês de ocupação tiveram por objetivo apoiar o movimento revolucionário francês e também protestar contra os regimes que estavam no poder nos países correspondentes às casas ocupadas, o caso brasileiro não fugiu à regra. Ao contrário. Segundo o jornal *Le Monde*,[27] "a ocupação não foi pacífica e mesmo os estudantes brasileiros e franceses que apoiavam e participavam dos movimentos de contestação foram molestados". Incidente mais grave aconteceu com um estudante que era declaradamente contrário e pretendia elaborar uma lista de residentes comunistas para ser entregue à polícia: o jovem foi preso em seu quarto e longamente interrogado, segundo o jornal. Tratava-se do médico Gilberto Mauricio Pradez de Faria, que foi aconselhado pela embaixada a retornar ao Brasil. A própria Embaixada do Brasil entrou em contato com o Ministère des Affaires Etrangères da França para denunciar o acontecimento: "o doutor [...] foi obrigado à força a assinar um papel declarando-se 'agente anticomunista a mando do governo brasileiro', assinando também um recibo de uma determinada soma de dinheiro que lhe foi extorquido para ajudar a luta revolucionária".[28]

O mesmo destino teve o diretor da maison naquela noite de 30 de maio: depois de revirarem toda a sua casa, os invasores o submeteram a um longo

---

[24] AEB, Carta encaminhada pelo diretor da Maison du Brésil ao embaixador Bilac Pinto em 6 de fevereiro de 1970.

[25] AEB, 542.93(85), Telegrama enviado pelo embaixador Olavo Bilac Pinto ao ministro da Educação Jarbas Passarinho em 11 de abril de 1970.

[26] AEB, Relato do diretor em carta à embaixada; jornal *Le Monde*, 2-3 juin 1968.

[27] Idem.

[28] AEB, telegrama confidencial expedido em 4 de junho de 1968. Tradução livre da autora.

interrogatório, perguntando-lhe sobre a condição do diretor e sobre o governo brasileiro. Luis Lisanti foi expulso de sua residência no dia seguinte. Ao que parece abalado com o evento, escreveu uma carta para a Embaixada do Brasil relatando os acontecimentos da invasão. No entanto, insistiu em mostrar que os fatos desenrolados o haviam sido por conta da conjuntura parisiense, sendo assim a maison uma "vítima" e não uma "agente". Reafirmar o contexto de ebulição estudantil francês não deixava, assim, de apresentar um duplo interesse: tirar o foco dos estudantes brasileiros e colocar a Casa do Brasil como agente passivo, mesmo que os setores militares do regime já não vissem com bons olhos aquele "espaço".

A maison foi desocupada em 12 de junho, momento em que Lisanti voltou e começou o processo para apurar as perdas materiais, propondo aos residentes e funcionários que apontassem seus pertences roubados. Embora a maioria tivesse respondido negativamente, o diretor preparou uma queixa que apresentou à Justiça, e foi aberto um "processo verbal de constatação"[29] para apurar as perdas. Como a situação na cité universitaire ainda estava insegura, Lisanti acabou por acatar a sugestão de que o próprio delegado dirigisse temporariamente a maison, como havia ocorrido com outras casas também invadidas (caso de Espanha e Portugal).[30] Em agosto, Luis Lisanti pediu demissão do posto que ocupava.

Em setembro de 1968, o Conselho de Administração da cité homologou a saída do diretor indicando José Guimarães Alves, diretor da escola de Belas Artes de Belo Horizonte, homem próximo do regime, para assumir o posto. Na mesma reunião aventou-se a possibilidade de tornar a Casa do Brasil uma residência apenas para casais. O ainda diretor Lisanti dizia que a casa não fora projetada para receber residentes de ambos os sexos. A ideia não era apenas uma consequência do movimento francês, mas também um desdobramento da própria conjuntura brasileira: deixar a maison ser habitada por casais poderia diminuir a possibilidade de residentes militantes não perfilados com o regime instalado em 1964.

O ano de 1968 terminou no Brasil com mais um Ato Institucional (AI) editado pelo governo militar, que dessa vez fechava o regime completamente, inaugurando o período considerado "mais duro" com relação à repressão, envolvendo uma nova

---

[29] Archives Nationales, 20090014/30. Proces verbal de constat, le 14 juin 1968.

[30] Archives Nationales, 20090014/30. Carta de Luis Lisanti ao embaixador do Brasil em Paris, em 25 de junho de 1968.

leva de cassação de professores e também de extermínio de opositores, incluindo vários estudantes e alguns docentes.[31] No entanto, foi a partir desse momento que o governo militar empreendeu uma reforma universitária no país de cunho modernizador-autoritário: a expansão das universidades, o aumento do número de estudantes e sobretudo o fortalecimento e a expansão dos cursos de pós-graduação foram a faceta modernizadora do regime. Por outro lado, os militares ampliaram seu setor de vigilância chegando a criar em cada universidade federal "Agências de Segurança e Informação" que deveriam reportar todas as informações sobre o corpo docente e discente para o Serviço Nacional de Informações (SNI), órgão ligado diretamente ao presidente da República. Se no Brasil os militares aumentavam a vigilância sobre seus opositores, como controlar os brasileiros no território francês? Este passou a ser um grande desafio para o governo.

Os desdobramentos dos acontecimentos de 1968

No Brasil, os dissidentes e propagadores de ideias contrárias ao regime eram extremamente vigiados, quando não exterminados. Do outro lado do Atlântico, sopravam os ventos libertários do maio francês que assombravam os dirigentes brasileiros. Por seu turno, sobretudo os exilados passaram a utilizar diferentes canais para a denúncia da ditadura, tornando-se a Casa do Brasil não apenas um local para a divulgação dessas informações como também abrigo para muitos clandestinos. Em abril de 1969, o diretor da maison escreveu um relatório que foi enviado para o serviço de vigilância da Aeronáutica, descrevendo a situação da cité após os eventos ocorridos no ano anterior: proibição de ingresso das forças da ordem; liberdade de agrupamento político em qualquer sentido e escolha; direito de livre ingresso nos prédios, bem como de trânsito, sem maiores restrições; liberdade assegurada de exprimir opiniões e afixar cartazes; liberdade de visita nos quartos. O texto afirmava que a situação, "mesmo com os polimentos posteriores que lhe foram dados, apresenta-se conflitante com os interesses legítimos da Nação que subvenciona a Casa, com o interesse dos residentes e com a autoridade do Diretor".[32]

---

[31] Para maiores informações sobre a relação da ditadura com as universidades ver Müller (2014:265-298).

[32] AN, BR_DFANBSB_AAJ_IPM_0187_d. A Casa do Brasil em Paris e as condições de seu funcionamento, em 25 de abril de 1969.

Foi assim que em 7 de maio de 1969 o Estado Maior da Aeronáutica expediu um documento confidencial[33] com um relatório do seu adido militar em Paris sobre a situação da Casa do Brasil. No que tange ao seu controle, os militares mostraram-se bastante insatisfeitos com a "liberdade" dos moradores, uma vez que o diretor não tinha forças para intervir diretamente no caso de "*personas non gratas*". O documento também realçava a própria "inércia" da cité com relação ao caso:

> Há um convênio, ou entendimento, ou seja, lá o que for, que impede as Forças da Ordem (organizações policiais, mantenedoras da Ordem Pública) de intervirem na CIUP, salvo se pedidas pelo Delégué da Cité. Assim, por mais grave que seja a situação de uma ou várias Casas, os Embaixadores dos Países a que pertencem não conseguem restabelecer a ordem pois a Polícia lá não vai. [...] Tal situação é facilmente explicável pela total impotência do Diretor, pela ausência completa da polícia, omissão do Diretor da Cité e a situação político-psicossocial-econômica da França.

O longo documento vai além, apresentando seu entendimento sobre a vida política francesa e a administração De Gaulle,[34] o que demonstra antes de tudo a visão de mundo, ou a cultura política autoritária e anticomunista que guiava os militares brasileiros. Para o adido, a França estava "brincando de ser socialista". No entanto, ele próprio apresentava o fato de no país não haver *habeas corpus* e de só existirem dois canais de TV e três estações de rádio, pertencentes ao governo federal. Ademais, as regiões do país não tinham qualquer simulacro de liberdade política ou administrativa e, segundo ele, "esta escravidão levou a Bretanha a querer e agir violentamente nesse sentido para tornar-se independente". Na sua visão, isso era incongruente com uma certa visão e prática do governo. Para ele, na França falava-se demais em liberdade:

> Invocando esta liberdade de expressão assistimos a um filme de longa metragem mostrado em duas projeções, nas quais se fazia de Mao-Tse-Tung um Deus. O que conta é que tal filme foi exibido na Televisão, ou seja, num órgão de difusão

[33] AN, INFORMAÇÃO N. 020 /1A2/EMA5R, 7 de maio de 1969; ref Of n. 033/69-GP, de 31 de março de 1969.

[34] O relatório do adido certamente apresentava data anterior à saída do general de Gaulle da presidência francesa.

oficial. Tempos depois assistimos outro sobre Fidel Castro, em que o mesmo era mostrado como Salvador de Cuba. Estes filmes, além de serem projetados na TV do governo (única também) ainda são comentados em Francês por franceses de Paris. É evidente que são filmes preparados em Cuba e Pequim, mas estarrecemos que sejam exibidos em órgãos do governo e comentados por especialistas franceses. Não é de estranhar que na Cité Universitaire reinem os estudantes da guarda-vermelha e bandeira preta e explica-se por que a Polícia não pode lá intervir- Ela é do governo. [...]

A partir da explanação da situação no país, o adido demonstra o mal-estar das Forças Armadas ante a conjuntura francesa convulsionada. Para finalizar seu relatório, passa a tecer uma série de considerações, afirmando:

- que a Casa do Brasil só é do Brasil em nome;
- que seu diretor nenhuma ou quase nenhuma autoridade tem sobre a mesma ou seus ocupantes;
- que o prédio que era nosso passou para a França;
- que pelas ações aqui ocorridas a existência da Casa do Brasil desmerece mais que enaltece o nome do Brasil;
- que se consome 50.000 dólares por ano para o prestígio de Paris como meca do ensino (e da subversão estudantil).

Por fim, declara o adido: "Somos de opinião que já deveria ter sido fechada desde maio de 1968. Quando solicitados aconselhamos ao sr. embaixador Bilac Pinto que o fizesse (Não fez)."

Outros documentos expedidos pelo Exército brasileiro reforçavam a falta de controle, a "concessão das mais absurdas liberdades" e "a generalização da promiscuidade entre sexos no interior da Casa", denunciando nominalmente os elementos "suspeitos".[35] Os dossiês dos comandos da Marinha e do Exército, ao longo dos anos 1969 e 1970, são extremamente detalhados, contendo informações desde a época da fundação do prédio, listas de estudantes, cartas dos diretores, legislações, pareceres, recortes de jornais do Brasil e da França, o acompanhamento da questão da implantação da cogestão, além de longos

---

[35] AN, BR_DFANBSB_AAJ_IPM_0236_d. EME – Adido do Exército a Embaixada do Brasil na França. PB 24/69-S/2.1

documentos de análise de conjuntura feitos por civis e militares. Mostram bem o controle militar do regime e as divergências com os governos que não partilhavam suas ideias.

A assertiva se torna ainda mais positiva quando se cruza tais documentos com o diagnóstico do ministro-conselheiro, membro civil do Itamaraty, que fez um longo relatório sobre a situação da Casa do Brasil para ser enviado ao ministro das Relações Exteriores. Em suas conclusões, apesar de concordar com a pouca influência do Brasil no comando da casa, o ministro trata de apresentar os aspectos positivos para mantê-la aberta: "Na verdade, a Maison du Brésil presta relevantes serviços à cultura brasileira, pela acolhida que proporciona [...] aos nossos patrícios que se deslocam para Paris em busca da ampliação de seus conhecimentos e de suas experiências, no plano das ciências, da tecnologia, das letras e das artes em grau universitário".[36]

No ano de 1970, estimulados pelo Bureau International d'Etudiants,[37] os residentes da maison começaram uma greve contra o aumento dos aluguéis, que resultou no não pagamento das mensalidades da casa durante alguns meses. Esse ponto, somado à questão do novo estatuto sobre a cogestão, que ainda não tinha entrado em funcionamento, além da pressão militar sobre a imagem "negativa" que a Casa do Brasil apresentava sobre o país, levou a embaixada a começar uma negociação para a revisão do estatuto da casa com a Ciup. Foi assim que em 22 de julho de 1971 o embaixador do Brasil na França, general Aurélio de Lyra Tavares, assinou em cartório, juntamente com o reitor Robert Mallet, um ato retificador da doação inicial do governo brasileiro. Nesse ato as principais alterações foram:

- A composição do Conselho de Administração da casa passava de 10 para seis membros, recaindo a supressão sobre quatro membros brasileiros. O único membro brasileiro restante no conselho passava a ser um representante da embaixada.
- O embaixador brasileiro deixava de presidir o Conselho de Administração.
- A denominação "Maison du Brésil" era oficialmente mudada para "Fondation Franco-Brésilienne".

[36] AEB, 542.93(85)1969/13.

[37] AEB, 542.93(85). Tous en grève des loyers. In: Carta do diretor da MB ao embaixador Bilac Pinto em 4 de março de 1970.

A partir da modificação dos estatutos, o governo brasileiro deixou de enviar diretores em missão oficial e parou de repassar verba para a manutenção da casa. No entanto, a documentação indica que a Capes continuou com o papel de recolhimento das candidaturas dos brasileiros, remetendo a escolha para a França, o que acabou por permitir certa "triagem" dos candidatos e o acompanhamento direto por parte dos militares das atividades desenvolvidas, como demonstram os relatórios. A Casa do Brasil passou a ser comandada por diretores franceses, num sistema híbrido entre uma casa ligada à cité universitaire e uma casa nacional. Assim, o pesquisador francês do CNRS (Centre Nacional de la Recherche Scientifique) Michel Rémi Ferlus assumiu a direção da casa e transmitiu o cargo em 1975 ao geógrafo francês de origem polonesa Jean Piwnik, que permaneceu no posto até 1991, quando começaram as tratativas para a maison voltar a ser dirigida pelo Brasil.

Notas finais

O que poderia fazer parte da faceta modernizadora do regime militar, a ampliação dos intercâmbios científicos entre Brasil e França (que passavam pela Maison du Brésil), foi abandonado em prol de uma face autoritária e repressiva. O autoritarismo militar estava no centro da doutrina do regime, e, à medida que as tensões cresciam no país e fora dele, os militares aumentavam seu controle. Para além de simples pragmatismo, parece assim que se optou por uma política muito mais reativa que propositiva. Como se tornou impossível controlar os moradores da Casa do Brasil, e como o governo brasileiro não contava com a "boa vontade" da Ciup, a solução que se desenhou foi mais drástica: se não podemos controlar, não nos responsabilizaremos oficialmente. É por meio desta chave que pode ser entendido o desengajamento do Brasil da sua casa na França: esta passou a ser foco de opositores do regime, e a própria conjuntura francesa foi encampada pelas esquerdas.

Apesar do ato final, a situação mostrou-se muitas vezes ambígua, apontando uma sensível diferença de posicionamento entre os membros civis e militares do Itamaraty, um ponto que merece ser aprofundado em pesquisas futuras. A entrega da Maison du Brésil ao controle francês expressou essa ambiguidade durante seu processo, mostrando uma tensão na relação entre militares e civis que atuavam no MRE. No entanto, neste caso, como a casa estava sujeita às regras francesas, não podendo, dessa maneira, ser encaminhada a política determinada pelos militares de controle e extermínio de focos de oposição ao regime, o pragmatismo militar levou à desvinculação do Brasil de sua maison.

A realidade política brasileira contrastava com a ambição integradora do projeto de uma maison dentro da cité universitaire, projeto esse que se destinava a ensinar as futuras elites dirigentes de cada nação a se conhecerem e respeitarem para assegurar a paz mundial (Kevonian e Tronchet, 2013:21). O objetivo de criar uma rede transnacional, que esteve presente na origem do projeto de uma Casa do Brasil em Paris, pensado pelo Estado nos anos 1950, perpassava esses princípios e assinalava a vontade do Brasil de dialogar e se fazer presente no cenário da produção intelectual mundial. Depois de 1964, porém, e sobretudo a partir do ano de 1968, a lógica militarista, baseada na doutrina de segurança nacional, cuja teoria tinha inspiração na experiência francesa na Argélia, contrastou enormemente com aqueles princípios e com a livre circulação de ideias que predominava na cité. O desfecho, um tanto lógico, foi a negação do internacionalismo.

Arquivos

Archives Nationales (France)
Arquivo da Embaixada do Brasil (AEB) na França
Arquivo Nacional (AN) (Brasil)

Referências

BANTIGNY, Ludivine. *1968:* de grands soirs en petits matins. Paris: Seuil, 2018.

CARVALHO, José Murilo de. *Forças armadas e política no Brasil.* 2. ed. Rio de Janeiro: Zahar, 2006.

DUMONT, Juliette. *De la coopération intellectuelle à la diplomatie culturelle:* les voies/x de l'Argentine, du Brésil et du Chili (1919-1946). Thèse Université Sorbonne Nouvelle – Paris 3, soutenue le 24 juin 2013.

______; FLECHET, Anaïs. "Pelo que é nosso!": a diplomacia cultural brasileira no século XX. *Revista Brasileira de História*, São Paulo, v. 34, n. 67, p. 203-221, jun. 2014.

GEORGI, Frank. La France et la circulation internationale de l'utopie autogestionnaire. In: DREYFUSS-ARMAND, Geneviève. *Les années 68, un monde en mouvement:* nouveaux regards sur une histoire plurielle (1962-1981). Paris: Syllepse, 2008, p. 82-107.

KEVONIAN, Dzovinar; TRONCHET, Guillaume (Dir). *La Babel étudiante:* la Cité Internationale Universitaire de Paris (1920-1950). Rennes: Presse Universitaire de Rennes, 2013.

MOTTA, Rodrigo P. Sá. *As universidades e o regime militar.* Rio de Janeiro: Zahar, 2014.

MÜLLER, Angélica. Violações de direitos humanos na universidade. In: BRASIL, *Relatório da Comissão Nacional da Verdade.* Tomo II, dezembro de 2014, p. 265-298.

ROSANVALLON, Pierre. *L'Âge de l'autogestion ou la politique au poste de commandement.* Paris: Seuil, 1976.

SALIM, Inez Machado. *Discours 50 ans Maison du Brésil.* Paris, le 24 juin 2009. (mimeo).

_____. *1959-2009*: 50 anos da Casa do Brasil, 82 anos de história. (mimeo).

A "relativa hegemonia cultural de esquerda" e a revista *Cadernos Brasileiros* na época de 1968

Marcelo Ridenti

Um caminho para refletir sobre o ano de 1968 no Brasil e a época em que ele se inseriu tem sido retomar o célebre artigo de Roberto Schwarz no período, intitulado "Cultura e política", publicado originalmente na França na prestigiosa revista de Jean-Paul Sartre.[1] Nove entre 10 estudos que tratam da cultura de então incluem a citação da famosa frase: "Apesar da ditadura da direita, há relativa hegemonia cultural da esquerda no país" (Schwarz, 1978:62). O autor não explicitava o que entendia por esquerda, mas é razoável supor que concordaria com a definição de Jacob Gorender, que tomava o termo num sentido amplo para referir-se às forças políticas críticas da ordem capitalista estabelecida, identificadas com as lutas dos trabalhadores pela transformação, sendo que "os diferentes graus, caminhos e formas dessa transformação social pluralizam a esquerda e fazem dela um espectro de cores e matizes" (Gorender, 1987:7).

Nos anos 1960, a esquerda política brasileira dividia-se numa miríade de organizações: não só o predominante Partido Comunista e suas inúmeras dissidências armadas, mas também a esquerda trabalhista, a esquerda católica e outras que chegaram a constituir dezenas de siglas por volta de 1968. Sem contar a difusão de várias correntes de pensamento crítico e de autores de esquerda nos meios intelectualizados, como aqueles do chamado marxismo ocidental. Eles eram traduzidos e publicados também por editoras de prestígio, como a Civilização Brasileira, a Zahar e a Brasiliense, que davam espaço ainda para autores críticos nacionais, em parte oriundos do sistema universitário que começava a amadurecer. O próprio Roberto Schwarz é um bom exemplo dessa nova intelectualidade de esquerda, relativamente autônoma das organizações

[1] Para a publicação original ver Schwarz (1970). Para a publicação no Brasil ver Schwarz (1978).

políticas, embora ele estivesse próximo da esquerda armada no momento em que escreveu o famoso artigo de 1970, não por acaso publicado em Paris, onde se encontrava para fugir da ditadura brasileira.

A afirmação sobre a "relativa hegemonia cultural da esquerda no país" costuma ser tomada sem muito questionamento. Por exemplo, Daniel Pécaut (1990:197) também fala em "hegemonia da esquerda intelectual" entre 1964 e 1968. Não obstante, essa afirmação é discutível, como já apontei anteriormente (Ridenti, 1993:82-96). Num sentido gramsciano mais estrito, não caberia falar nesse caso em hegemonia, mas talvez houvesse um esboço de hegemonia alternativa, ou de contra-hegemonia. Schwarz provavelmente concordaria com isso, pois admitia que, apesar de os intelectuais serem de esquerda, "as matérias que preparam, de um lado, para as comissões do governo ou do grande capital, e, de outro, para as rádios, televisões e jornais do país, não são". Ele ressaltava, assim, o aspecto "relativo" dessa hegemonia de esquerda – se for entendida no sentido de capacidade de influência e convencimento de visões de mundo críticas da ordem capitalista, que predominariam, entretanto, apenas no seio de certos meios sociais intelectualizados: "É de esquerda somente a matéria que o grupo – numeroso a ponto de formar um bom mercado – produz para consumo próprio" (Schwarz, 1978:12). Ou seja, apenas uma parte da produção cultural dos anos 1960 tinha pretensões transformadoras. Ainda que expressiva e destacada qualitativamente, ela não era majoritária. Naquele período frutificou uma indústria cultural cada vez mais sofisticada (cf. Ortiz, 1988), envolvendo uma produção para consumo até mesmo de setores identificados com as esquerdas.

Pode-se concluir, então, que jamais houve propriamente uma hegemonia cultural de esquerda na sociedade brasileira, pois num sentido estrito isso envolveria a difusão e interiorização por parte de indivíduos, grupos e classes de visões de mundo críticas do capitalismo. Ao explicar o conceito de hegemonia, com base em Gramsci, Raymond Williams (1979:113) observou que ele compreende

> um conjunto de práticas e expectativas, sobre a totalidade da vida: nossos sentidos e distribuição de energia, nossa percepção de nós mesmos e nosso mundo. É um sistema vivido de significados e valores – constitutivo e constituidor – que, ao serem experimentados como práticas, parecem confirmar-se reciprocamente.

Um sistema vivido de significados e valores de esquerda experimentados como práticas nunca foi hegemônico na sociedade brasileira, mas isso não invalida o argumento de Schwarz, caso a "relativa hegemonia cultural de esquerda" seja compreendida num sentido amplo, como a capacidade de sedução de ideias críticas da ordem estabelecida, o poder de atração de formulações e propostas transformadoras sobre setores importantes dos meios artísticos e intelectuais. Arriscando traduzir essa problemática para a linguagem sociológica de Pierre Bourdieu: embora fossem dominadas no campo da política, as esquerdas foram relativamente dominantes no campo intelectual brasileiro nos anos 1960 e princípio dos 1970, sobretudo entre 1964 e 1968, já sob a ditadura. Em poucos momentos da história elas tiveram tanta relevância nos meios intelectualizados; se não foram plenamente dominantes, eram fortes o suficiente para disputar a dominação no campo intelectual.

Marcos Napolitano (2011) já notou que o artigo clássico de Schwarz – produzido com envolvimento, no calor da hora – deve por isso ser analisado sobretudo como um documento histórico. Não obstante, a proposta analítica daquele texto continua frutífera, uma vez tomada criticamente. Ela permite compreender como, no contexto da época de 1968, algumas posições de esquerda no campo intelectual foram fortes o bastante para atrair para sua órbita até mesmo uma revista inicialmente mais afinada com a direita, *Cadernos Brasileiros*. O itinerário do periódico – que nasceu anticomunista em 1959 e fechou suas portas em 1970, já como parte do arco intelectual amplo de oposição à ditadura – evidencia a atração das ideias de esquerda naquele tempo, em que também "a vanguarda cultural do Ocidente trata de um só assunto, o apodrecimento social do capitalismo", nos termos de Schwarz (1978:72).

Particularmente no período que foi do golpe de abril de 1964 ao fechamento completo do regime após a edição do Ato Institucional nº 5 (AI-5), em dezembro de 1968, houve uma radicalização inusitada à esquerda nos meios intelectuais e artísticos, como revela a produção cultural de então, na universidade, na imprensa e nas obras de cinema, teatro, literatura, música popular, artes plásticas e outras – tema que vem sendo analisado por uma série de autores depois do artigo pioneiro de Schwarz.[2] A presença das ideias de esquerda também se fez sentir nas publicações voltadas aos meios intelectualizados, como a *Revista Civilização Brasileira*, de grande influência e sucesso de público e crítica. Outro exemplo foi *Cadernos Brasileiros*, uma revista menor e menos conhecida, mas particu-

---

[2] Cf. Favaretto (1979); Hollanda (1981); Mostaço (1982); Xavier (1993); Ridenti (2000); Napolitano (2001) e tantos mais.

larmente interessante pela sua origem à direita, constituindo-se num caso que merece destaque não só por realçar a força de atração do polo contrário num certo momento, mas também por expressar a convivência ambígua de liberais com a ditadura e com a oposição a ela na época de 1968.

Setores liberais e conservadores nos meios intelectuais foram expressivos em apoio ao golpe de 1964, e mesmo depois dele, tomando parte tanto em instituições governamentais – em ministérios, no Congresso Nacional, no Poder Judiciário, no Conselho Federal de Educação, no Conselho Federal de Cultura, na direção de universidades e outras – como da sociedade civil, caso da Ordem dos Advogados do Brasil, da Associação Brasileira de Imprensa, da Academia Brasileira de Letras, sem contar a Igreja Católica e demais instituições religiosas. Apesar de seu caráter à direita, elas também foram influenciadas pela vaga do pensamento e das propostas de esquerda na época de 1968 – afinal, "qualquer processo hegemônico deve ser especialmente alerta e sensível às alternativas e oposição que lhe questionam ou ameaçam o domínio", como diria Williams (1979:116). Foi o caso também de *Cadernos Brasileiros*. A trajetória da revista pode ser interpretada ao mesmo tempo como resultado da atração exercida por visões de mundo transformadoras emergentes (a tal "relativa hegemonia cultural de esquerda", nos termos de Schwarz), e do esforço de mudança para disputar espaço no campo intelectual, reafirmando suas posições tradicionais.

Cadernos Brasileiros

A revista *Cadernos Brasileiros* fazia parte de um movimento intelectual internacional destacado, o Congresso pela Liberdade da Cultura (CLC), fundado em 1950 na Europa como reação ao Conselho Mundial da Paz, inspirado pelos soviéticos, como apontaram Lasch (1968), Coleman (1989), Gremion (1995), Berghe (1997), Saunders (2008), Iber (2011 e 2015) e Cancelli (2012), entre outros. A crítica ao totalitarismo e a defesa da liberdade de criação uniam intelectuais conservadores, liberais, socialistas democráticos e até radicais de esquerda agrupados pela instituição, com ênfase no questionamento do comunismo. O Congresso chegou a ter escritórios em 35 países e criou uma rede intelectual e artística significativa, patrocinando exposições, conferências, premiações e, em especial, um conjunto de mais de 20 revistas, segundo Saunders (2008:13), entre elas, *Preuves* (França, criada em 1951), *Encounter* (Inglaterra, 1953), *Der Monat*

(Alemanha, fundada ainda em 1948, como fruto do Plano Marshall), *Tempo Presente* (Itália, 1956), *Quadrant* (Austrália, 1956), *Cuadernos* (América Latina, 1953), e *Cadernos Brasileiros* (Brasil, 1959). O trabalho de organização intelectual de suas publicações era sediado em Paris, onde ficava o Secretariado Internacional do CLC. No contexto da Guerra Fria, a opção era pelo lado americano, o que permite entender o apoio de seu serviço secreto (Central Intelligence Agency – CIA) ao Congresso desde sua fundação, que só foi descoberto em meados da década de 1960, a partir de reportagens do *New York Times* e da revista californiana *Ramparts*, gerando uma crise que resultaria no fim da instituição e de suas publicações alguns anos depois.

O CLC voltava sua atuação sobretudo para a Europa até meados dos anos 1950, situação que mudou em parte com a emergência de países periféricos no cenário internacional, constituintes do chamado Terceiro Mundo. A mudança da geopolítica mundial levou o Congresso a voltar-se também para a periferia do sistema. A revista *Cadernos Brasileiros* surgiu nesse contexto, em 1959, como a principal realização da recém-criada Associação Brasileira do Congresso pela Liberdade da Cultura e quase se confundia com ela. Circulou com 1.500 exemplares em seu número inaugural. A periodicidade era trimestral e passou a ser bimestral a partir de 1963. Tiravam-se 3 mil exemplares por edição em 1964, chegando a 5 mil em 1966, pelos dados dos arquivos do CLC, atualmente depositados na Biblioteca da Universidade de Chicago.[3] Foram 62 números até o encerramento em setembro-outubro de 1970, passando por diversas conjunturas políticas que se expressaram no itinerário do periódico. Cada número tinha em média 100 páginas e contava com cerca de 17 artigos.

A revista surgia logo após a revolução cubana de 1959, que levou a região a ocupar um lugar de destaque nas disputas da Guerra Fria. Dois intelectuais foram os principais responsáveis pela criação de *Cadernos Brasileiros*: o crítico literário baiano Afrânio Coutinho – que anteriormente editara a versão em português do *Reader's Digest* nos Estados Unidos, e depois se tornou professor de literatura, difusor do *new criticism* no Brasil, dirigente universitário e membro da Academia Brasileira de Letras – e o exilado romeno Stefan Baciu, um jornalista e escritor surrealista que posteriormente se estabeleceu como acadêmico nos Estados Unidos. Os dois imprimiram um perfil predominan-

---

[3] A documentação ampla e detalhada do CLC está classificada no "International Association for Cultural Freedom Records, 1941-1978" (IACFR).

temente cultural à revista, acompanhado de um tom político anticomunista, com espaço de difusão para autores internacionais de prestígio – caso de Raymond Aron, Ignazio Silone e Karl Jaspers – e também nacionais, como o economista José Garrido Torres e os oficiais militares Golbery do Couto e Silva e Carlos Meira Mattos, especialistas em geopolítica. Os três viriam a tornar-se conhecidos articuladores do golpe de 1964. Mas havia lugar também para críticos do stalinismo pela esquerda, como Mário Pedrosa, membro do conselho consultivo. Ele mantinha contato com dirigentes do CLC que haviam combatido a ditadura de Franco na Espanha como integrantes destacados do Partido Operário de Unificação Marxista (Poum), de conhecida inimizade com os stalinistas, caso de Julián Gorkin e Luis Mercier Vega, que se ocupavam das relações do Congresso com a América Latina. O CLC manteve o financiamento da revista durante toda a sua existência, nas suas várias fases, de 1959 a 1970.

No contexto brasileiro e latino-americano do início dos anos 1960, as ideias por assim dizer de esquerda – nacional-desenvolvimentistas, anti-imperialistas e comunistas – tinham considerável aceitação nos meios intelectuais, em países em busca de desenvolvimento econômico, social e político. A linha das revistas do CLC, com denúncias do que ocorria na URSS e no Leste europeu, na tradição anticomunista mais conservadora (Motta, 2002), parecia algo distante para sociedades da América Latina, empenhadas em romper com o subdesenvolvimento. Isso ajuda a explicar o prestígio intelectual relativamente baixo dos periódicos do Congresso na região. Assim, por volta de 1961-1962, a direção do CLC em Paris tratou de intervir para mudar o quadro, buscando identificar suas revistas latino-americanas mais explicitamente com ideias de liberdade de criação e com o desenvolvimento econômico e cultural, atraentes para agregar mais intelectuais de esquerda não comunista, em sintonia com as propostas reformistas da Aliança para o Progresso, formuladas pelo governo dos EUA em resposta à revolução cubana (Ribeiro, 2006). O CLC fechou a mexicana *Examen* em 1963 e *Cuadernos* em 1965. O patrocínio passou especialmente para *Mundo Nuevo*, dirigida pelo uruguaio Emir Rodriguez Monegal (Iber, 2015:359). Foi sua revista a de maior prestígio intelectual na região, particularmente literário; ela deu espaço para alguns textos brasileiros e teve papel importante na divulgação do chamado *boom* da literatura latino-americana.[4] Simultaneamente a *Mundo*

[4] Cf. Cobb (2008); Cohn (2012) e Gilman (2003).

Nuevo, que era mais voltada à cultura, o CLC criou um periódico dedicado às ciências sociais para a América Latina, *Aportes*.

Abrindo esse cenário de mudança, foi enviado ao Brasil um interventor, o escritor e editor Keith Botsford. Inicialmente acompanhado por Nicolas Nabokov – músico e secretário-geral do Comitê Executivo do CLC –, Botsford estabeleceu-se no Rio de Janeiro do início de 1962 até meados de 1963, quando deixou o país para intervir no México (Iber, 2015:328). Ele procurou direcionar *Cadernos Brasileiros* no sentido da orientação internacional mais aberta para incorporar aspectos da agenda reformista, sem abrir mão do anticomunismo, porém mais sofisticado, a fim de disputar espaço num campo intelectual muito influenciado pela esquerda. Mas ele só teve êxito parcial, já que mudanças de fundo na revista só se efetivariam a partir de 1965, depois do golpe de Estado, pois o anticomunismo mais tradicional permaneceu no contexto do governo Goulart e no apoio ao golpe.

A reforma da revista levou ao afastamento do editor, Stefan Baciu, destacadamente anticomunista, que trabalhava desde 1953 na *Tribuna da Imprensa*, de Carlos Lacerda, onde foi editor de política externa. A carta de demissão de Baciu a Afrânio Coutinho, de agosto de 1962, questionava a "abertura à esquerda" proposta por Botsford, bem como a almejada aproximação com o Instituto Superior de Estudos Brasileiros (Iseb), e a colaboração com intelectuais como Darcy Ribeiro, Celso Furtado e Candido Mendes de Almeida. Reiterava seu alinhamento com Carlos Lacerda, contra a diretiva de Botsford, "nem Julião, nem Lacerda", ou seja, nem a extrema esquerda e nem a direita pura e dura.[5]

O jovem bacharel em direito Vicente Barretto – cujo pai era escritor e professor, amigo de Coutinho – tornou-se o novo editor no lugar de Baciu. Mas não mudou de imediato a orientação política da revista, embora ela se tenha tornado mais aberta, como atesta o número dedicado à questão da África (*Cadernos Brasileiros*, nº 15, out.-dez. de 1962), que contou com a colaboração de especialistas como Roger Bastide, José Honório Rodrigues, Manuel Diegues Júnior e Edison Carneiro. A conjuntura política nacional caminhava para a polarização durante o governo Goulart e a revista pendia para o lado dos inimigos do governo trabalhista, o que dificultava a ampliação do arco ideológico de suporte à publicação. A abertura mais consistente teria de esperar por uma

---

[5] Carta (em português) de Stefan Baciu a Afrânio Coutinho, Rio de Janeiro, 10 de agosto de 1962. IACFR, series II, box 89, folder 3.

conjuntura mais adequada, que se daria apenas algum tempo depois do golpe de 1964, quando as forças que o organizaram começaram a se desentender.

O golpe de 1964 e *Cadernos Brasileiros*

Afrânio Coutinho escreveu um telegrama a John Hunt – escritor e secretário administrativo do CLC – logo depois do golpe de 1964, que não foi tratado como tal, e sim como "movimentos militares publicamente aplaudidos e apoiados pelo povo", que "puseram fim à infiltração comunista". Acrescentava que "a mudança de presidente" ocorrera de acordo com a Constituição, e que a situação estava normalizada, a ponto de a rotina da revista não ter sido atrapalhada, mantendo-se a inauguração prevista na Galeria de Arte Goeldi, também patrocinada pelo CLC.[6] Mandou ainda uma série de recortes de jornais brasileiros saudando a "revolução" de 1964.

John Hunt logo respondeu. Ele revelava muito menos entusiasmo com os acontecimentos. Agradecia pelo telegrama e pelos recortes, e por sua vez anexava textos do jornal francês *Le Monde* como exemplo da cobertura crítica que se fazia no exterior da "revolução no Brasil". Dizia não saber como *Cadernos Brasileiros* trataria do tema, mas supunha que seria do interesse da revista "ver, e talvez mostrar, como esse problema foi visto no exterior", inclusive por um artigo de Botsford publicado por *New Leader*. Apelava para que o comitê brasileiro do CLC tivesse um "papel construtivo no novo ambiente intelectual e político no Brasil", buscando restaurar "um clima de moderação e sanidade". Afirmava que "por um lado, nós deveríamos saudar o fim do caos econômico e político, e a ameaça à liberdade no Brasil que Goulart representava". Mas, por outro lado, considerava que "nós deveríamos ficar firmemente contra a perseguição" a liberais e esquerdistas moderados, citando explicitamente Celso Furtado, que supunha ter sido preso. Terminava dizendo ser importante que ninguém acusasse Coutinho ou o CLC de serem pró-comunistas, dando oportunidade ao mesmo tempo de mostrar "inequivocamente nosso ponto de vista liberal": "Em suma, ser anti-Goulart não é razão suficiente para excessos cometidos contra

---

[6] Telegrama (em inglês) de Afrânio Coutinho a John Hunt. Rio de Janeiro, 3 de abril de 1964. IACFR, series II, box 89, folder 6.

os procedimentos democráticos, e eu penso que nós deveríamos ser corajosos o suficiente para dizer isso."[7]

Dessa forma, John Hunt – que pertenceu à CIA, como se descobriu mais tarde, mas nem por isso estava completamente alinhado com o golpe patrocinado pela Agência – mostrava-se preocupado com o tom empolgado de Coutinho em relação ao movimento de 1964, antevendo que isso poderia não agradar à intelectualidade progressista que o CLC estava tentando conquistar no Brasil e no restante da América Latina, a partir da intervenção de Botsford. Mas Coutinho não se fez de rogado: em carta de quatro páginas, procurou apresentar "um quadro justo da situação". Começava com certa soberba: "nós entendemos as dificuldades que vocês, de um ponto de vista estrangeiro, têm de julgar a situação interna de um país tão remoto".[8] Apontava a distorção dos fatos pela imprensa estrangeira, de que dava prova o *clipping* enviado por Hunt. E dizia: "nós estivemos à beira de uma mudança revolucionária para um regime totalitário de radicalismo esquerdista", que incluiria a aliança aberta ou velada de todas as correntes de esquerda, até mesmo as mais moderadas. Apontava o apoio popular à "revolução contra Goulart". Todas as classes e as Forças Armadas estariam afetadas "pela indisciplina e corrupção". Em seguida, usava o termo "contra-revolução" para caracterizar o movimento que não teria um espírito de direita, apesar de admitir que incluía direitistas. Elogiava a "inteligência e moralidade" do general Castelo Branco, tomado como um democrata, realista. Qualificava o governo como de "centro democrático, com tendências progressistas e moralizador da administração", até mesmo reformista, mas "sem a agitação demagógica e populista ou de viés comunista".

Coutinho apontava a Superintendência do Desenvolvimento do Nordeste (Sudene) como caso típico daqueles que estavam, "conscientemente ou não, preparando o terreno para a revolução" socialista, a ponto de sabotar a ajuda oferecida pela Aliança para o Progresso. Acrescentava que seu dirigente, Celso Furtado, "apesar de sua alta estatura intelectual", e de não ser comunista, "estava nesse programa radical, aliado com Goulart, Brizola e os comunistas". Observava que Furtado atuara nos governos de Kubistchek, Quadros e Goulart, "por coincidência, os governos mais devastadores que já tivemos no Brasil". Garantia ao correspondente que Furtado não fora preso, recusando implicitamente o

---

[7] Carta (em inglês) de John Hunt a Afrânio Coutinho. Paris, 21 de abril de 1964. IACFR, series II, box 89, folder 6.

[8] Carta (em inglês) de Afrânio Coutinho a John Hunt. Rio de Janeiro, 30 de abril de 1964. IACFR, series II, box 89, folder 6.

pedido para defendê-lo, pois estava "livre. Ele apenas teve seus direitos políticos suspensos por dez anos", o mesmo castigo que tiveram "centenas de pessoas, civis e militares, homens comprometidos com atividades antidemocráticas". Afirmava, paradoxalmente, que "não houve perseguição contra ninguém, incluindo intelectuais". Admitia haver algumas pessoas presas e asiladas em embaixadas, por envolvimento em "atividades subversivas, registradas pela polícia e pelo serviço secreto do exército". Teriam sido atos necessários e realizados "sem violência, até onde sei". Pessoalmente, dizia-se incomodado com aspectos parciais do governo – que não explicitava –, mas para ele a situação do país seria muito melhor que aquela vivida desde o fim dos anos 1950. Terminava a carta reiterando o ponto de vista do CLC, "nem de um lado nem do outro, mas com um ponto de vista democrático e liberal". Aquele seria o quadro do momento em 1964, segundo Coutinho, que esperava "que o desenvolvimento dos fatos não o altere", abrindo-se assim para eventuais mudanças, a depender do desenrolar da conjuntura.

Em suma, Coutinho revelava plena concordância com o que pensavam os líderes civis do movimento de 1964, notadamente com a União Democrática Nacional (UDN) do governador da Guanabara, Carlos Lacerda, que não mencionou na carta, talvez se lembrando da diretiva de Botsford, "nem Julião, nem Lacerda". Pode-se ver que a ideologia do CLC de defesa de um "ponto de vista democrático e liberal" estava presente tanto na missiva de Hunt quanto na resposta de Coutinho, mas com sentidos diferentes: o americano muito mais prudente que o brasileiro, claramente comprometido com o movimento de 1964, posição menos explícita nas páginas de *Cadernos Brasileiros*.

No dia 8 de maio, Hunt mandou um telegrama a Coutinho, insistindo que a revista *Cadernos Brasileiros* "deveria tomar a defesa dos direitos de cidadania de Furtado em defesa da causa geral da liberdade intelectual", e oferecendo todo o respaldo internacional do CLC para isso. Dias depois voltou à carga em uma carta: ao assumir a defesa de Furtado, "Cadernos Brasileiros ganharia muitos amigos, dentro e fora do Brasil", mostrando "àqueles que têm dúvidas que vocês estão tão preparados para defender a liberdade intelectual no Brasil quanto em qualquer outro lugar".[9] A mesma carta principiava com a resposta afirmativa para o pedido de aumento do orçamento da revista para 30 mil dólares anuais, o que pode ser interpretado como um aval para o comitê brasileiro do CLC,

[9] Carta (em inglês) de John Hunt a Afrânio Coutinho. Paris, 11 de maio de 1964. IACFR, Series II, box 89, folder 6.

independentemente das posições assumidas, mas também como uma sutil pressão para o alinhamento com a matriz.

Seria possível imaginar que houvesse diferenças no comando de *Cadernos Brasileiros*, dada a proximidade que Barretto tivera com Botsford e as reformas que o interventor comandara. Mas a reação positiva de Barretto ao movimento de 1964 era idêntica à de Coutinho, como revela sua correspondência da época com Luis Mercier, que compõe um par similar à troca de cartas entre Coutinho e Hunt na ocasião. Em 20 de abril de 1964, Barretto escrevia ao correspondente, um anarquista que integrou a célebre coluna Durruti na Guerra Civil Espanhola, e que em 1964 era o responsável do CLC pelo contato com a direção de *Cadernos Brasileiros* e de outras revistas da América Latina:

> A revolução que depôs o sr. João Goulart parece iniciar uma nova era no país. O Ministério que acaba de ser nomeado é composto por homens sérios e responsáveis, mais interessados em solucionar os problemas nacionais do que em agitá-los demagogicamente. O apoio do povo nas ruas animou as forças armadas a completarem o trabalho iniciado. De um modo bem brasileiro foi garantida a liberdade de imprensa, que não sofre censura. Ainda no último domingo o jornal "Correio da Manhã" atacou violentamente os dirigentes da revolução. A imprensa, de modo geral, apoiou a revolução e suas primeiras medidas saneadoras.[10]

Essas palavras expressavam empolgação com a "revolução" das Forças Armadas, supostamente apoiada pelo povo, acompanhando assim o ponto de vista predominante na imprensa brasileira da época; a dissensão do *Correio da Manhã* servindo de exemplo da tolerância do novo regime, que atuava de um "modo bem brasileiro" (de conciliação e acomodação política, subentende-se). A preocupação de Barretto em refutar a repercussão internacional do golpe era evidente:

> nunca vi tanta informação e interpretação errada do movimento revolucionário brasileiro. "Le Monde", "L'Express", "France-Soir" e "Le Figaro" caracterizaram a revolução como um "coup d'état", o que significa diminuir e desconhecer o caráter revolucionário e popular do movimento.[11]

---

[10] Carta (em português) de Vicente Barretto a Louis Mercier. Rio de Janeiro, 20 de abril de 1964. IACFR, series II, box 559, folder 17.

[11] Idem.

Portanto, para Barretto, acompanhando a posição de Coutinho, não houve um golpe, mas sim uma revolução, incompreendida no exterior. Em sua resposta, Mercier agradeceu pelas ponderações, mas afirmou que elas o convenceram apenas "muito parcialmente", não porque ele tivesse lido a imprensa francesa – a que não tinha acesso naquele momento, já que estava em missão no Chile, em meio a uma longa viagem pela América Latina a serviço do CLC –, e sim porque "há hoje no Brasil um regime militar, provisório sem dúvida, mas cuja duração depende das próprias forças armadas".[12] Como se vê, o receio do experiente anarquista revelou-se profético.

Na carta seguinte, em meio a questões do dia a dia da revista, Barretto voltou a comentar a situação brasileira:

> o governo Goulart perdeu-se não somente na corrupção, mas principalmente na inépcia. O ex-presidente queria instalar no país um regime ditatorial, nos moldes justicialistas. O vazio doutrinário do justicialismo brasileiro fez com que procurasse muletas ideológicas: numa perna, o apoio comunista, na outra o peronismo. Daí a entrega de postos-chaves do governo aos comunistas.[13]

O ataque centrava-se no "justicialismo" que Goulart representava, em referência expressa ao peronismo, tacitamente identificado como uma versão mais elaborada, emulada pelo trabalhismo varguista, cuja fraqueza ideológica levaria a buscar apoio também dos comunistas. O autoritarismo atribuído a Goulart seria rechaçado pelo caráter democrático das Forças Armadas:

> As forças armadas, principalmente o exército, têm uma importante função social. O Brasil é um país com poucas universidades, reduzido número de escolas técnicas, e não dando possibilidade a um jovem sem posição social, e que só tenha diploma do curso secundário. As classes armadas são naturalmente procuradas pelos filhos da pequena e média burguesia como solução econômica para seu futuro e uma forma de ascensão social. Uma classe armada com essas caracte-

[12] Carta (em francês) de Louis Mercier a Vicente Barretto. Santiago do Chile, 25 de abril de 1964. IACFR, series II, box 559, folder 17.

[13] Carta (em português) de Vicente Barretto a Louis Mercier. Rio de Janeiro, 7 de maio de 1964. IACFR, series II, box 559, folder 17.

rísticas é naturalmente democrática, sendo muito sensível às reações populares. O grande erro do sr. João Goulart foi ignorar essa classe média.[14]

Era com essa classe média, supõe-se, que o autor se identificava. A carta prosseguia a argumentação: a sensibilidade dos militares à "crescente insatisfação popular" teria levado a que depusessem o presidente, instalando um governo revolucionário que tomaria "medidas radicais como a cassação de mandatos ou a suspensão de direitos políticos". Ficava subentendido o assentimento com essas medidas, considerando que o novo governo se teria definido e autolimitado "juridicamente através do Ato Institucional", que manteria vigente a Constituição de 1946, com poucas modificações, de modo a garantir as eleições presidenciais em outubro de 1965. Barretto discordava assim de Mercier, que via o comando político nas mãos dos militares; para ele, "o regime instalado é por eles garantido como, aliás, determina a Constituição – mas não depende de sua vontade". Para respaldar o que dizia, anexou à carta o discurso de posse de Castelo Branco, bem como "uma conferência do Embaixador Lincoln Gordon dos EE.UU. sobre a revolução". Mostrava inequivocamente seu lado naquela conjuntura, que viria a mudar sobretudo a partir da edição do Ato Institucional nº 2, de outubro de 1965, dando razão aos temores de Mercier. O anarquista belga do CLC, por sinal, nunca se convenceu dos argumentos de Barretto.[15]

Seja como for, os argumentos de Hunt e Mercier devem ter interferido sobre Coutinho e Barretto, como expressa o breve editorial "Direito à heresia", que este último escreveu para o primeiro número de *Cadernos Brasileiros* depois do golpe (nº 24, maio-jun. 1964, p. 4). Ele recebeu um elogio de Mercier: "o pequeno editorial sobre o direito à heresia vem muito a propósito".[16] As cartas revelavam posições de seus editores que nunca se expressaram explicitamente em *Cadernos Brasileiros*, cuja imagem pública ficou sendo a expressa no editorial, que apoiava o movimento de 1964, mas advertia com sutileza contra uma possível perseguição aos intelectuais e contra o risco de manutenção dos militares no poder, de certa maneira compondo as visões dos dirigentes brasileiros e estrangeiros.

---

[14] Idem.

[15] Carta (em francês) de Louis Mercier a Vicente Barretto. Caracas, 19 de maio de 1964. IACFR, series II, box 559, folder 17.

[16] Carta (em francês) de Louis Mercier a Vicente Barretto. México, 30 de julho de 1964. IACFR, series II, box 559, folder 17.

O editorial expressava tanto esperança quanto apreensão diante das "declarações dos principais chefes do movimento revolucionário de 31 de março". As reformas prometidas, as quais "unem os intelectuais brasileiros", justificariam as esperanças. Já o receio viria da possibilidade de considerar "a simples ideologia como subversão", atingindo a *intelligentsia* com medidas como a apreensão de livros, sem contar as prisões e o afastamento da vida pública, sem que a ação subversiva estivesse comprovada. Colocava-se, assim, contra os excessos policiais do regime que atingiam os intelectuais, e propunha aos governantes revolucionários que assegurassem até mesmo o direito à heresia, que estivera ameaçado pelo governo Goulart. O anticomunismo deveria ser associado à democracia, "em nome da revolução, e principalmente de seu caráter anticomunista – consequência aliás dela ser verdadeiramente democrática".

Portanto, em 1964, ainda que a revista estivesse mais aberta do que fora no tempo de Baciu, seus intelectuais não se deixaram seduzir por ideias de esquerda; antes apoiaram o golpe, com a ressalva de que este deveria garantir o retorno à normalidade democrática e o direito dos intelectuais à heresia. Nos anos seguintes, ao constatar que essa ressalva não fora contemplada, a revista passou a questionar o regime militar estabelecido.

A virada: 1966-1968

No plano internacional, em meados dos anos 1960 crescia o poder de atração, influência e convencimento das ideias de esquerda, particularmente na América Latina. Isso levou o CLC a propor a discussão do desenvolvimento e do papel das elites na região, na linha das teorias da modernização elaboradas na época. Por isso a organização promoveu em Montevidéu, em 1965, um grande evento sobre elites e desenvolvimento na América Latina. Foram convidados intelectuais expressivos, de posições políticas variadas. Alguns brasileiros compareceram, caso de Fernando Henrique Cardoso e de Darcy Ribeiro, inimigos do regime militar e autores respectivamente dos artigos "A elite industrial na América Latina" e "As universidades latino-americanas e o desenvolvimento social". Celso Furtado não pôde estar presente.[17] Eram interlocutores que não estavam no círculo de *Cadernos Brasileiros*, que até então os tomava como adversários.

[17] IACFR, series II, box 448, folder 9 e box 449, folder 1. Textos apresentados no evento deram origem ao livro organizado por Lipset e Solari (1967).

Em busca da ampliação de seu público na América Latina, o CLC propunha-se adotar uma perspectiva cultural mais aberta a diversas correntes de pensamento, particularmente por intermédio da já mencionada *Mundo Nuevo*. A revista chegou a publicar até o poeta comunista chileno Pablo Neruda, líder destacado do Conselho pela Paz Mundial, antes inimigo do CLC. Em meados dos anos 1960 – considerando que os partidos comunistas e seus intelectuais passaram a ser defensores da convivência pacífica entre os EUA e a URSS, bem como das revoluções nacionais pacíficas e democráticas na América Latina –, do ponto de vista do CLC, o conflito regional passou a ser focado na luta contra a influência das esquerdas armadas, inspiradas na revolução cubana.[18] Os ventos do exterior, associados à mudança na conjuntura brasileira – com a perseguição a intelectuais e a edição do Ato Institucional nº 2 em outubro de 1965, que aboliu os partidos existentes e deixou clara a intenção dos militares de permanecer no poder, além do inesperado protagonismo do movimento estudantil, expressando a insatisfação dos setores intelectualizados das classes médias –, levaram *Cadernos Brasileiros* a abrir-se para os mais diversos pontos de vista, dando espaço também para jovens literatos, artistas e cientistas sociais, como Francisco Alvim, Wanderley Guilherme dos Santos, Moacyr Palmeira, Gilberto Velho, Octávio Guilherme Velho, Vilma Arêas, Fábio Lucas, José Guilherme Merquior, Sérgio Paulo Rouanet e Nelson Mota, sem contar os já estabelecidos Mário Pedrosa, Florestan Fernandes, Fernando Pedreira e outros, muitos dos quais identificados com posições de esquerda.

Como expôs detalhadamente Kristine Vanden Berghe em seu livro sobre *Cadernos Brasileiros* (cf. Berghe, 1997:185-243), a partir de 1966 os artigos da revista passaram a criticar exageros de anticomunistas que continuavam a falar como se ainda estivessem na Guerra Fria típica dos anos 1950 – algo que já não caberia numa época que Daniel Bell, colaborador do CLC, caracterizou como a do fim das ideologias, com a convivência pacífica entre EUA e URSS. O anticomunismo extemporâneo justificaria, em proveito próprio, a continuidade do discurso de segurança nacional que dava base ao poder militar, cada vez mais criticado nas páginas do periódico. Passou-se a minimizar a ameaça comunista, até mesmo reconhecendo o marxismo como uma filosofia legítima, debatendo em especial suas vertentes heterodoxas, como a de Marcuse. Mas sem aderir a elas: no essencial, continuava o discurso da neutralidade, do desinteresse ide-

---

[18] Cf. Iber (2015); Gilman (2003) e Cobb (2008).

ológico, da aproximação científica objetiva no tratamento racional dos temas sociais e políticos, que daria autoridade para diagnosticar os males da sociedade e prescrever os remédios, na tradição positivista.

As críticas ao comunismo – como a da invasão da Checoslováquia em 1968 – passaram a vir acompanhadas do questionamento do outro polo, particularmente da intervenção americana no Vietnã. O antigo discurso do Ocidente democrático contra o Leste comunista perdeu espaço para o debate sobre a fragmentação do Ocidente entre a sua parte industrializada e a subdesenvolvida, com a valorização da questão nacional diante do imperialismo americano e de seus aliados no governo brasileiro, como o ministro Roberto Campos – que escrevera um artigo para *Cadernos Brasileiros* em 1963 e seria criticado por vários autores em 1967, quando já deixara o governo de Castelo Branco.

A revista abriu-se até para a defesa de posições nacionalistas. Isso talvez tenha sido uma reação às denúncias de financiamento do CLC pela CIA, para provar sua autonomia. Mas ia além: acompanhava a ascensão das teorias da dependência, que eram defendidas em suas páginas por jovens autores inspirados em autoridades acadêmicas como Florestan Fernandes e Celso Furtado, o qual dessa maneira foi indiretamente reabilitado, mas nunca escreveu no periódico.

A inflexão progressista não parou por aí: os defensores do cristianismo de esquerda ganharam um dossiê no número 47, de março-abril de 1968, com artigos do frei Francisco de Araújo, do padre Henrique de Lima Vaz e do líder católico histórico Alceu Amoroso Lima – ele que fora um dos fundadores da Associação Brasileira do Congresso pela Liberdade da Cultura em 1958, mas nunca integrou a revista, e agora assumia posições mais à esquerda em seu único artigo publicado em *Cadernos Brasileiros*. Foi ele também o autor da expressão "terrorismo cultural" para referir-se à perseguição a intelectuais e artistas após o golpe de 1964, que foi rapidamente adotada pelo conjunto da esquerda, expressando um clima de insatisfação que logo contagiou também o periódico (cf. Czajka, 2009: 214).

Outro indicador da virada de *Cadernos Brasileiros* foi o tratamento receptivo dado a um novo ator no cenário político: os estudantes que foram às ruas em 1968. Evitou-se caracterizá-los como agentes subversivos, num cenário em que desapareceu de suas páginas o tema do intelectual perseguido no Leste europeu, ganhando espaço a defesa dos intelectuais brasileiros cerceados pela censura e acossados pelo regime. A revista dedicou dossiês em dois números (49, de 1968; e 53, de 1969) para discutir o tema da juventude e o problema das universidades, recorrendo a acadêmicos brasileiros e estrangeiros. Mais de 20 integrantes do movimento negro e especialistas reconhecidos na questão racial – como Abdias do Nascimento, Édson Carneiro, Manuel Diegues Jr. e Florestan Fernandes – contribuíram para o número 48, de maio-junho de 1968, um exemplo adicional da virada progressista do periódico, que atingia seu ápice naquele ano.

Em 1968, a editora assistente de *Cadernos Brasileiros* era Kátia Valladares, que hoje reivindica uma parte da responsabilidade pela virada no conteúdo da publicação, junto com seu pai, Clarival do Prado Valladares. Ele era o crítico de arte responsável pela Galeria Goeldi e era também ativo integrante do comando da revista, pelo menos desde 1965, tendo ainda ocupado cargos em instituições do governo, como o Conselho Federal de Educação. Perseguida após o golpe de 1964, Kátia buscou refúgio no consulado do México, onde conheceu o futuro marido, o líder marinheiro negro Marcos Antônio da Silva Lima. Ambos foram para Cuba, e lá tiveram um filho; ela chegou a trabalhar na Rádio Havana em transmissões para o Brasil. Marcos retornou clandestinamente ao país e foi morto em 1970, quando militava no Partido Comunista Brasileiro Revolucionário (PCBR). Kátia também voltou, mas de modo legal, em negociações que envolveram a intermediação da Igreja Católica e de relações familiares. A editora assistente de *Cadernos Brasileiros* em 1968 era filha de Érica Odebrecht Valladares e sobrinha de Norberto Odebrecht, que se tornaria conhecido como um dos expoentes da famosa empresa que leva o nome da família. Clarival convidou a filha para integrar *Cadernos Brasileiros* assim que ela retornou de Cuba. A contratação teve a anuência dos diretores nacionais e internacionais, com apoio particularmente de Luis Mercier, que via nela um reforço à proposta de abertura à esquerda do periódico.[19]

A marca da virada de *Cadernos Brasileiros* foi a publicação de um dossiê sobre militares no número 39, de novembro-dezembro de 1966, que custou à revista a perda de simpatia de setores militares que antes a apoiavam. Vicente Barretto, organizador do dossiê, declarou em entrevista recente que recebeu um telefonema de protesto de Golbery do Couto e Silva logo que o dossiê saiu: "Golbery nunca mais nos procurou, não tínhamos força nenhuma, não tinha com o que se preocupar".[20] De fato, a revista nunca foi censurada pelos organismos oficiais,

[19] Entrevista de Kátia do Prado Valladares a Marcelo Ridenti, Rio de Janeiro, 4 de setembro de 2017.

[20] Entrevista de Vicente Barretto a Marcelo Ridenti, Rio de Janeiro, 24 de fevereiro de 2016.

nem mesmo em 1968, ano de sua maior aproximação com o amplo arco político e ideológico de resistência à ditadura.

Afrânio Coutinho abriu o dossiê sobre os militares com um editorial sucinto, apresentado como realização de "um grupo de sociólogos, pesquisadores e historiadores que estudam o tema em seus variados e complexos aspectos" (p. 2). Conforme sua proposta de estar acima das ideologias, o editorial pretendia tratar do tema com neutralidade científica. Vicente Barretto foi o organizador e propunha "dar tal equilíbrio ao dossiê, que o governo não possa dizer que a revista é subversiva e, ao mesmo tempo, ele não vai ajudar os interesses da oposição", como afirmou numa carta.[21]

O dossiê era composto por vários artigos, resenhas de livros e outros textos, com a contribuição de 19 autores, entre os quais Sobral Pinto, Marcílio Marques Moreira e Wanderley Guilherme dos Santos. O tom da maioria dos textos acompanhava o artigo do organizador do volume, intitulado "A presença militarista", que definia o militarismo "politicamente como o predomínio dos militares no governo; socialmente é o domínio de critérios e valores militares em uma nação; culturalmente surge como o espírito e as atitudes mentais dos militares, transferidos para a vida intelectual" (p. 4).

Vários autores eram citados por Barretto, até mesmo integrantes do governo, para alertar sobre o perigo do militarismo, que poderia "descambar no tumulto, no terror" (p. 7). Sem desqualificar as Forças Armadas, seu artigo apontava o militarismo como uma deformação da mentalidade militar, com "a crença numa sociedade fechada, onde as divergências e inquietudes sociais são resolvidas pela força" (p. 4). O texto não se referia ao Ato Institucional nº 2, promulgado pouco antes daquele número da revista, provavelmente para não se aproximar demasiadamente da conjuntura, mas o pano de fundo era evidente, pois o ato implicava a manutenção dos militares no governo, que assim se distanciava de setores civis que o apoiaram. Foi o caso do ex-governador Carlos Lacerda, que se afastou dos governos militares para criar a Frente Ampla de oposição em novembro de 1966, por coincidência ou não, o mesmo mês do número de *Cadernos Brasileiros* sobre os militares.

Esse número da revista agradou aos correspondentes do CLC, tanto que dois artigos do dossiê saíram também em *Mundo Nuevo*, o de Barretto e o de Mário

[21] Carta (em inglês) de Vicente Barretto a John Hunt. Rio de Janeiro, 30 de junho de 1966. IACFR, series II, box 89, folder 8.

Afonso Carneiro, "A opinião militar".[22] Considerando que não era habitual artigos brasileiros serem publicados nas revistas internacionais do CLC, foi um reconhecimento significativo.

A edição bateu recorde de tiragem, dado o apelo do tema dos militares, e os diretores chegaram a temer por uma reação do governo, como revelava a correspondência com o CLC.[23] Mas a única resposta foi o telefonema de Golbery, já citado, que dava conta do mal-estar criado, mas sem maiores desdobramentos. A falta de reação em parte se explica porque a força e a difusão do periódico eram relativamente restritas, e as pontes entre a revista e o regime seguiam existindo. Por exemplo, numa carta a Mercier, Barretto anexava "o Plano Cultural do governo Costa e Silva apresentado por uma comissão da qual fazem parte o nosso Afrânio Coutinho e outros colaboradores de Cadernos Brasileiros".[24] Era o acadêmico baiano quem cultivava as melhores relações nos círculos de poder, chegando até a pleitear cargos. Revelou, por exemplo, numa carta de março de 1967, que seu nome estava cotado para compor o Conselho Federal de Cultura, mas foi vetado pelo presidente Castelo Branco, fato que atribuía ao número de *Cadernos Brasileiros* sobre os militares. Aproveitava para pedir a John Hunt um financiamento para fazer contatos e visitar o México, já que estava relativamente próximo, trabalhando em Nova York como professor visitante na Universidade Colúmbia. Festejava o fim próximo do governo Castelo Branco, do qual se distanciara.[25] Já apostava suas fichas no sucessor, com quem colaborara na organização do plano cultural.

Mesmo que ainda houvesse ligações com o poder, o número sobre os militares selou a virada relativa à esquerda. Naquele final de 1966, o anticomunismo tradicional de antes já não tinha espaço, e a revista não punha em risco o predomínio das esquerdas intelectuais, aderindo a elas a seu modo, mantendo os postulados liberais do CLC. Fazia parte de uma vasta frente crítica do regime militar, apesar de manter contato com ele. Vários intelectuais de esquerda contribuíam com artigos, especialmente os das novas gerações, que encontravam uma alternativa

[22] *Mundo Nuevo*, n. 15, set. 1967.

[23] Ver, por exemplo, carta (em português) de Vicente Barretto a Luis Mercier. Rio de Janeiro, 17 de fevereiro de 1967. IACFR, series II, box 56, folder 2.

[24] Carta (em português) de Vicente Barretto a Luis Mercier. Rio de Janeiro, 27 de fevereiro de 1967. IACFR, series II, box 56, folder 2.

[25] Carta (em inglês, manuscrita) de Afrânio Coutinho a John Hunt. Nova York, 13 de março de 1967. IACFR, series II, box 89, folder 8.

para publicar num cenário com poucas possibilidades oferecidas – e de modo profissional, com boa remuneração.

Naquele contexto, surgiram as denúncias do financiamento da CIA para o CLC, que fora praticamente desconhecido até então. No editorial "Primeira e última declaração" (n. 43, jul.-agos., 1967, p. 3-6), sem as citar explicitamente, a revista posicionou-se diante das acusações. Identificava-se como uma publicação crítica, independente e brasileira, com plena liberdade editorial, o que poderia ser aferido pelas suas abordagens pioneiras de temas como a questão da África em 1963, o protesto contra o cerco aos intelectuais em 1964, o questionamento do poder militar em 1966. Veículo aberto a intelectuais de toda procedência ideológica e aos artistas e cientistas sociais jovens, mantinha como lema a liberdade total. Esclarecia que era bancada pela Fundação Ford, por intermédio do Instituto Latino Americano de Relações Internacionais (Ilari), que fora criado em 1965 como órgão do CLC para a América Latina. Depois desse número, intelectuais considerados de esquerda colaboraram no periódico – caso de Florestan Fernandes, Edison Carneiro, Fernando Pedreira, Alceu Amoroso Lima (já em sua fase de católico de esquerda), Abdias Nascimento, José Leite Lopes e outros –, demonstrando que a revista manteve sua respeitabilidade. A abertura do segredo não levou à perda de prestígio para *Cadernos Brasileiros* nos círculos intelectuais, no contexto de sua virada progressista.

Enquanto a Fundação Ford sustentou as atividades do CLC – então já denominado Associação Internacional para a Liberdade da Cultura (AILC) (cf. Cancelli, 2012:75) – a revista *Cadernos Brasileiros* sobreviveu. Em 1970, não resistiu ao fim do apoio financeiro, que seria direcionado nos anos seguintes para outras instituições, como o Centro Brasileiro de Análise e Planejamento (Cebrap), composto por intelectuais perseguidos pelo regime militar.

As ambiguidades da revista talvez expressem também as do liberalismo brasileiro, como as envolvidas num episódio com seu diretor: quando a crise de financiamento se agravou, em outubro de 1970, Mercier fez um convite a Afrânio Coutinho para seguir como presidente honorário da Associação Brasileira para a Liberdade da Cultura, porém sem remuneração. Em resposta, o intelectual baiano recusou, pois dizia esperar pela sua indicação pelo governo para ser adido cultural em Paris. Ponderava que, se aceitasse o convite de Mercier, seguiria sendo "visto pelas autoridades como responsável" pela associação e sua revista, atrapalhando suas pretensões junto ao governo – de Médici, cabe lembrar, no auge dos anos de chumbo, sob o chamado "milagre econômico". Na frase conclusiva da carta, suas palavras foram reveladoras: caso atendesse ao pedido de Mercier, "teria os riscos e de modo algum as vantagens" de presidir a associação.[26]

A trajetória de *Cadernos Brasileiros* pode exemplificar bem os (des)caminhos das camadas médias tradicionais em sua relação com o sistema político no Brasil, analisados por Décio Saes (1984). Essas camadas, basicamente compostas por profissionais liberais e altos funcionários do Estado, faziam-se ouvir por veículos de imprensa como o jornal *O Estado de S. Paulo*, e eram representadas em instituições como a Ordem dos Advogados do Brasil (OAB), e em partidos como a UDN. O fato de terem-se mobilizado pelo golpe de 1964, contra o que lhes parecia ser a degradação da democracia pelo chamado populismo, apoiado pelos comunistas, não significou a adesão à continuidade dos militares no poder. Passado o momento de crise, setores das camadas médias tradicionais retornaram a seu liberalismo típico, reivindicando a restauração da democracia parlamentar, já expurgado o populismo.

Segundo Saes (1984:176), "a militarização contínua do aparelho de Estado retira progressivamente às camadas médias tradicionais a esperança de instauração de uma liberal-democracia de elite; daí sua resistência persistente ao autoritarismo do Estado militar". Resistência que se fez sentir nas páginas de *Cadernos Brasileiros* e nas ruas na conjuntura de 1967/1968, com o apoio dessas camadas às manifestações estudantis em São Paulo e, especialmente, no Rio de Janeiro, onde ficava a sede da revista. Entretanto, a solidariedade com os estudantes encontrava seus limites na luta comum contra o militarismo, já que os propósitos revolucionários das vanguardas estudantis iam muito além do "conservadorismo utópico" das camadas médias tradicionais, o que ajudaria a explicar o rápido esvaziamento das ruas a partir do segundo semestre de 1968 (Saes, 1984:203-207). E também o conteúdo cada vez mais anódino de *Cadernos Brasileiros* a partir de 1969, até fechar sem alarde no ano seguinte, o que não se deveu apenas ao aumento da repressão posterior ao AI-5.

[26] Carta (em francês) de Afrânio Coutinho a Luis Mercier. Rio de Janeiro, 8 de outubro de 1970. IACFR, series II, box 560, folder 5.

"Ideias fora do lugar"?

Conforme o exposto, a revista nasceu sob a égide do anticomunismo mais tradicional, mas aos poucos mudou de rumo, diante do avanço de ideias e propostas de esquerda nos meios intelectuais da América Latina, primeiro com a intervenção do CLC em 1962, depois com a virada antimilitarista do final de 1966. Mais que uma expressão da chamada "relativa hegemonia cultural de esquerda", no sentido amplo de capacidade de atração das ideias e propostas de transformação, tratou de dar respostas a elas, tentando incorporá-las a seu modo, dentro do universo liberal inspirado pelo CLC – que era, lembre-se, apoiado também por setores da social democracia europeia. Assim, a adesão à agenda de reformas pelo desenvolvimento (mas no universo das elites), a crítica ao militarismo, a seguir ao imperialismo, também abrindo a revista para jovens acadêmicos de esquerda, para católicos progressistas e para o movimento negro, foram atitudes que expressaram a influência das ideias de esquerda na época de 1968. Mas não se tratava propriamente de aderir a elas, e sim de tentar direcioná-las num sentido sob controle da ordem estabelecida, construindo o que os gramscianos chamariam de hegemonia burguesa.

Além da questão da "relativa hegemonia cultural de esquerda", encontra-se – sobretudo nas correspondências e outros documentos do arquivo do CLC – a pertinência paralela de uma outra interpretação de Schwarz, exposta no célebre ensaio "As ideias fora do lugar", de 1972. Nele, o autor analisou o liberalismo no Brasil do século XIX, que estaria em descompasso com as ideias do liberalismo europeu que o inspiravam formalmente, pois a sociedade brasileira era escravista, produzida por uma colonização "com base no monopólio da terra, três classes de população, o latifundiário, o escravo e o 'homem livre', na verdade dependente". As relações sociais seriam mediadas pelo favor, "que atravessou e afetou no conjunto a existência nacional, ressalvada sempre a relação produtiva de base, esta assegurada pela força" (Schwarz, 2001:64). Teria sido produzida uma coexistência social estabilizada:

> Aí a novidade: *adotadas as ideias e razões europeias, elas podiam muitas vezes servir e muitas vezes serviram de justificação, nominalmente "objetiva", para o momento de arbítrio que é da natureza do favor.* Sem prejuízo de existir, o antagonismo se desfaz em fumaça e os incompatíveis saem de mãos dadas (Schwarz, 2001:64, grifos do autor).

Isso dá o que pensar sobre a relação de *Cadernos Brasileiros* com sua matriz europeia, o CLC. Por exemplo, os trechos citados da correspondência dos diretores brasileiros com os estrangeiros atestam como, apesar das premissas comuns – "nem de um lado nem do outro, mas com um ponto de vista democrático e liberal", nos termos de Afrânio Coutinho –, o modo de encarar o golpe de 1964 foi diferente, os brasileiros muito mais confortáveis de início com as arbitrariedades envolvidas. O golpe marcou o momento da força, mas, depois de seu triunfo, uma vez garantida a manutenção da "relação produtiva de base", seria preciso que os incompatíveis saíssem de mãos dadas, o que aconteceu no período seguinte da revista.

A virada relativa à esquerda de *Cadernos Brasileiros* a partir de 1966 realmente aconteceu, como demonstrou Berghe, com base na análise de seu discurso. Mas havia mais aspectos envolvidos, presentes por exemplo na correspondência e outros documentos hoje disponíveis nos arquivos do CLC na Universidade de Chicago. Lá estão as cartas referidas, que revelavam as pontes mantidas sobretudo por Afrânio Coutinho com os militares. Por exemplo, na sua contribuição para elaborar o plano cultural do governo Costa e Silva, sem o que não se podem compreender as mencionadas críticas nas páginas da revista a Roberto Campos e ao governo Castelo Branco, que já eram parte do passado. As cartas também mostravam um Coutinho buscando, em vão, favores para ser indicado para o Conselho Federal de Educação e, mais tarde, adido cultural em Paris. E pedindo benefícios a Hunt e ao CLC.

Essa correspondência, mais a montagem do conselho consultivo de *Cadernos Brasileiros* nos seus primórdios – em sua maioria composto por baianos como o diretor da revista –, a escolha dos funcionários entre amigos de seu círculo, a forte representação de pessoas ligadas ao periódico na Academia Brasileira de Letras, a inimizade camuflada com Celso Furtado, a hostilidade à ditadura de setores de classe média tradicional que a haviam apoiado, tudo isso faz lembrar mais a interpretação de Schwarz sobre "as ideias fora do lugar" dos liberais do que suas ponderações sobre a "relativa hegemonia cultural de esquerda" no contexto de 1968. Mas isso seria tema para outra conversa.

Referências

BERGHE, Kristine Vanden. *Intelectuales y anticomunismo* – la revista Cuadernos Brasileiros (1959-1970). Louvain: Leuven University Press, 1997.

CANCELLI, Elizabeth. *O Brasil e os outros*. Porto Alegre: Edipucrs, 2012.

COBB, Russell. The politics of literary prestige: promoting the Latin American "boom" in the pages of *Mundo Nuevo*. *A Contra Corriente*, North Carolina State University, v. 5, n. 3, p. 75-94, spring 2008.

COHN, Deborah. *The Latin American literary boom and U. S. nationalism during the Cold War*. Nashville: Vanderbilt University Press, 2012.

COLEMAN, Peter. *The liberal conspiracy:* the Congress for Cultural Freedom and the struggle for the Mind of Postwar Europe. New York: The Free Press/ Mac Millan, 1989.

CZAJKA, Rodrigo. *Praticando delitos, formando opinião: intelectuais, comunismo e repressão no Brasil (1958-1968)*. Doutorado (Sociologia) – Campinas: Unicamp, 2009.

FAVARETTO, Celso. *Tropicália:* alegoria, alegria. São Paulo: Kairós, 1979.

GILMAN, Claudia. *Entre la pluma y el fusil* – debates y dilemas del escritor revolucionario en América Latina. Buenos Aires: Siglo XXI, 2003.

GORENDER, Jacob. *Combate nas trevas – a esquerda brasileira*: das ilusões perdidas à luta armada. São Paulo: Ática, 1987.

GREMION, Pierre. *Intelligence de l'anticommunisme. Le Congrès pour la Liberté de la Culture à Paris – 1950-1975*. Paris: Fayard, 1995.

HOLLANDA, Heloísa Buarque de. *Impressões de viagem:* CPC, vanguarda e desbunde (1960/70). 2. ed. São Paulo: Brasiliense, 1981.

IBER, Patrick J. *The imperialism of liberty:* intellectuals and the politics of culture in Cold War Latin America. Tese (doutorado em história) – Universidade de Chicago, 2011.

______. *Neither peace nor freedom:* the cultural Cold War in Latin America. Cambridge: Harvard University Press, 2015.

LASCH, Christopher. *The cultural Cold War:* a short history of the Congress for Cultural Freedom. Towards a new past. Dissenting essays in American History. New York: Pantheon Books, 1968, p. 322-359.

LIPSET, S. M.; SOLARI, A. E. *Elites y desarollo en América Latina*. Buenos Aires: Paidós, 1967.

MOSTAÇO, Edélcio. *Teatro e política:* Arena, Oficina e Opinião. São Paulo: Proposta Editorial, 1982.

MOTTA, Rodrigo Patto Sá. *Em guarda contra o perigo vermelho* – o anticomunismo no Brasil, 1917-1964. São Paulo: Perspectiva. 2002.

NAPOLITANO, Marcos. "*Seguindo a canção*": engajamento político e indústria cultural na MPB (1959-1969). São Paulo: Annablume; Fapesp, 2001.

______. *Coração civil:* arte, resistência e lutas culturais durante o regime militar brasileiro (1964-1980). Tese (livre docência em história do Brasil independente) – Faculdade de Filosofia, Letras e Ciências Humanas, Universidade de São Paulo, 2011.

ORTIZ, Renato. *A moderna tradição brasileira.* São Paulo: Brasiliense, 1988.

PÉCAUT, Daniel. *Os intelectuais e a política no Brasil,* entre o povo e a nação. São Paulo: Ática, 1990.

RIBEIRO, Ricardo Alaggio. *A Aliança para o Progresso e as relações Brasil-Estados Unidos.* Tese (doutorado em ciência política) IFCH/Unicamp. Campinas, 2006.

RIDENTI, Marcelo. *O fantasma da revolução brasileira.* São Paulo: Ed. Unesp/ Fapesp, 1993. [2. ed. rev. e ampl., 2010]

______. *Em busca do povo brasileiro* – artistas da revolução, do CPC à era da TV. Rio de Janeiro: Record, 2000. [2. ed. rev. e ampl. São Paulo: Unesp, 2014]

SAES, Décio. *Classe média e sistema político no Brasil.* São Paulo: T. A. Queiroz, 1984.

SAUNDERS, Frances S. *Quem pagou a conta?* Rio de Janeiro: Record, 2008.

SCHWARZ, Roberto. Remarques sur la culture et la politique au Brésil, 1964-1969. *Les Temps Modernes,* Paris, n. 288. p. 37-73, juil. 1970.

______. Cultura e política (1964-1969). In: *O pai de família e outros estudos.* Rio de Janeiro: Paz e Terra, 1978. p. 61-92.

______. As ideias fora do lugar. In: *Cultura e política.* São Paulo: Paz e Terra, 2001. p. 59-83.

XAVIER, Ismail. *Alegorias do subdesenvolvimento:* cinema novo, tropicalismo, cinema marginal. São Paulo: Brasiliense, 1993.

WILLIAMS, Raymond. *Marxismo e literatura.* Rio de Janeiro: Zahar, 1979.

O 1968 operário: experiências, sindicalismo e greve em São Paulo

Larissa R. Corrêa e Paulo Fontes

Tudo aconteceu muito rápido. A praça estava cheia e, de repente, parte dos presentes avançou violentamente em direção ao palanque. Ovos, paus e pedras eram atirados, em meio a vaias e apupos, enquanto um atônito Roberto de Abreu Sodré tentava discursar e implorava, sem sucesso, calma à multidão. O governador de São Paulo, eleito indiretamente, era um dos líderes da Aliança Renovadora Nacional (Arena), o partido recentemente criado para dar sustentação ao regime militar. E naquela manhã de quarta-feira, era um dos convidados de honra das celebrações do 1º de Maio de 1968 na praça da Sé, coração da capital paulista. A manifestação havia sido convocada por uma comissão formada imediatamente após a dissolução do Movimento Intersindical Antiarrocho (MIA), que nos meses anteriores havia reunido vários sindicatos do estado, a grande maioria controlados por diretorias conservadoras e submissas ao governo, mas que também contava com o apoio de dirigentes sindicais ligados ao Partido Comunista Brasileiro (PCB) e mesmo de direções mais à esquerda, como a que havia sido eleita em 1967 no Sindicato dos Metalúrgicos de Osasco.

Uma das pedras atingiu a cabeça do governador, que, sangrando, foi levado às pressas para o interior da catedral da Sé. Entre os discursos contra o regime e os "pelegos", o palanque foi incendiado, e parte da multidão vagou pelo centro da cidade. Uma tentativa de depredação do Citybank foi contida pelos próprios manifestantes. Ali perto, na praça da República, sindicalistas radicalizados improvisaram um novo comício bradando a necessidade de organização nas fábricas, de luta contra o arrocho salarial e pela derrubada da ditadura. Zequinha Barretto, líder operário de Osasco, que três anos mais tarde seria assassinado pelas forças repressivas ao lado do líder guerrilheiro Carlos Lamarca no sertão da Bahia, discursava exaltando a figura de Ernesto Che Guevara, "o maior líder da juventude latino-americana".[1]

O assalto à celebração na praça da Sé havia sido preparado em detalhes. Metalúrgicos de Osasco, estudantes e militantes de organizações clandestinas de luta armada, como a Aliança Libertadora Nacional (ALN) e a Vanguarda Popular Revolucionária (VPR), envoltos no turbilhão de protestos e num crescente caldo de cultura contestatório que tomava conta do cenário político e social do país, viram no 1º de Maio uma oportunidade de ouro de ataque ao regime e uma forma de trazer os trabalhadores para o centro daquela efervescente conjuntura. Afinal, dias antes uma poderosa greve de metalúrgicos na cidade mineira de Contagem já havia surpreendido o governo, obrigando-o a uma negociação capitaneada pelo próprio ministro do Trabalho, coronel Jarbas Passarinho. Aos olhos de uma esquerda radicalizada, o movimento operário, adormecido desde 1964, parecia estar acordando de novo.

Os organizadores do evento sentiram o baque. Reunidas no mesmo dia 1º de maio, várias lideranças sindicais levavam a público um manifesto contra a "baderna e desordem promovidas por irresponsáveis". O texto, significativamente, não era subscrito pelo Sindicato dos Metalúrgicos de Osasco. O jornal dos metalúrgicos paulistanos, comandado pelo conservador Joaquim dos Santos Andrade, o Joaquinzão, reconhecia que "quase todos começaram a se manifestar contra os ocupantes do palanque", mas condenava o "grupo em que se destacavam líderes estudantis, intelectuais, agitadores, esquerdistas e opositores às atuais diretorias de seus respectivos sindicatos [...] pregando entre outras coisas a mudança pura e radical do regime".[2]

Em um ano recheado de eventos e manifestações espetaculares, aquele 1º de Maio marcaria uma geração de dirigentes e ativistas sindicais. O católico Waldemar Rossi, líder da Oposição Sindical Metalúrgica de São Paulo, estava presente naquele dia. Décadas depois, ainda se dizia impressionado com "a imagem daquela massa furiosa avançando contra o palanque [...] É... aquilo que é a massa furiosa".[3] Mario Magalhães em sua biografia sobre Carlos Marighella relata que aquele 1º de Maio teria sido a primeira vez que Marcos Antonio Bráz

---

[1] Entrevista de Antônio Espinosa em: <http://memoriasoperarias.blogspot.com.br/2016/08/o-1-de-maio-de 1968-na-praca-da-se.html>. Acesso em: 25 nov. 2017.

[2] *O Metalúrgico*, n. 227, agos. 1967 a jul. 1968.

[3] Entrevista de Waldemar Rossi em <http://memoriasoperarias.blogspot.com.br/2016/08/o-1-de-maio-de-1968-na-praca-da-se.html>, Acesso em: 25 nov. 2017.

de Carvalho, o Marquito, comandante do Grupo Tático Armado da ALN, teria sido notado pela polícia política. Ele foi o responsável pelo arremesso certeiro da pedra (ou uma batata eriçada de pregos) que atingiu o governador. "Foi uma senhora estreia", resume Magalhães (2012:374).

A ousadia, violência, heroísmo e resistência que emanam do 1º de Maio da praça da Sé compõem muito do imaginário construído sobre 1968. Um ano que acabou ganhando uma aura quase mítica, havendo até quem afirmasse que não havia terminado (Ventura, 2013). Se as famosas Passeata dos Cem Mil e Batalha da Maria Antônia conformam o que poderia ser definido como o calendário celebratório do 1968 estudantil, o 1º de Maio da praça da Sé e as greves de Contagem e Osasco são a contrapartida do 1968 operário.

Mas há lembranças menos espetaculares e menos estudadas sobre aquele ano. "Em 1968 comprei meu primeiro carro, um fusca", escreveu Martisalém Covas Pontes. Martisalém, conhecido como Matu, viria a ser presidente do Sindicato dos Trabalhadores das Indústrias Plásticas no início dos anos 1980 e uma das importantes lideranças paulistanas do chamado "novo sindicalismo". Mas, em 1968, Matu ainda era um jovem de 24 anos. Uma década antes migrara com a família do interior do estado de São Paulo para tentar a sorte na capital. Depois de "rodar e ralar" por várias fábricas, conseguiu um bom emprego na Santa Marina, tradicional indústria de vidros no bairro da Lapa. O fusca, anotou, tinha enorme "valor simbólico". Era "uma prova de que, com trabalho, esforço e honestidade, eu poderia chegar onde jamais havia imaginado".

O "milagre econômico" começava a dar seus primeiros sinais e, apesar da compressão salarial e da ampliação das desigualdades sociais, as possibilidades abertas pelo crescimento econômico, pelo pleno emprego e pela chance de ampliar as horas extras permitiam que operários como Matu ampliassem seus ganhos e sonhassem em chegar onde jamais haviam imaginado. "O rapaz do fusca", recorda-se, "passou ao largo das manifestações de 1968". Apesar disso, seus ecos chegavam ao chão da fábrica. "Fernandão, chefe do setor de ferramentaria, era do PCB", assim como "havia um torneiro mecânico, o Almério, homem falante, doutrinador, agitador e militante declarado do Partidão". Por intermédio de Almério, Matu começaria a ter simpatia pelas ideias comunistas. No entanto, como bem lembra,

> com ou sem ditadura, a vida continuava. De 1968 a 1972 construí minha casa no Parque São Domingos, mais uma realização pessoal, fruto de esforço e do

trabalho. Casei-me em 1972. Neste mesmo ano voltei a estudar. Escolhi eletrotécnica no curso Basildes de Godoy na Vila Leopoldina. De cara, minha mulher engravidou. Fui pego de surpresa e tudo ficou mais complicado. Estudei até julho e tranquei a matrícula [Pontes, 2014:21-25].

Os conflitos do dia 1º de maio e a trajetória de Matu remetem às diversidades e às conexões das experiências dos trabalhadores e do movimento sindical em São Paulo no ano de 1968. Neste ensaio buscamos abordar alguns aspectos dessas experiências. Em um primeiro momento, procuramos compreender 1968 a partir da política trabalhista, do sindicalismo internacional (em particular a relação com os Estados Unidos), da reconfiguração dos sindicatos, da repressão do Estado e das empresas, bem como das relações do movimento operário com os setores de resistência à ditadura. Numa segunda parte abordamos a emblemática greve de Osasco e seus impactos no debate acadêmico e na memória social do movimento sindical. De um modo geral, nosso objetivo é repensar os significados de 1968 para os trabalhadores, ou seja, a partir da perspectiva das suas ações e reações ao regime militar.

A política econômica e social contra os trabalhadores

Para entender o 1968 operário é preciso compreender as bases da nova política econômica e social que se estabeleceram a partir de 1964. Com os militares no poder, os sindicatos se tornaram praticamente uma extensão do Estado, a serviço da política executada pelo Poder Executivo. Como sabemos, a chamada "Operação Limpeza" na área trabalhista tratou de eliminar a presença das lideranças nacional-reformistas e comunistas nos sindicatos e em todo o país. O movimento operário foi um alvo prioritário da primeira onda repressiva no imediato pós-golpe, e dirigentes sindicais e trabalhadores ativistas de todo o país foram particularmente atingidos.[4] Sob o comando do ministro do Trabalho Arnaldo Sussekind (1964-1965), novos dirigentes sindicais foram nomeados para intervir nas principais entidades sindicais, eleições foram anuladas e, quando restabelecidas, muitos dirigentes considerados suspeitos tiveram as suas candidaturas vetadas (Heliene, 2015).

---

[4] Cf. Alves (1984:71-110). Ver também o Relatório da Comissão Nacional da Verdade em <http://cnv.memoriasreveladas.gov.br>. Acesso em: 1 dez. 2017.

A nova política trabalhista do governo Castelo Branco foi acompanhada do lançamento do Programa de Ação Econômica do Governo (Paeg), arquitetado pela coalizão de civis tecnocratas e militares, um plano formulado mais especificamente pelos ministros do Planejamento e da Fazenda, respectivamente Roberto Campos e Otávio Bulhões. O Paeg tinha como objetivo principal conter o processo inflacionário e acelerar o ritmo de desenvolvimento econômico por meio da livre-iniciativa de mercado. O controle dos salários era considerado aspecto essencial do plano e uma "peça-chave na contenção da demanda e dos custos". Não por acaso, estima-se que entre 1964 e 1968 teria ocorrido uma queda real de cerca de 30% no valor do salário mínimo. Aos trabalhadores eram pedidos "sacrifícios" em nome da almejada estabilidade econômica (Medeiros, 1993; Resende, 1990:213-231).

A demanda por alta produtividade tornou-se um imperativo nas linhas de produção, mas sem regras claras de pagamento por produção extra. É verdade que a aceleração da economia gerava maior oferta de postos de trabalho, mas os trabalhadores tinham de se submeter a salários baixos, contratos temporários de trabalho, muitos deles sem reconhecimento de vínculo empregatício, sem direito ao reajuste real, esquemas desumanos de produção implantados por uma conduta disciplinadora sem precedentes, além da alta rotatividade de mão de obra e da compressão dos salários.

Duas leis lançadas durante o início do governo Castelo Branco (1964-1967) atingiram diretamente os interesses dos trabalhadores. A Lei nº 4.330, de 1º de junho de 1964, estabeleceu novos obstáculos para a legalização de greves. A nova lei de greve provocou maior centralização das negociações coletivas no âmbito do Poder Executivo (Costa, 1997:136). Na sequência, a Lei nº 4.725, de 13 de julho de 1965, conhecida como a "lei do arrocho salarial", estabeleceu novas regras para o processamento de dissídios coletivos no setor privado e dificultou enormemente a elaboração dos cálculos dos reajustes salariais. O governo também passou a vetar qualquer possibilidade de os sindicatos e as empresas pedirem antecipação do reajuste salarial em prazo inferior a um ano.[5]

Outro golpe contra os trabalhadores foi a derrubada da lei da estabilidade por tempo de serviço em 1966. Considerada um direito contra a arbitrariedade patronal e tida como um importante instrumento de luta dos trabalhadores, pois eram os estáveis que normalmente conduziam as demandas e protestos

---

[5] Sobre o papel da Justiça do Trabalho no governo Castelo Branco, ver Corrêa (2013).

contra os patrões, estando na linha de frente dos piquetes e manifestações de greve, a estabilidade também era tida como um dos maiores empecilhos para o desenvolvimento industrial, na visão dos empregadores. Em seu lugar, o governo implantou o Fundo de Garantia do Tempo de Serviço (FGTS). Tratava-se de uma espécie de poupança compulsória do trabalho – mensalmente o empregador deveria depositar em uma conta nominal do empregado o valor do benefício. O FGTS causou enorme polêmica entre movimento sindical, Ministério do Trabalho e empregadores, mas mesmo mostrando o descontentamento em relação à nova medida os trabalhadores foram pouco a pouco sendo obrigados a optar pelo fundo.[6]

O golpe representou para os patrões a possibilidade de negar direitos e dívidas trabalhistas que eram até então minimamente quitadas e acolhidas pelos tribunais trabalhistas. Sentindo-se representados no governo militar e com o aparato repressivo a seu favor, muitos empresários deixaram de pagar os salários em dia e de cumprir com suas obrigações trabalhistas, como o pagamento do 13º salário, aviso prévio, férias, entre outros direitos individuais.[7]

Exasperados com a presença dos trabalhadores na esfera pública e suas crescentes demandas por direitos no período imediatamente anterior a 1964, bem como incomodados com o incremento da organização operária nos locais de trabalho naquela conjuntura, empresários, gerentes e supervisores viram no golpe a chance da "revanche patronal". Além da repressão direta a dirigentes sindicais e líderes operários conhecidos, milhares de trabalhadores ativistas, delegados de base ou mesmo meros simpatizantes dos sindicatos e de organizações de esquerda foram demitidos e graças às infames "listas negras" tiveram imensas dificuldades para conseguir novos empregos.

As tentativas de despolitização e de controle estrito dos trabalhadores seriam as marcas que os empresários procuravam imprimir no interior das fábricas e locais de trabalho em geral no pós-1964. Como destaca Murilo Leal (2014:65-66), o novo regime fabril adotado pelas grandes empresas paulistas na ditadura era "baseado na colaboração entre empresas, sindicatos comandados pelo Ministério do Trabalho e polícia política, resultando na vigilância e controle militarizado das fábricas, na intensificação à organização e aos direitos e na superexploração

---

[6] Sobre o FGTS, ver Ferrante (1978) e Rosa (1982). Para estudos mais recentes, ver Valeriano (2008) e Corrêa e Fontes (2011).

[7] Sobre a formação da classe trabalhadora paulista, ver Iiep (2016).

da força de trabalho". Um outro historiador, Antonio Luigi Negro (2004:279), resume bem esse cardápio ditatorial indigesto: controle dos "salários, demissões, despotismo fabril, restrições aos direitos dos trabalhadores e a supervisão do Estado sobre os sindicatos".

Movimento sindical: tempos difíceis

O orgulhoso movimento sindical paulista foi nocauteado pelo golpe de 1964. Os sindicatos mais combativos sofreram intervenção ministerial. Muitos tiveram suas sedes invadidas e vasta documentação apreendida. Empenhada em destruir o que considerava ser um dos baluartes da "República Sindicalista", a ditadura instaurou inquéritos policial-militares (IPMs) acusando-os de subversão e corrupção. Dirigentes, funcionários e ativistas sindicais foram perseguidos e presos. Muitos se esconderam e fugiram, à espera de tempos melhores. Sindicalistas forjados nas experiências e lutas das décadas anteriores foram alijados da vida política e social das entidades que ajudaram a construir.

Mas o período anterior a 1964 havia criado uma cultura e práticas sindicais compartilhadas por muitos trabalhadores, inclusive por muitos interventores e sindicalistas conservadores submissos ao governo ditatorial. Na maioria das entidades, mesmo com a repressão e a exclusão dos antigos dirigentes e ativistas sindicais mais conhecidos, os rituais e procedimentos de campanhas salariais, reivindicações, assembleias e outras atividades do cotidiano sindical continuaram a existir, ainda quando esvaziados.

Pouco a pouco os trabalhadores e lideranças sindicais, em particular aquelas menos conhecidas e visadas, buscaram encontrar meios de retornar ao movimento sindical e de reagir às ofensivas patronais e ao regime autoritário. Alguns sindicalistas e trabalhadores militantes de esquerda voltaram a frequentar discretamente as assembleias sindicais. Foi o caso de um ativista tido pelos agentes do Deops como um comunista do Sindicato dos Metalúrgicos de São Paulo. Ele teria sido visto numa assembleia realizada em 31 de maio de 1965 em que se haviam reunido cerca de 40 sindicalistas e operários de diversas federações sindicais de São Paulo para discutir a política econômica do regime militar. Nessa ocasião, a polícia política ainda relatou ter ouvido durante o encontro as denúncias de um operário não identificado que teria protestado contra os dirigentes sindicais lá presentes por estarem a favor do governo. Segundo o relatório policial, o operário teria dito "que essa situação não podia perdurar e que o sindicalismo, sendo uma força viva da nação, tem que merecer maior atenção".[8]

No período imediatamente posterior ao golpe, os sindicalistas comunistas e seus aliados nacionalistas de esquerda (em geral vinculados ao presidente deposto João Goulart e ao PTB) foram, de longe, os mais visados pela repressão. Paradoxalmente, isso abriu espaço para uma participação mais incisiva de militantes de outras forças de esquerda, que, minoritárias no pré-1964, agora assumiam o espaço aberto pela relativa ausência dos comunistas e trabalhistas, na denúncia da ditadura e no combate aos interventores e "pelegos". Esse foi o caso, por exemplo, do católico de esquerda Waldemar Rossi no Sindicato dos Metalúrgicos de São Paulo e do trotskista Olavo Hansen, primeiramente também nos metalúrgicos e posteriormente nos trabalhadores químicos do ABC. A repressão ditatorial os atingiria com vigor em períodos posteriores – Hansen foi assassinado em 1970 e Rossi foi preso várias vezes naquela década –, mas entre 1964 e 1968 eles puderam atuar com relativa liberdade no sindicalismo paulista.[9]

O Partido Comunista Brasileiro sofreu com a repressão e com sua própria fragmentação. Responsabilizado por grande parte da esquerda pela derrota de 1964, o PCB passou por uma série de "rachas" internos, quase todos resultando em organizações de apoio à luta armada como forma de resistir e derrotar o regime. Embora as divisões internas dos comunistas tenham sido menos expressivas entre os sindicalistas comunistas quando comparadas com outros setores, o enfraquecimento e desmoralização eram evidentes.

A resposta oficial do PCB foi apostar na moderação e na construção de uma frente antiditatorial a mais ampla possível. No caso do sindicalismo isso implicava priorizar a volta à máquina sindical, o que muitas vezes significava alianças com os interventores e seus aliados. Ainda contando com uma rede ampla de militantes e simpatizantes nas fábricas e locais de trabalho, o PCB promoveu novos quadros, bem menos conhecidos do que as lideranças anteriores, o que dificultava a ação da polícia política e dos empresários. Assim que as eleições sindicais começaram a ser retomadas, particularmente a partir de 1966, o partido conseguiu espaço em algumas diretorias, muitas vezes em alianças com sindicalistas próximos ou pelo menos não hostis ao governo ditatorial. O Sindicato dos

[8] Reunião de todas as federações de operários – debate sobre política econômica e financeira do governo federal, de 31 de maio de 1965. Acervo Deops, Arquivo Público (doc. 50-J-152-1.235).
[9] Ver entrevista de Waldemar Rossi concedida a Paulo Fontes em 14 de julho de 2013, e Leal (2013).

Trabalhadores Químicos e o dos Bancários de São Paulo são alguns exemplos.[10] De um lado, essa política do partido possibilitava a manutenção de um espaço de atuação nos sindicatos, mesmo num contexto tão desfavorável. De outro lado, porém, atraía a ira, o desprezo e a desconfiança de uma parte considerável da esquerda, pouco disposta a esse tipo de concessões.

O PCB também apostava que a política extremamente antitrabalhista do regime empurraria os "pelegos" para a oposição. De fato, tanto por senso de sobrevivência, quanto pela pressão vinda das bases, muitos dirigentes conservadores ampliaram suas críticas à ditadura e forjaram algum tipo de mobilização. É nesse contexto que surge o Movimento Intersindical Antiarrocho (MIA).[11] Criado em meados de 1967, o MIA havia sido articulado em uma aliança entre um grupo de dirigentes sindicais considerados "pelegos" e sindicalistas vinculados ao PCB. Seu objetivo era reagir à política salarial imposta pelo governo de Castelo Branco. Grande parte dessas lideranças havia ocupado as diretorias dos sindicatos como interventores, ou seja, como homens de confiança do Ministério do Trabalho. Com o retorno das eleições sindicais, esses dirigentes temiam a derrota nas urnas. Para isso, buscavam conquistar a confiança dos trabalhadores sindicalizados tentando representar ainda que minimamente os interesses das suas respectivas categorias.

O papel das lideranças "democráticas"

De outro lado, os sindicatos também estavam sendo disputados pelas lideranças anticomunistas que haviam apoiado a derrubada de João Goulart. Desde 1961, setores do movimento sindical que se autoidentificavam como "democráticos" disputavam o poder nas entidades sindicais com as lideranças comunistas e nacionalistas. Essas lideranças contavam com o apoio maciço da maior central sindical norte-americana, a AFL-CIO, que desde o período do pós-guerra buscava estreitar laços com os sindicalistas latino-americanos.

O American Institute for Free Labor Development (AIFLD) – conhecido como Instituto Americano para o Sindicalismo Livre (Iadesil) – foi criado na

---

[10] Sobre os químicos paulistanos ver Corrêa (2014). A respeito dos bancários de São Paulo, Karepovs (1993).

[11] "Lista de lideranças em franca atividade, 1967-68", 28 de agosto de 1968, dossiê 30-B-232-2785, acervo Deops. Arquivo Público do Estado de São Paulo.

esteira do lançamento do programa Aliança para o Progresso pelo governo J. F. Kennedy no ano de 1962.[12] Com a missão de espalhar as sementes do sindicalismo "livre e democrático", seu objetivo principal era investir na educação sindical dos trabalhadores latino-americanos. Fundado como uma extensão da política de ajuda técnica e financeira norte-americana à América Latina, o Iadesil, junto com a Aliança para o Progresso, buscava contribuir diretamente para o desenvolvimento econômico-industrial das nações do chamado Terceiro Mundo, que os norte-americanos acreditavam estar sob a ameaça do avanço da ideologia comunista.

Sob a coordenação da maior central sindical norte-americana – a American Federation of Labor – Congress Industrial Organizations –, o Iadesil foi lançado como uma entidade privada, sem lucros, dirigida por Serafino Romualdi, um anticomunista fervoroso, que há duas décadas se dedicava a combater o comunismo no movimento sindical internacional. Quando os Estados Unidos se voltaram para a América Latina no período da Guerra Fria, o Brasil se tornou uma nação preocupante aos olhos das lideranças políticas e econômicas norte-americanas.[13] Portanto, colocava-se como um imperativo estadunidense canalizar recursos humanos e financeiros a fim de evitar que o Brasil se tornasse uma "nova China" (Theberge, 1977).

Financiado por um conjunto de multinacionais norte-americanas e pela Agência de Desenvolvimento Internacional dos Estados Unidos (Usaid), com recursos indiretos da Central de Inteligência norte-americana, do Departamento de Estado e da Aliança para o Progresso, o Iadesil recebeu uma ajuda financeira considerável para investir na formação de novas lideranças sindicais "democráticas" e "autênticas", que deveriam estar aptas a afastar do movimento sindical as lideranças comunistas e nacionalistas comprometidas com o projeto trabalhista de João Goulart. Nas zonas rurais, por exemplo, como forma de conter o movimento de organização dos trabalhadores no campo, em especial as Ligas Camponesas, o Iadesil aplicou 350 mil dólares em projetos sociais, somente entre os anos de 1965 e 1966 (AIFLD, 1964:17).

Para investir maciçamente na formação sindical dos trabalhadores, o Iadesil criou o Instituto Cultural do Trabalho. O ICT, como era conhecido, tinha

---

[12] Este subcapítulo baseia-se nos capítulos 1 e 2 da tese de doutorado de Larissa Rosa Corrêa, publicada em livro. Ver Corrêa (2017).

[13] Sobre o impacto da Guerra Fria na América Latina e as relações entre Estados Unidos e a região, ver, entre outros, Brands (2010).

sede na capital de São Paulo e recebia financiamento da Usaid e do Instituto de Pesquisa e Estudos Sociais (Ipes), que teve papel central na divulgação da propaganda anticomunista acentuando a crise política no governo Goulart. A orientação técnica e administrativa do ICT ficava a cargo do Iadesil. Até a intervenção militar de 1964, o ICT teve uma atuação discreta, voltada para realização de contatos no movimento sindical paulista, promovendo alguns seminários de educação sindical e organização do programa de treinamento. Durante os primeiros anos de funcionamento do ICT, o valor anual a ele fornecido pela entidade norte-americana era de 50 mil dólares, além da cobertura das despesas com salários dos professores e funcionários executivos e do financiamento de filmes, publicações e palestras.[14]

O ICT contava com o apoio dos Círculos Operários Católicos, entidade também sem fins lucrativos, anticomunista, que, lado a lado com os sindicalistas norte-americanos, buscava atrair os "corações e mentes" dos trabalhadores brasileiros na disputa ideológica imposta pela Guerra Fria.[15] Para além de comungar do mesmo *slogan* "Pão, paz e liberdade", ambas as entidades tinham como meta principal tornar o sindicalismo brasileiro livre da influência comunista.

Com os militares no poder e as lideranças comunistas e nacionalistas presas e perseguidas pelo aparato repressivo ditatorial, o Iadesil/ ICT teve o caminho aberto para desenvolver suas atividades no meio sindical. A desmobilização do movimento sindical provocada pela ascensão dos militares deu início a um novo projeto de educação dos trabalhadores com ênfase na formação de lideranças sindicais. A partir de então, verifica-se uma explosão de cursos e seminários promovidos por um conjunto de entidades sindicais estrangeiras e nacionais. Como parte do programa educacional, ICT e Iadesil ofereciam bolsas de estudos para sindicalistas em potencial ascensão passarem uma temporada nos Estados Unidos aprendendo o ABC do sindicalismo.

Entre os anos de 1964 e 1965, o Iadesil/ICT atuou ativamente no movimento sindical paulista e em todo o Brasil. Somente no segundo semestre de 1965, a

---

[14] Relatório semestral, de julho de 1964 a junho de 1965, da Embaixada dos Estados Unidos no Brasil para o Departamento do Estado. NARA II, General Records of the Department of State (GRDS), RG 59, Central Foreign Policy Files (CFPF), LAB 3-3 – caixa 1282.

[15] Em atividade desde a década de 1930 e espalhados por várias regiões do país, os Círculos Operários Católicos desempenharam um papel importante na conspiração golpista de 1964. A Federação dos Círculos Operários Católicos de São Paulo reunia cerca de 250 mil associados na primeira metade da década de 1960. Ver Dreifuss (1981:310).

entidade realizou 87 cursos básicos de orientação sindical, abrangendo cerca de 2.500 participantes em todo o país. A maior preocupação era fazer com que as novas lideranças, treinadas pela organização norte-americana, assumissem o vácuo deixado pelos antigos dirigentes considerados comunistas nas diretorias dos sindicatos que haviam sofrido intervenção. Durante os anos de 1963 e 1965, o ICT teve certo êxito na preparação de quadros para compor as diretorias sindicais após as intervenções. De acordo com Freitas Marcondes (1965:34), cerca de 16% dos alunos formados pelo ICT chegaram a pleitear eleições para cargos em entidades sindicais, obtendo vitórias. Em seu *Boletim de Notícias*, o ICT anunciava a eleição de 31 ex-alunos formados nos seminários regionais e nos 27 cursos básicos de liderança sindical.[16]

Além da formação de líderes sindicais anticomunistas, a entidade participava de uma série de atividades integrantes dos chamados "projetos de impacto", que envolviam programas assistenciais, como a construção de conjuntos habitacionais de baixo custo, formação de cooperativas de crédito, assistência técnica na área de agricultura, fornecimento de medicamentos, viabilização de serviços comunitários, financiamento de encontros educacionais periódicos, nacionais e internacionais, além da publicação de livros e panfletos fartamente distribuídos nas bibliotecas sindicais (Dreifuss, 1981:317).

Em 1968, o ICT e o Iadesil acompanharam cautelosos o movimento de reorganização do sindicalismo paulista. Na verdade, esforçaram-se para impedir que velhas e novas lideranças comunistas voltassem a ocupar os postos das diretorias das principais entidades sindicais na região. Nesse período, crescia também o sentimento antiamericano nos grupos de oposição à ditadura. Entre os descontentes com a presença maciça de instituições norte-americanas no país, estavam não apenas os grupos de esquerda que lutavam contra a ditadura, mas também militares e civis, incluindo empresários insatisfeitos com a política econômica idealizada pelo governo Castelo Branco.

Essa rejeição não somente à cultura, mas também à influência direta norte-americana encontrava-se presente sobretudo no movimento estudantil e sindical. Parte das lideranças sindicais e dos trabalhadores, mesmo aqueles que haviam apoiado o golpe civil-militar, desconfiavam das ofertas de cursos e viagens oferecidas pelos sindicalistas norte-americanos. A ampla presença de norte-

---

[16] *Boletim de Notícias ICT-AIFLD*, fevereiro de 1966, n. 21. AEL-Unicamp, Coleção *Twentieth Century Latin American Pamphlets: part III*, BRZ 0425, microfilme APC-3, rolo 42.

-americanos nos assuntos sindicais não passou despercebida dos estudantes do grêmio da Faculdade de Filosofia, Ciências e Letras da USP. No jornal *Amanhã*, com o título "Esse mister Jack manda em Brasília", os estudantes da USP denunciavam as atividades do adido trabalhista Jack Liebof no consulado americano de São Paulo; uma "estranha figura que há alguns anos ronda o sindicalismo brasileiro", assim assinalou o periódico. A matéria concluiu questionando as atitudes de "solidariedade" dos americanos.[17]

A decretação do AI-5 teve impacto direto na política sindical estadunidense no Brasil. Para além dos conflitos de interesses econômicos que se sucederam entre o governo norte-americano e o de Costa e Silva, a consolidação dos militares no poder constrangia as autoridades políticas e sindicais estadunidenses comprometidas com a retórica democrática.

A partir de dezembro de 1968 a imprensa norte-americana, que até então não considerava o governo militar uma ditadura, passou a criticar fortemente o autoritarismo de Costa de Silva, chegando a pedir que Nixon se distanciasse do regime. O Departamento de Estado sugeriu que os financiamentos concedidos pela Usaid ao Brasil fossem revisados. Porém, como observou James Green, embora o Departamento de Estado tivesse ameaçado reavaliar a ajuda financeira ao Brasil, como represália às medidas autoritárias e buscando se distanciar do regime, a relação econômica entre os dois países não foi de fato abalada (Green, 2009:146-153).

O antiamericanismo era, ao lado da radicalização e do vigoroso combate à ditadura, um valor político compartilhado por organizações estudantis e operárias de esquerda. Um operariado majoritariamente jovem também comungava valores e costumes geracionais com muitos estudantes, apesar das distâncias sociais muitas vezes afastarem gostos e hábitos, como é frequente perceber nos relatos memorialísticos do período. De qualquer forma, as ruas e as manifestações públicas eram espaços de socialização, debates e resistência comuns gerando repertórios partilhados de ação e uma certa ideia de comunidade política.

O crescimento do número de trabalhadores que estudavam em cursos técnicos e noturnos e as políticas de "proletarização" estudantil de algumas organizações de esquerda eram outros elementos que pareciam aproximar os universos de muitos estudantes e operários. A entrada dos estudantes nos mundos do trabalho foi uma das estratégias políticas construídas em particular pela Ação Popular

[17] *Amanhã*, de 6 a 13 abr. 1967, p.13. Cedem-Unesp, pasta P6/086.

(AP). Vinculados à esquerda católica, os militantes da AP, influenciados também pelo maoísmo, decidiram se "proletarizar". Deixar a universidade e ir para a fábrica foi o caminho de muitos estudantes, principalmente mulheres, de classe média, incumbidas de levar ao movimento operário um pouco da experiência política do movimento estudantil. Ao mesmo tempo, os estudantes deveriam se libertar dos valores burgueses e aprender com os operários como travar a "verdadeira" luta de classes. Como apontou Cristina Wolff (2010:141), para esses jovens de classe média era preciso "viver na carne, na fome, nas mãos calejadas, a 'experiência' de ser proletário".

Marcos Napolitano enfatiza que o movimento estudantil, mesmo durante a fase mais repressiva do regime, "nunca deixou de existir e atuar". Concentrados nos *campi* universitários, nos diretórios acadêmicos e nos eventos culturais, os estudantes opositores do regime tiveram que recuar de suas antigas estratégias de luta para se reorganizar, buscando testar os limites impostos pela repressão. O mesmo ocorreu com o movimento sindical. Angélica Müller (2016) aponta que grande parte do que foi escrito sobre o movimento estudantil na ditadura ignorou as ações estudantis durante os chamados "anos de chumbo". Dessa forma, o ME teria renascido somente a partir do final da década de 1970. Tendo como marco o AI-5 de 1968, a autora rejeita a ideia de interrupção das lutas estudantis, buscando mostrar seu caráter contínuo, porém extremamente instável e frágil diante da repressão imposta.

"Osasco é o exemplo"

A relação entre estudantes e operários foi um dos elementos que mais chamaram a atenção de observadores e estudiosos das mobilizações que levaram à greve de Osasco em 1968. No início dos anos 1960, ampliavam-se na cidade as ofertas de acesso ao ensino secundário para os trabalhadores. Em particular, destaca-se a fundação do Colégio Estadual Antônio Raposo Tavares (Ceneart), onde jovens operários metalúrgicos estudavam nos cursos noturnos e participavam de grupos teatrais e do grêmio estudantil. Numa formulação que se tornaria famosa, Francisco Weffort chamou-os de "operários-estudantes" (Weffort, 1972).

No início dos anos 1960, Osasco era o caso mais conhecido de um subúrbio da cidade de São Paulo que havia conseguido emancipação política e se tornado um município autônomo.[18] Típica região periférica paulistana, Osasco industrializou-se rapidamente no período após a II Guerra Mundial. Em duas décadas, a população multiplicou-se de forma impressionante, sendo majoritariamente composta por migrantes rurais atraídos pelo emprego industrial e pelo baixo custo dos terrenos para moradia. Assim como em outras regiões periféricas de São Paulo, longas prestações para aquisição de lotes, autoconstrução e lutas sociais por melhorias de infraestrutura urbana compunham a experiência comum de milhares de trabalhadores osasquenses.

De um lado, no contexto do golpe e do imediato pós-1964, os "operários-estudantes" se politizavam cada vez mais. José Ibrahin, por exemplo, estudou no Ceneart e recorda-se que, já "a partir do ginásio", teve "contato com literatura marxista e com pessoas do Partido Comunista, militantes operários, com o movimento estudantil, intelectual". Para ele, "em Osasco sempre houve essa tradição".[19] Era essa "tradição" que alimentava, entre esses jovens trabalhadores, grupos de estudo e discussão sobre a conjuntura política, bem como intensos debates sobre as revoluções chinesa, vietnamita e, principalmente, cubana. E que também os impelia a atuar no movimento estudantil, criando e participando de instituições como a União dos Estudantes de Osasco (UEO) e o Círculo Estudantil de Osasco (CEO). Essas organizações tiveram um impacto na política local, e quando, em 1967, foi eleito um prefeito ligado ao MDB, vários estudantes foram chamados a colaborar com a nova administração.

Por outro lado, Osasco também se tornava uma das principais localidades de atuação da esquerda católica. Incipientes comunidades eclesiais de base conjugavam-se com a atuação da Juventude Operária Católica (JOC) e de sacerdotes progressistas inspirados no movimento "Economia e Humanismo" do padre Lebret. Alguns desses padres chegaram inclusive a trabalhar em fábricas da região (Rovai, 2014). Esses militantes católicos reuniram-se na Frente Nacional do Trabalho (FNT) e costumavam enfatizar a necessidade de um paciente e longo "trabalho de base".

Os ativistas católicos tiveram um papel importante na conformação da comissão de fábrica da Companhia Brasileira de Materiais Ferroviários, a Cobrasma, principal indústria da cidade. A comissão foi criada em 1962 num contexto em

---

[18] Sobre os processos de emancipação política de bairros da cidade de São Paulo, ver Moisés (1978) e Fontes (2008, em particular cap. 5).

[19] Entrevista de José Ibrahin em Noronha e Oliveira (2015:57).

que a empresa procurava "modernizar" suas relações de trabalho e, portanto, buscava estabelecer conexões e negociações diretas com os operários, "por fora" do sindicato. Para os militantes católicos, no entanto, parecia uma oportunidade particularmente interessante de dar efetividade ao trabalho de base que vinha sendo realizado. Como relembra Albertino de Souza Olivo, antigo militante da FNT em Osasco:

> A comissão de fábrica só se instalou depois de muitos anos de trabalho de base [desde] 1961 [até] 1967, quando conquistamos o sindicato. Então foi um trabalho de seis anos se reunindo todas as segundas-feiras [...] Tinha um sistema de trabalho que era o seguinte: a gente pegava o [livro] *Princípios para a ação* do padre Lebret e lia e comentava e discutia. Procurava fazer com que aquelas ideias do Lebret ficassem presentes no dia a dia de cada um para poder, dentro da fábrica, ser capaz de transmitir essa mensagem. Depois colocava os objetivos a serem atingidos e na outra reunião discutia-se o avanço que tinha sido feito, ou o atraso. Era um trabalho de formiga toda semana e isso foi durante seis anos. A primeira comissão de fábrica só foi em 1963.[20]

Foi a aliança entre o grupo de "operários-estudantes" e os militantes da FNT que permitiu a vitória da chamada chapa verde nas eleições do Sindicato dos Metalúrgicos de Osasco em 1967. O sindicato, com a criação do município de Osasco, havia sido desmembrado de seu congênere paulistano no início dos anos 1960. Assim como o sindicato paulistano, foi dominado por sindicalistas vinculados ao PCB até o golpe de 1964, quando sofreu intervenção policial e ministerial. A chapa vitoriosa era encabeçada por José Ibrahin, um jovem operário da Cobrasma de apenas 21 anos, que havia se destacado como liderança na incipiente comissão de fábrica formada.

Em um contexto do movimento operário marcado pela submissão à ditadura por parte dos interventores sindicais e seus aliados conservadores ou pela extrema moderação da política sindical dos comunistas, o Sindicato dos Metalúrgicos

[20] Entrevista com membros da FNT – Coletivo Osasco, realizada por Waldemar Rossi, Sebastião Neto e equipe em 23 de maio de 2009. Projeto Memória da Oposição Sindical Metalúrgica de São Paulo do Intercâmbio, Informações Estudos e Pesquisas (IIEP). Entrevista n. 2009.15, p. 9. Francisco Weffort destaca que Albertino Olivo era inicialmente um chefe de pessoal que, por conta de sua militância católica, passou a atuar na FNT, vindo a ser demitido pela empresa. Cf. Weffort (1972).

de Osasco logo se destacou pela combatividade e radicalismo. Para muitos, as lideranças sindicais paulistas pareciam velhas e ultrapassadas diante de Ibrahin e sua jovem e ativa diretoria. A comissão de fábrica da Cobrasma e o trabalho de base em outras empresas eram o coração da diretoria sindical e estimulavam uma política arrojada e ofensiva. Para Ibrahin, "a gente tinha consciência, naquela altura do campeonato, em 1967, 1968, que o nosso sindicato era o mais organizado, que tinha avançado mais com a organização de base".[21]

Confiantes em sua organização e seu poder de fogo, e sintonizados com a crescente insatisfação dos trabalhadores, os dirigentes operários de Osasco estavam convencidos da necessidade de deflagrar uma greve mesmo antes da data-base de negociação com os empresários, prevista para novembro. Além disso, pareciam premidos pela necessidade de "ação". Entre maio e junho, o ativismo estudantil radicalizou-se ainda mais e claramente tomava a frente do movimento de resistência à ditadura. Aos ecos do maio francês somavam-se as repercussões positivas da Passeata dos Cem Mil na Guanabara, ponto alto da mobilização dos estudantes brasileiros. Além disso, pipocavam tentativas e mesmo greves localizadas em algumas fábricas de São Paulo. Em fins de maio, paralisações atingiam as poderosas indústrias automobilísticas no ABC paulista, com greves parciais em empresas como a Mercedes Benz, Ford-Willys e Chrysler.[22]

A atmosfera voluntarista de otimismo com relação às possibilidades revolucionárias também contaminava muitos operários. Como lembra Waldemar Rossi, a leitura dominante entre eles [os ativistas em Osasco] era a de que "a ditadura já estava podre e que ele não resistiria".[23] Ao longo daquele ano, várias das lideranças do grupo de "operários-estudantes", incluindo Ibrahin, Zequinha Barreto, Roque Aparecido da Silva, Antônio Roberto Espinosa, aproximaram-se e vincularam-se aos grupos clandestinos da esquerda armada, em particular à Vanguarda Popular Revolucionária (VPR).

A greve dos metalúrgicos mineiros em Contagem no mês de abril parecia indicar que o governo militar se encontrava realmente atordoado.[24] O regime

---

21 Entrevista de José Ibrahin em Noronha e Oliveira (2015:62).

22 Para uma análise específica das greves no ABC ver o pioneiro estudo de Negro (2004), em particular o capítulo 8.

23 Entrevista com membros da FNT – op. cit. Entrevista n. 2009.15, p. 8.

24 Há alguns poucos estudos específicos sobre a greve em Contagem, Minas Gerais. Ver, por exemplo, Oliveira (2010) e Neves (1994). Para uma abordagem mais recente e promissora, ver Dellamore e Rovai (2017, v. 1).

demorou para reagir e chegou a enviar o próprio ministro do Trabalho para negociar diretamente com o sindicato, o que foi lido como uma demonstração de força do movimento. Ibrahin havia visitado Contagem durante a paralisação e voltara convencido de que em Osasco "tínhamos mais condições do que eles para realizar a greve [...] não houvera repressão e em São Paulo, o movimento estudantil não estava sendo reprimido". Antônio Roberto Espinosa, outro líder metalúrgico, recorda-se que "todos os nossos cálculos eram baseados em Contagem. [Lá] a diretoria do sindicato disse que foi pega de surpresa e que a greve era espontânea. Nós também planejamos isso. O sindicato ia fazer de conta que não sabia de nada. O Ibrahin ia se oferecer como mediador." [25]

A greve foi deflagrada na manhã do dia 16 de julho.[26] Sua reivindicação básica era um aumento de 35% imediato, acompanhado de reajustes trimestrais nos salários. A ideia era ocupar a Cobrasma e a partir dela expandir o movimento para outras empresas da cidade, criando condições para que a paralisação contaminasse as bases operárias de outras regiões. Preparada em conjunto com a comissão de fábrica e outros grupos clandestinos no interior da empresa, a ocupação era vista como uma tática que denotava não apenas maior organização, mas também mais capacidade de resistir à repressão. Mesmo décadas depois, José Ibrahin enfatizaria a superioridade da greve de 1968 quando comparada às do período anterior a 1964 que dependeriam do "piquete na porta [...] era uma forma que funcionava, mas a gente tinha uma visão crítica de que isso aí não era organização".[27]

Naquela manhã, a confiança e o otimismo das lideranças pareciam se confirmar. Ocupada pelos trabalhadores, na Cobrasma a greve era geral. Também a Lonaflex, indústria de porte menor, foi tomada pelos grevistas. Na sequência, em efeito dominó, os trabalhadores de várias fábricas da cidade paralisavam suas atividades. Cumprindo o roteiro combinado, os dirigentes sindicais se disseram "surpresos" e afirmavam o caráter espontâneo da paralisação. Ibrahin se colocava à disposição para intermediar as negociações. Os representantes da Delegacia Regional do Trabalho (DRT) demandavam a desocupação das fábricas e o fim

---

[25] Entrevista de Antônio Espinosa em <http://memoriasoperarias.blogspot.com.br/2016/08/o-1-de-maio-de-1968-na-praca-da-se.html>. Acesso em: 25 nov. 2017.

[26] Para detalhes sobre o desenrolar da greve, ver, além do já citado estudo clássico de Weffort (1972), Rizek (1988), Silva (2008), Miranda (1987), Couto (2003), Rovai (2013) e Moura (2015).

[27] Entrevista de José Ibrahin em Noronha e Oliveira (2015:60). Sobre o papel dos piquetes nas greves anteriores e posteriores a 1964, ver Fontes e Macedo (2017).

da greve. Os diretores do sindicato retrucavam que só uma assembleia poderia discutir esses assuntos. As negociações não prosperariam.

Enquanto isso, durante aquele dia, o mundo ficou de ponta-cabeça na Cobrasma. Os operários seriam, por algumas horas, os "donos da fábrica". Cerca de mil trabalhadores, entre eufóricos e apreensivos, ocupavam os espaços da produção e planejavam os próximos passos do movimento. Engenheiros, gerentes e chefes de seção foram impedidos de sair das dependências da empresa, sob o argumento de que seriam uma "garantia" contra uma temida invasão policial. Um misto de estratégia sindical radicalizada e cólera acumulada pelos operários criava um tenso clima de liberação e de inversão do despotismo fabril cotidiano.

O episódio dos "reféns da Cobrasma" foi intensamente martelado pela mídia e deixaria marcas por muito tempo. Anos depois, já no início da década de 1980, José Ibrahin, por exemplo, conta que, recém-chegado do exílio, foi convidado por Luís Eulálio Bueno Vidigal, proprietário da Cobrasma e naquela altura presidente da Federação das Indústrias do Estado de São Paulo, a poderosa Fiesp, para visitar a empresa. "Quando cheguei lá", relembra Ibrahin, "ele começou a apontar os cantos em que os ex-diretores, entre eles seu pai, haviam ficado retidos durante a greve de ocupação da fábrica. Guardou aquele ressentimento durante anos, mas não deixou de demonstrá-lo com essa certa elegância da classe dominante".[28]

Assustado com as crescentes manifestações de rua, temendo a potencialidade do que poderia representar uma eventual aliança entre estudantes e operários e disposto a impedir qualquer efeito demonstração que uma greve bem-sucedida poderia ter, o governo, ao contrário do que ocorrera em Contagem, claramente decidira não permitir uma saída negociada. A humilhação imposta ao regime no 1º de Maio não poderia ser repetida.

Na noite do mesmo dia 16 de julho, Osasco foi militarmente ocupada. Com particular virulência, a tropa de choque e a cavalaria cercaram e invadiram a Cobrasma. Entre máquinas e linhas de montagens, tiros de metralhadoras, bombas de efeito moral e conflitos generalizados. Os trabalhadores apagaram as luzes da indústria e, "como conheciam bem a seções, os esconderijos, onde tinha as máquinas [...] jogavam pedaços de ferro, os cavalos pisavam e caíam".[29]

---

[28] Entrevista de José Ibrahin em <https://www.brasil247.com/pt/247/poder/100674/Z%C3%A9-Ibrahim-o-her%C3%B3i-sindical-que-o-PT-n%C3%A3o-quis.htm>. Acesso em: 1º dez. 2017.

[29] Entrevista de João Joaquim em <http://memoriasoperarias.blogspot.com.br/2016/07/o-1968-operario-no-brasil-greve-dos_4.html>. Acesso em: 24 nov. 2017.

Após horas de confrontos, a fábrica foi finalmente controlada pelas forças policiais. Numa imagem que se tornaria famosa, vê-se, enfileirados, com as mãos na cabeça, dezenas de grevistas sendo presos.[30]

O sindicato sofreu intervenção e vários dirigentes, incluindo José Ibrahin, conseguiram fugir do cerco policial. Mesmo com a cidade sitiada, paralisações pontuais ainda pipocaram em algumas fábricas. Refletindo o espírito da época, foram chamadas de "grevilhas", numa junção espirituosa de greves com guerrilhas. No dia 18 de julho, no entanto, a greve dos metalúrgicos de Osasco estava encerrada. Ao contrário do que esperavam seus líderes, seu efeito demonstração foi o de medo e resignação. No meio operário paulista, o segundo semestre de 1968 seria de temor e baixa mobilização. Para os trabalhadores, o AI-5 começara mais cedo.

Em Osasco, nos dias e semanas que se seguiram à greve, centenas de trabalhadores seriam demitidos e outros tantos repreendidos e humilhados em seus locais de trabalho. Vários dirigentes sindicais e ativistas mergulharam na escura clandestinidade da luta armada, a maioria vinculando-se definitivamente à VPR. Muitos, incluindo Ibrahin e Roque Aparecido, seriam presos nos primeiros meses de 1969. A completa derrota deixaria marcas e feridas na autoestima da comunidade local por anos a fio.[31]

No entanto, apesar da completa derrota, a greve de Osasco tornou-se um marco da resistência à ditadura e seria consagrada como um dos eventos emblemáticos de 1968.[32] Ricardo Antunes e Marcelo Ridenti (2007) chegaram

---

[30] Ver fotos no Memorial da Democracia, linha do tempo de 16 de julho de 1968, disponível em: <http://memorialdademocracia.com.br/card/exercito-reprime-a-greve-de-osasco#card-72>. Acesso em: 24 nov. 2017. Segundo José Ibrahin, "foram detidos aproximadamente 300 companheiros. Mas, depois da triagem feita no próprio local, apenas uns 50 ou 60 foram levados para a delegacia, entre os quais estavam vários membros da comissão de fábrica".

[31] Para uma análise das memórias traumáticas da greve e do impacto de sua derrota para a comunidade de Osasco, ver Rovai (2013).

[32] É possível argumentar que 1968, em nível global, deu início a uma onda de mobilizações operárias e greves que se seguiriam pela década seguinte. Além das questões locais, os questionamentos da disciplina fabril e da alienação fordista do trabalho industrial foram marcas comuns a estas manifestações. Não por acaso, a indústria metalúrgica, em particular a automobilística, foi um dos epicentros do protesto operário. As lutas operárias na França em 1968, o "Outono Quente" italiano de 1969, o *Cordobazo* argentino, os conflitos industriais britânicos na década de 1970, a onda de greves na África do Sul iniciada em 1973 são alguns exemplos dessa rebelião proletária em nível internacional. Existem numerosos estudos sobre vários desses movimentos. Para uma análise mais global, ver Silver (2005).

a afirmar que Osasco tornou-se a "Meca da esquerda brasileira". Nos muros de fábricas e bairros periféricos de São Paulo e outras cidades do país, não foi incomum encontrar a provocativa pichação "Osasco é o exemplo".[33]

O destino de vários dos líderes operários contribuiu para reforçar o mito. José Ibrahin foi alçado à condição de um dos ícones da esquerda brasileira, como demonstra o fato de ter sido escolhido, pelos militantes da ALN e MR-8, para a seleta lista de presos políticos (que incluía desde líderes estudantis como José Dirceu e Vladimir Palmeira até lideranças históricas como o líder camponês comunista Gregório Bezerra) que deveriam ser trocados pelo sequestrado embaixador estadunidense em setembro de 1969. O mesmo se deu com Roque Aparecido da Silva quando do sequestro do embaixador suíço um ano mais tarde. As circunstâncias trágicas do assassinato de Zequinha Barbosa ao lado do capitão Lamarca em 1971, na Bahia, agregariam mais elementos de luta e resistência à imagem dos "heróis" de Osasco.[34]

O artigo "Participação e conflito social: Contagem e Osasco, 1968" de Francisco Weffort, escrito em 1972, deu legitimidade acadêmica e ajudou a consolidar a imagem de Osasco como exemplo e prenúncio de novos tempos para o movimento operário e o país. Weffort criticou duramente o "voluntarismo" das lideranças e o "espontaneísmo" do movimento. Mas também destacou a capacidade de independência dos trabalhadores e a contradição fundamental entre a expressão dessa autonomia ("os embriões da organização autônoma pela base da classe operária – as comissões") e a burocracia sindical. Mais do que qualquer outra greve na história do país, Osasco, em 1968, teria cabalmente demonstrado e denunciado "a significação real da estrutura sindical oficial herdada da ditadura Vargas". A "Central Única dos Trabalhadores", proposta em Osasco meses antes da greve, e as comissões de fábrica no interior das empresas seriam as lições deixadas para quebrar a estrutura sindical, romper com o sindicalismo populista e trilhar o caminho para a autonomia do movimento operário (Weffort, 1972:8-93).

Estas linguagens e temas marcariam fundamentalmente os termos do debate político da esquerda durante a redemocratização do país e o processo que

[33] Sobre as pichações, ver entrevista de José Ibrahin em Noronha e Oliveira (2015).

[34] Para depoimentos e interessantes imagens de época (incluindo de Ibrahin) sobre o episódio do sequestro do embaixador Charles Elbrick e sua troca por presos políticos, ver o filme dirigido por Silvio Da Rin, *Hércules 56* (2006). Sobre o sequestro do embaixador suíço Giovanni Bucher e o assassinato de Zequinha e Lamarca, ver, entre outros, José e Miranda (2000).

desembocaria no "novo sindicalismo", e em uma série de "novos" movimentos sociais a partir do final da década de 1970. Para muitos militantes, dirigentes e intelectuais, a greve de Osasco em 1968 havia sido o movimento "ancestral" que apontara o caminho, as dificuldades e os desafios.

O próprio José Ibrahin, em uma de suas últimas entrevistas publicadas (Ibrahin faleceu em 2013), quando perguntado sobre o legado da greve de Osasco, deu um depoimento emblemático neste sentido:

> A nossa greve significou um marco, porque antes o pessoal achava que o movimento sindical, que os trabalhadores, estavam adormecidos, amedrontados, que só quem ia para a rua, se manifestava e protestava era estudante, intelectual. [...] e eu acho que o exemplo da greve de Osasco, não pela greve em si, mas o trabalho de organização de base, as comissões de fábrica, a formação política de base, isso foi o que norteou todas as oposições sindicais que surgiram. Todas, todas, todas. Dos metalúrgicos de São Paulo, dos bancários, que depois ganharam as eleições. Em tudo quanto é lugar, em tudo quanto é estado. Acho que foi a greve de Osasco e Contagem, que tinham características diferentes, mas foi um movimento importante. O nosso foi mais organizado e mais amplo, mas eles foram os primeiros. Eles fizeram aquele movimento e deu ânimo para nós. Mas Osasco foi que marcou.[35]

Para concluir, um episódio anedótico que também mostra o quanto as interpretações sobre 1968 em Osasco influenciariam os termos do debate político e acadêmico nas décadas seguintes. Em meados dos anos 1980, o sociólogo Eder Sader, em sua defesa de tese de doutorado na USP (Sader, 1988), foi duramente questionado por Francisco Weffort, um dos seus arguidores. Weffort denunciava no texto de Sader um certo "populismo teórico [...] com premissas voluntariosas e espontaneístas" e defendia a necessidade de uma análise dos movimentos sociais que passasse "pelos canais institucionais de mediação política". Sader não se intimidou. Disse que, na verdade, toda essa análise, tida agora como "voluntarista", tinha sido inspirada pelo próprio Weffort, em particular pela análise das greves de Contagem e Osasco. Ali, dizia Sader, Weffort teria demonstrado como os trabalhadores foram "tomados em sua autonomia como sujeitos de sua própria história" (cf. Doiomo, 1995:79). Quando os "novos personagens entraram em cena", Osasco 1968 teria sido, mais uma vez, a inspiração.

---

[35] Entrevista de José Ibrahin em Noronha e Oliveira (2015:66-7).

Referências

AIFLD. *Country plan for Brazil* - Social Projects Department. Washington, DC: AIFLD, 1964.

ALVES, Maria Helena Moreira. *Estado e oposição no Brasil (1964-1984)*. Petrópolis: Vozes, 1984.

ANTUNES, Ricardo; RIDENTI, Marcelo. Operários e estudantes contra a ditadura: 1968 no Brasil. *Mediações*, v. 12, n. 2, 2007.

BRANDS, Hal. *Latin America's Cold War*. Cambridge, Massachusetts: Harvard University Press, 2010.

CORRÊA, Larissa Rosa. A "rebelião dos índices": política salarial e Justiça do Trabalho na ditadura civil-militar (1964-1968). In: GOMES, Angela de Castro; SILVA, Fernando Teixeira da (Orgs). *A Justiça do Trabalho e sua história*. Campinas: Editora Unicamp, 2013.

______. Os "inimigos da pátria": repressão e luta dos trabalhadores do Sindicato dos Químicos de São Paulo (1964-1979). *Revista Brasileira de História*, São Paulo, v. 34, n. 67, 2014.

______. *Disseram que voltei americanizado*. Relações sindicais Brasil-Estados Unidos na ditadura militar. Campinas: Editora Unicamp, 2017.

______; FONTES, Paulo. A Caixa dos trabalhadores: o FGTS e o discurso sindical. In: GOMES, Angela de Castro; FREIRE, Américo (Orgs.). *Bancos públicos no Brasil* – a trajetória da Caixa Econômica Federal. Rio de Janeiro: FGV/Caixa, 2011.

COSTA, Edmilson Silva. *A política salarial no Brasil, 1964-1985*. 21 anos de arrocho salarial e acumulação predatória. São Paulo: Boitempo, 1997.

COUTO, Ary Marcelo. *Greve na Cobrasma:* uma história de luta e resistência. São Paulo: AnnaBlume, 2003.

DELLAMORE, Carolina; ROVAI, Marta Gouveia de Oliveira. As experiências de Contagem/MG e Osasco/SP: narrativas de operários sobre as greves de 1968. In: NETO, Mário Daniel; STEFFENS, Marcelo Hornos; ROVAI, Marta Gouveia de Oliveira (orgs.). *Narrativas sobre tempos sombrios:* ditadura civil-militar no Brasil. São Paulo: Letra e Voz, 2017.

DOIOMO, Ana Maria. *A voz e a vez do popular*. Movimentos sociais e participação política no Brasil pós-70. Rio de Janeiro: Relume Dumará, Anpocs, 1995.

DREIFUSS, René. *1964:* a conquista do Estado. Petrópolis: Vozes, 1981.

FERRANTE, Vera. *FGTS:* ideologia e repressão. São Paulo: Ática, 1978.

FONTES, Paulo. *Um Nordeste em São Paulo.* Trabalhadores migrantes em São Miguel Paulista. Rio de Janeiro: Ed. FGV, 2008.

______; MACEDO, Francisco. Piquetes como repertório: organização operária e redes sociais nas greves de 1957 e 1980, *Topoi*, v. 18, n. 34, 2017.

GREEN, James. *Apesar de vocês.* Oposição à ditadura brasileira nos Estados Unidos, 1964-1985. São Paulo: Companhia das Letras, 2009.

IIEP – Intercâmbio, Informações, Estudos e Pesquisas. *Quando os trabalhadores se tornam classe.* A construção da riqueza na cidade de São Paulo. São Paulo: IIEP, 2016.

JOSÉ, Emiliano; MIRANDA, Oldack de. *Lamarca, o capitão da guerrilha.* São Paulo: Global, 2000.

KAREPOVS, Dainis. *A história dos bancários:* lutas e conquistas, 1923-1993. São Paulo: Sindicato dos Bancários de São Paulo, 1993.

LEAL, Murilo. *Olavo Hansen.* São Paulo: Expressão Popular, 2013.

______. Um novo regime fabril: vigilância, controle militarizado e superexploração da força de trabalho. In: *Investigação operária:* empresários, militares e pelegos contra os trabalhadores. São Paulo: IIEP, 2014.

MAGALHÃES, Mário. *Marighella.* O guerrilheiro que incendiou o mundo. São Paulo: Cia. das Letras, 2012.

MARCONDES, José V. Freitas. *Dois anos de atividades*, 1965.

MEDEIROS, Carlos Aguiar. Industrialização e regime salarial na economia brasileira: os anos 60 e 70, *Economia e Sociedade*, v. 2, n. 1, 1993.

MIRANDA, Orlando. *Sindicato e classe operária:* história do Sindicato dos Metalúrgicos de Osasco. Tese (livre docência) – Universidade de São Paulo. São Paulo: Universidade de São Paulo, 1987.

MOISÉS, José Álvaro. *Classes populares e protesto urbano.* Tese (doutorado em história) – USP. São Paulo USP, 1978.

MOURA, Alessandro. *Movimento operário e sindicalismo em Osasco, São Paulo e ABC Paulista.* Tese (doutorado) – São Paulo: Unesp Marília, Unesp, 2015.

MÜLLER, Angélica. *O movimento estudantil na resistência à ditadura militar (1969-1979).* Rio de Janeiro: Garamond/ Faperj, 2016.

NAGASAVA, Heliene Chaves. "O sindicato que a ditadura queria": o Ministério de Trabalho no governo Castelo Branco (1964-1967). Dissertação (mestrado) – Cpdoc/FGV. Rio de Janeiro, 2015.

NEGRO, Antonio Luigi. *Linhas de montagem.* O industrialismo nacional-desenvolvimentista e a sindicalização dos trabalhadores. São Paulo: Boitempo, 2004.

NEVES, Magda de Almeida. *Trabalho e cidadania:* as trabalhadoras de Contagem. Petrópolis: Vozes, 1994.

NORONHA, Eduardo; OLIVEIRA, Carlindo. *Greves no Brasil (de 1968 aos dias atuais):* depoimentos de lideranças. São Paulo: Cortez Editora e Dieese, 2015.

OLIVEIRA, Edgard Leite. *Conflito social, memória e experiência:* as greves dos metalúrgicos de Contagem em 1968. Dissertação (mestrado) – UFMG. Belo Horizonte, Universidade Federal de Minas Gerais, 2010.

PONTES, Martisalém Covas. *Uma caminhada de luta.* São Paulo: Exlibris, 2014.

RESENDE, André Lara. Estabilização e reforma: 1964-1967. In: ABREU, Marcelo de Paiva (Org.). *A ordem do progresso.* Cem anos de política econômica republicana, 1889-1989. Rio de Janeiro: Campus, 1990.

RIZEK, Cibele Saliba. *Osasco: 1968, a experiência de um movimento.* Dissertação (mestrado) – PUC/SP. São Paulo, Pontifícia Universidade Católica de São Paulo, 1988.

ROSA, Maria Inês. *A indústria brasileira na década de 60:* as transformações nas relações de trabalho e a estabilidade. Dissertação (mestrado) – Unicamp. Campinas: Universidade Estadual de Campinas, 1982.

ROVAI, Marta. *Osasco 1968:* a greve no masculino e feminino. Salvador: Editora Pontocom, 2013.

______. A memória na luta contra o trauma: significados da greve de Osasco em 1968 nas narrativas dos trabalhadores, *Revista Mundos do Trabalho*, v. 6, n. 11, 2014.

SADER, Eder. *Quando novos personagens entraram em cena:* experiências, falas e lutas dos trabalhadores da Grande São Paulo (1970-80). São Paulo: Paz e Terra, 1988.

SILVA, Roque Aparecido da. A greve de 1968 em Osasco. In: GARCIA, Marco Aurélio; VIEIRA, Maria Alice (Eds.). *Rebeldes e contestadores* – 1968, Brasil, França e Alemanha. São Paulo: Fundação Perseu Abramo, 2008.

SILVER, Beverly. *Forças do trabalho:* movimentos dos trabalhadores e globalização desde 1870. São Paulo: Boitempo, 2005.

THEBERGE, James D.; FONTAINE, Roger W. *Latin America:* struggle for progress. Lexington, MA: Lexington Books, 1977.

VALERIANO, Maya Damasceno. *O processo de precarização das relações de trabalho e a legislação trabalhista:* o fim da estabilidade no emprego e o FGTS. Dissertação (mestrado) – UFF. Niterói, RJ: Universidade Federal Fluminense, 2008.

VENTURA, Zuenir. *1968, o ano que não terminou.* Rio de Janeiro: Objetiva, 2013.

WEFFORT, Francisco. Participação e conflito social: Contagem e Osasco, 1968. *Cadernos CEBRAP*, n. 5, 1972.

WOLFF, Cristina Scheibe. O gênero da esquerda em tempos de ditadura. In: PEDRO, Joana Maria; WOLFF, Cristina Scheibe (Orgs.). *Gênero, feminismo e ditaduras no Cone Sul*. Florianópolis: Ed. Mulheres, 2010.

"Operação Ibiúna": XXX Congresso da UNE sob o olhar da repressão política

Pedro Ernesto Fagundes

O ano de 1968, chamado por muitos de o "ano que não terminou", representou um marco político, comportamental, artístico e cultural do século XX. Durante o chamado "momento 68" (Ridenti, 2009:81-90), os fatos e acontecimentos projetaram a data como um dos marcos simbólicos da história recente.

Neste texto, analisaremos um dos acontecimentos mais destacados entre os episódios de 1968: o XXX Congresso da União Nacional dos Estudantes (UNE), realizado na cidade de Ibiúna, no interior de São Paulo. O evento estudantil de Ibiúna compõe uma longa lista de manifestações, protestos e enfrentamentos protagonizados pelas forças policiais e pelos militantes estudantis nas principais cidades brasileiras entre 1964 e 1968. Basta verificar que um dos primeiros alvos dos golpistas de 1964 foi a sede da UNE, invadida e incendiada nos momentos iniciais pós-golpe. Igualmente impactantes foram as proibições, as perseguições, a abertura de uma Comissão Parlamentar de Inquérito (CPI) contra a entidade. A UNE e, sobretudo, o movimento estudantil foram considerados um dos principais setores que apoiaram o presidente João Goulart (1961-1964). Tentando cercear as atividades dos estudantes, os militares criaram uma legislação específica para as entidades estudantis: a Lei Suplicy,[1] que visava impedir o funcionamento da entidade.

Em 1968 esses episódios repressivos alcançaram seu grau máximo de violência. Podemos citar como exemplo dessa situação as mobilizações contra o Acordo

[1] Lei nº 4.464, de 4 de novembro de 1964, que assim se tornou conhecida porque o autor da proposta foi o então ministro da Educação Flavio Suplicy de Lacerda. Para maiores informações, ver Valle (1999:33).

MEC/Usaid,[2] o assassinato do estudante Edson Luís, a "sexta-feira sangrenta", a Passeata dos Cem Mil, a batalha da Maria Antônia, enfim, uma série de atos ao longo daquele ano que incitaram a atenção das forças de segurança em torno do "problema estudantil".

Entre os militares e setores da grande imprensa, a UNE era chamada de "ex-UNE" e era considerada uma entidade ilegal desde 1964. Assim, no contexto de 1968, conviver com reuniões fechadas, assembleias clandestinas, ou mesmo realizar congressos em lugares alternativos, como igrejas e mosteiros, já fazia parte do cotidiano do movimento estudantil brasileiro. Esse acúmulo de enfrentamentos teve seu ponto culminante na chamada "queda" do congresso de Ibiúna.

Dessa forma, o objetivo central deste estudo é analisar os acontecimentos pós-congresso da UNE a partir de documentos dos órgãos de repressão, notadamente um Inquérito Policial Militar (IPM) elaborado pelo Departamento Estadual de Ordem Política e Social de São Paulo (Deops/SP), chamado de "Operação Ibiúna".[3]

Até então pouco conhecido, o município de Ibiúna está localizado no estado de São Paulo, a 1.033 km de Brasília, capital federal e sede das principais instâncias do poder político-administrativo do Brasil. Mas durante algumas semanas, a partir de outubro de 1968, essa cidade se tornou o centro das atenções e tensões da política e, principalmente, da polícia. Tudo porque, em 12 de outubro, integrantes das forças policiais invadiram o sítio na zona rural de Ibiúna onde estavam acontecendo os trabalhos do XXX Congresso da UNE. Na ação, as principais lideranças estudantis brasileiras acabaram sendo presas.

Nos dias seguintes os principais jornais e revistas dedicaram várias páginas e fotos ao acontecimento que, definitivamente, colocou a cidade no mapa político brasileiro. Os fatos que marcaram a "queda" do XXX Congresso da UNE já foram abordados em livros e trabalhos acadêmicos.[4] Em linhas gerais, as

---

[2] Os acordos entre o Ministério da Educação brasileiro (MEC) e a United States Agency for International Development (Usaid), conhecidos como acordos MEC-Usaid, foram uma série de instrumentos que atingiriam todos os níveis da educação brasileira (ensinos fundamental, médio e superior). Entretanto, sua ação mais notória foram as propostas direcionadas para o ensino superior, chamadas genericamente de Reforma Universitária, efetivada com a edição da Lei nº 5.540, em 28 de dezembro de 1968.

[3] Atualmente, esse conjunto documental encontra-se custodiado e disponível para consulta nos acervos do Arquivo Público do Estado de São Paulo (Apesp) e do Arquivo Nacional (AN).

[4] Para maiores informações sobre o XXX Congresso da UNE, ver Valle (1999).

fontes utilizadas na elaboração dessas análises são reportagens dos meios de comunicação (jornais e revistas) ou depoimentos de ex-militantes estudantis detidos.[5] Entretanto, os eventos posteriores às detenções em massa são pouco conhecidos, sobretudo os desdobramentos da prisão de centenas de jovens que participavam do congresso.

Nesse sentido, utilizaremos como fonte principal documentos produzidos pela polícia política paulista, especialmente um dossiê chamado de "Operação Ibiúna". Contendo centenas de páginas, esse documento policial reuniu informações sobre os principais esforços e etapas da ação das forças de segurança, que culminaram com as prisões e posterior abertura dos processos contra os dirigentes estudantis detidos em Ibiúna. Abrangendo 112 páginas, o primeiro volume desse conjunto documental, datado de 12 de outubro, foi divido em três partes.

A primeira parte, denominada "Plano de ação", descreve as atividades de levantamento de informações sobre o local e a data do congresso estudantil. Após apontar as "nítidas" ligações políticas entre o movimento estudantil e países como Cuba e China, os agentes passaram a tratar efetivamente das atividades de monitoramento. O passo seguinte, segundo o documento, foi realizar um levantamento geral sobre o local do evento: o sítio Murundu, localizado em Ibiúna, na região policial de Sorocaba.

Todas as investigações do "Plano de ação" foram coordenadas por quatro delegados do Deops/SP – entre eles o "notório" delegado Romeu Tuma[6] – e contaram ainda com a participação da delegacia de Sorocaba. Os agentes elaboraram um relatório com informações sobre características topográficas, pontos de saída e de segurança dos estudantes.

Essa informação ratifica um dado fundamental sobre as prisões durante o congresso: segundo o documento, desde os primeiros dias de outubro de 1968, as forças de segurança de São Paulo tinham conhecimento do local do evento. Tal informação surgiu a partir de observações de moradores locais que suspeitaram,

---

[5] Alguns desses depoimentos podem ser consultados em Dirceu e Palmeira (1998) e Reis Filho e Moraes (1988).

[6] Romeu Tuma, entre 1966 e 1983, foi delegado do Deops/SP. Durante o governo do presidente José Sarney (1985-1990) ocupou o posto de superintendente da Polícia Federal (PF), na mesma época em que os arquivos dos Dops estaduais foram levados para a PF. Entre 1994 e 2002 ocupou a cadeira de senador pelo estado de São Paulo. Faleceu em 2009, aos 79 anos. Fonte: <http://memoriasdaditadura.org.br/>.

em 7 de outubro, da presença de 10 estudantes estranhos na cidade. Segundo esse documento, alertada pela população, a força de segurança de São Paulo adotou uma "técnica de contrainformação" enquanto preparava uma ampla operação para capturar todos os estudantes. Inclusive com o conhecimento da data e do local exato do XXX Congresso da UNE.

Outro dado importante registrado no documento é que a polícia política paulista fez contato e troca de informações com outros Deops – da Guanabara, Minas Gerais e Rio Grande do Sul – para monitorar movimentos de desembarque de possíveis delegados em rodoviárias, aeroportos e em pontos estratégicos da cidade de São Paulo.

A segunda parte do dossiê ocupa apenas 11 linhas. Esse trecho aborda a operação montada que resultou na invasão e na prisão, segundo o documento, dos 693 participantes do XXX Congresso da UNE. Atuaram na operação 95 agentes do Deops/SP. A ação contou ainda, sem precisar o número de agentes, com o auxílio da Delegacia Regional de Sorocaba e de militares do 7º Batalhão da Força Pública de São Paulo, atualmente denominada Polícia Militar do Estado de São Paulo (PM/SP).

O documento registra que as prisões ocorreram de forma "fulminante" e "sem violência", ou seja, faz autoelogios à precisão da ação de invasão e captura de centenas de estudantes sem precisar "disparar um tiro". Ainda com o intuito de desqualificar os estudantes, em outro trecho do mesmo documento os agentes fizeram questão de registrar informações colhidas em depoimentos dos funcionários do Sítio Murundu sobre um "verdadeiro festival de luxúria e orgias sexuais praticadas pelos estudantes" durante os dias do congresso.

Para os agentes da repressão, as questões de cunho moral, melhor dizendo, a suposta falta de princípios morais dos militantes estudantis era mais um traço típico da "degenerescência" de valores e costumes dos chamados subversivos. Costumeiramente, os mesmos documentos que faziam análises sobre o comportamento político também serviam para analisar a vida e a orientação sexual dos militantes. Depois de prender e indiciar todos os participantes do XXX Congresso da UNE, os agentes do Deops/SP passaram a realizar o levantamento de informações sobre os detidos. Esse conjunto documental foi chamado de "Operação Ibiúna".

Os documentos da Operação Ibiúna

O maior volume de informações sobre os detidos foi registrado entre as páginas 6 e 103 da "Operação Ibiúna". Aí foram compilados os dados dos 693 participantes, entre estudantes, jornalistas e funcionários do Sítio Murundu. O interessante é que o extenso documento registra informações gerais sobre os estudantes.

O trabalho de identificação e registro dos militantes estudantis presos em Ibiúna produziu um conjunto de documentos, sobretudo fotografias, referentes aos principais dirigentes estudantis brasileiros. Os agentes do Deops/SP reuniram fotos e informações sobre os estudantes das delegações estaduais. Meticulosamente foram registrados em fichas os nomes, endereços e fotografias de todos os detidos.

Como demonstra o quadro abaixo, esse documento converteu-se em um verdadeiro "catálogo" sobre as principais lideranças estudantis do país. A análise do dossiê sobre os detidos em Ibiúna indica que a maior delegação foi a paulista. Em seguida vinham as delegações da Guanabara, Minas Gerais e Bahia.

Relação de estudantes detidos por estado

Estado	Nº de estudantes detidos
Alagoas	01
Bahia	54
Ceará	32
Maranhão	03
Paraíba	24
Pernambuco	39
Piauí	02
Rio Grande do Norte	06
Sergipe	09
Pará	02
Goiás	13
Distrito Federal	21
Rio Grande do Sul	37
Santa Catarina	15
Espírito Santo	13
Rio de Janeiro	16
Guanabara	105
Minas Gerais	73
São Paulo	199

Como dissemos, outro desdobramento das prisões em Ibiúna foi a possibilidade de os agentes do Deops/SP produzirem o que ficou conhecido como "álbum de fotografias". Apresentado em forma de anexo, essa parte da "Operação Ibiúna" é um verdadeiro "tesouro" dos arquivos da repressão, pois em suas 268 páginas registra informações e fotografias de todos os detidos no XXX Congresso da UNE.

Os mais destacados militantes estudantis brasileiros capturados foram registrados em fotos em preto e branco, com formato 10x8. As imagens apresentam todos os detidos de frente para a câmera, segurando placas com números de identificação. Em seu conjunto, esse documento remete à tradicional imagem dos detentos "comuns", de perfil e de frente para a câmera fotográfica, também segurando placas com números de identificação.

Os agentes do Deops/SP tiveram o cuidado de elaborar um documento à parte apenas com as fotos de 137 estudantes detidos da representação paulista. As cinco páginas que abrem o documento – com um total de 27 fotografias – mostram apenas estudantes do sexo feminino. As 19 páginas seguintes apresentam 110 fotografias dos militantes. Embaixo das fotos foram colocados, com caneta azul, os números das imagens.

Em seguida, da página 25 a 46, são descritos os dados gerais dos estudantes paulistas. Entre as informações reunidas estão: nome completo, idade, data de nascimento, endereço, nomes dos pais e local de estudo. Essa segunda parte do álbum de fotografias foi datilografada em folhas padronizadas, pois é possível observar, na parte superior, a identificação "Secretaria de Segurança Pública" e, logo abaixo, a inscrição "Dependência: Delegacia Especializada em Ordem Social".

Na parte final do documento estão as alegações dos delegados do Deops/SP, solicitando a abertura de inquéritos contra quase 70 militantes. Os argumentos são fundamentados na chamada Lei de Segurança Nacional (LSN) e, segundo o documento, o objetivo era retirar das ruas "grupos de agitadores estudantis" que estariam fomentando a desordem nas universidades.

Nos anos seguintes, o conjunto documental produzido a partir da elaboração da "Operação Ibiúna" foi utilizado como um verdadeiro "banco de dados" para a repressão política. Isso porque as informações gerais compiladas e, sobretudo, os "álbuns de fotografias" com imagens dos principais dirigentes estudantis foram uma ferramenta empregada no monitoramento e na identificação dos militantes que posteriormente foram detidos.

Um exemplo da posterior utilização dos documentos do dossiê "Operação Ibiúna" na identificação de militantes pode ser observada através de um documento produzido pela Agência São Paulo do Serviço Nacional de Informações (SNI). Segundo o Encaminhamento nº 140/SNI/ASP, de 2 de fevereiro de 1969, a Secretaria de Segurança Pública do Estado de São Paulo teria enviado cópias da chamada "Operação Ibiúna" para a Agência Central do SNI.[7] O mesmo documento indica que cópias também foram despachadas para as agências do SNI de Belo Horizonte e da cidade do Rio de Janeiro.

Como veremos a seguir, enquanto a polícia política paulista concentrava sua atenção em atividades rotineiras de fichamentos, transferências e interrogatórios para a elaboração do dossiê "Operação Ibiúna", em diversas cidades do país os militantes estudantis realizaram numerosas manifestações de solidariedade e protestos contra as prisões dos delegados do Congresso de Ibiúna.

A reação dos estudantes: "Cães fascistas, nós somos a UNE"

Os jornais registraram essas manifestações de solidariedade aos "presos de Ibiúna". Por exemplo, no dia 14 de outubro, enquanto os agentes da segurança pública de São Paulo reforçavam as guarnições do Deops e do presídio Tiradentes, cerca de 2 mil estudantes realizaram uma reunião no Centro de Práticas Esportivas da USP (Cepeusp).[8] Segundo a imprensa paulistana, os estudantes debateram formas de auxiliar os colegas detidos, inclusive com a contratação de advogados, e decidiram permanecer em assembleia permanente a fim de denunciar a repressão contra os militantes. Foi também noticiado que alunos da Universidade de Brasília (UnB) haviam realizado protestos contra as prisões em Ibiúna. Por outro lado, foi divulgado que a Secretaria de Segurança Pública do Estado de São Paulo anunciava preparativos para processar os estudantes presos. Outra informação importante dizia respeito aos preparativos para a remoção de parte dos detidos para outros presídios da capital, inclusive para a penitenciária do Carandiru. Em meio a essas notícias, os protestos estudantis se multiplicavam pelo país.

---

7 Encaminhamento nº 140/SNI/ASP. Acervo SNI. Arquivo Nacional.

8 *Folha de S. Paulo*, 14 out. 1968, p. 6.

No Ceará, também no dia 14 de outubro, aconteceu uma manifestação convocada pelo Diretório Central dos Estudantes (DCE) da Universidade Federal do Ceará (UFC). Segundo a imprensa, os universitários cearenses ocuparam as ruas centrais de Fortaleza em solidariedade aos colegas presos. Em Belém, também foi registrada uma distribuição de panfletos em protesto contra as detenções. Homens do Dops local prenderam dois estudantes que faziam a distribuição dos impressos.[9] Em Belo Horizonte, estudantes universitários e secundaristas, com o apoio de professores, decidiram iniciar uma greve geral em protesto contra as prisões em Ibiúna.[10] Em Curitiba, cerca de 600 estudantes iniciaram uma passeata em frente à Faculdade de Direito, no centro da cidade. Durante todo o ato, diversos estudantes se revezaram nos discursos de solidariedade aos presos no XXX Congresso da UNE.[11]

O jornal *Folha de S. Paulo*, em sua edição do dia 16 de outubro, relatou novos protestos em Brasília. Em duas outras capitais nordestinas o clima de descontentamento gerou protestos e prisões. Em Salvador, os estudantes incendiaram três viaturas da polícia. Imbuídas do mesmo descontentamento, apesar da prisão de oito universitários, as entidades estudantis de Recife conseguiram realizar protestos no centro da cidade. Ainda segundo a imprensa, em Florianópolis os estudantes reunidos em assembleia marcaram novos protestos e uma passeata contra as prisões em Ibiúna.

Assim como em outras cidades, no dia 16 de outubro houve um grande protesto em Vitória, convocado pelo DCE da Universidade Federal do Espírito Santo (Ufes). Durante o ato os estudantes utilizaram outras formas de protesto, como pichações, corrida a pé na contramão do tráfego para fugir da polícia e comícios relâmpago. Vários locais do centro da cidade foram pichados. Prédios públicos foram os principais alvos, entre eles a frente do Restaurante Universitário (RU) e a fachada da sede da Empresa de Correios e Telégrafos. Não escaparam da ira estudantil nem mesmo ônibus que faziam o transporte coletivo de passageiros. Como é possível observar na foto abaixo, numa dessas pichações os estudantes escreveram a seguinte frase contra os militares: "Abaixo os gorilas". Entre indignação e solidariedade, os protestos contra as prisões em Ibiúna se espalharam pelo país.

---

[9] *O Globo*, 15 out. 1968, p. 23.

[10] *Folha de S. Paulo*, 16 out. 1968, p. 13.

[11] *O Globo*, 15 out. 1968, p. 23.

Arquivo Público do Estado do Espírito Santo: Fundo Dops, 15 de outubro de 1968

Epicentro das grandes mobilizações do primeiro semestre de 1968, o Rio de Janeiro foi novamente palco dos protestos mais violentos contra as prisões em Ibiúna. As ações mais ousadas começaram no dia 15 de outubro, quando um grupo de estudantes ligados à União Municipal de Estudantes (UME) invadiu e ocupou a antiga sede da UNE.[12] Reprimidos, segundo a imprensa, os estudantes entraram em conflito com a polícia, inclusive incendiando uma viatura policial.

Nos dias seguintes, os estudantes do Rio de Janeiro realizam uma série de manifestações e protestos. Contudo, os atos mais violentos, que tiveram como saldo três mortes, ocorreram entre os dias 22 e 23 de outubro. Os números trágicos desses eventos serviram para que os representantes do governo militar fechassem o cerco contra os militantes do movimento estudantil.

A contundente repressão das forças de segurança contra as passeatas e manifestações comandadas pelas entidades estudantis tiveram como efeito o arrefecimento dos protestos de rua em todo o país. Entretanto, coube aos familiares dos presos permanecer mobilizados. Como veremos a seguir, foi nesse contexto que surgiu a chamada "União das mães de São Paulo contra a violência".

---

[12] *Folha de São Paulo*, 16 out. 1968, p. 13.

"União das mães de São Paulo contra a violência"

Como dissemos, os protestos contra as prisões em Ibiúna não se restringiram às entidades estudantis. Tanto que, nas semanas posteriores, a imprensa repercutiu as manifestações de parentes dos presos em busca de informações e solidariedade. Chamado de "União das mães de São Paulo contra a violência", esse grupo procurou, em primeiro lugar, recolher detalhes sobre a localização e as condições físicas dos estudantes detidos. Entre as ações do grupo de mães, foi registrada a tentativa de conseguir um *habeas corpus* coletivo para os presos. Outras iniciativas foram uma "vigília permanente" na clínica de psicologia da USP e uma campanha de doação de alimentos e roupas que, segundo a imprensa, foram entregues aos estudantes presos.[13] Outra manifestação dos familiares aconteceu em 16 de outubro. Nesse dia, um grupo de mães, empunhando cartazes, realizou um protesto em frente ao presídio Tiradentes.[14]

As principais reclamações da entidade que representava os parentes dos detidos, segundo a imprensa, eram a falta de remédios, a qualidade da comida e a incomunicabilidade, que atingia inclusive os advogados dos estudantes. Nas semanas seguintes, depois de indiciados, a maioria dos estudantes presos em Ibiúna foi sendo solta gradativamente. Até a decretação da liberdade dos últimos presos, em 12 de dezembro de 1968, as "mães de Ibiúna" permaneceram em prontidão.

Outras informações sobre as atividades da "União das mães" surgiram a partir da pesquisa sobre a trajetória política de uma de suas integrantes mais célebres: Therezinha Godoy Zerbini, advogada e, na época, funcionária da Empresa Brasileira de Correios e Telégrafos.[15] O envolvimento da futura dirigente do Movimento Feminino pela Anistia (MFPA) foi um dos desdobramentos das investigações após o Congresso de Ibiúna, uma vez que a família de Zerbini tinha ligações com o proprietário do chamado Sítio Murundu, local que sediou o XXX Congresso da UNE. Por conta disso, Therezinha Zerbini passou algum tempo presa. O início da detenção foi na sede do Destacamento de Operações de Informação – Centro de Operações de Defesa Interna (DOI-Codi) de São Paulo. Nas semanas seguintes, entre a sede do Deops e o presídio Tiradentes.

---

[13] *O Globo*, 15 out. 1968, p. 23.

[14] *Folha de S. Paulo*, 17 out. 1968, p. 20.

[15] Therezinha Godoy Zerbini era casada com o general Euryale de Jesus Zerbini, militar cassado por se colocar contra o golpe de 1964.

A futura dirigente do MFPA, mesmo depois de solta, foi indiciada em um Inquérito Policial Militar (IPM). Como dissemos, o motivo da prisão e do inquérito foi o fato de o Sítio Murundu pertencer a conhecidos da família de Therezinha Zerbini. Segundo os documentos, Zerbini teve que prestar depoimentos sobre sua ligação com Domingos Simões – caseiro do Sítio Murundu –, que estabeleceu as tratativas junto aos freis dominicanos para a realização do evento na propriedade de Ibiúna.

Em 12 de março de 1970, o tenente-coronel Walter José Faustini, chefe do SNI/ASP, enviou um ofício ao diretor do Deops/SP solicitando cópias dos depoimentos prestados por Therezinha Zerbini àquele órgão. Poucos dias depois, em 19 de março, o delegado Newton Fernandes respondeu à solicitação e remeteu ao SNI/ASP cópias de documentos com três depoimentos da "indiciada".

O primeiro depoimento aconteceu em 11 de novembro de 1969, no Deops/SP. Após esclarecer as ligações entre a depoente e Domingos Simões, caseiro do Sítio Murundu que esteve foragido depois da chegada da polícia ao Congresso da UNE, o foco dos agentes da polícia foi levantar informações sobre os contatos de Therezinha Zerbini com os religiosos da ordem dominicana.[16] No depoimento, foram citados, sempre de forma positiva, os contatos com frei José Azevedo, frei Ivo, frei Calegari e frei Tito de Alencar. Ainda segundo o depoimento, Therezinha Zerbini conhecera os freis dominicanos no curso de Serviço Social da Pontifícia Universidade Católica (PUC/SP). Posteriormente, fora informada das atividades políticas dos religiosos, sobretudo durante os preparativos para a realização do XXX Congresso da UNE. Outro assunto abordado pelos agentes do Deops/SP diz respeito às atividades da chamada "União das mães de São Paulo contra a violência". Therezinha Zerbini informou que participara de reuniões da "União de mães" nos seguintes locais: no salão de conferências do Convento dos Dominicanos, no Teatro de Arena e, depois, na *Sedes Sapientiae*.[17] Perguntada sobre os nomes de outras participantes do grupo, ela afirmou "não recordar de todos".

O segundo depoimento foi feito dois dias depois, em 13 de novembro de 1969, novamente nas dependências do Deops/SP. Dessa vez, as perguntas foram mais

[16] Para maiores informações sobre os religiosos dominicanos, ver Betto (1987).

[17] O Instituto *Sedes Sapientiae*, localizado na região de Perdizes, em São Paulo, é um centro multidisciplinar sem fins lucrativos, reconhecido como um grande polo de estudo sobre saúde mental, educação e filosofia. Sempre atuou na defesa dos direitos humanos. Ver: <http://sedes.org.br/site/>.

específicas sobre as atividades de Domingos Simões. O terceiro depoimento ocorreu no dia 25 de fevereiro de 1970, no mesmo local e com o mesmo delegado dos depoimentos precedentes. Nessa oportunidade, Therezinha Zerbini começou afirmando que "não tem nenhuma retificação a fazer" em relação aos interrogatórios anteriores. Mesmo assim, durante esse novo interrogatório, o delegado a questionou sobre seus contatos com os militantes estudantis, os assuntos tratados com frei Tito e os encontros da "União de mães de São Paulo contra a violência". Como dissemos, todas essas informações levantadas foram solicitadas pela chefia do SNI. Segundo o Informe nº 156/70 da Agência São Paulo do SNI, datado de 19 de junho de 1970, o motivo da solicitação foi levantar informações sobre uma pessoa "suspeita" que teria conversado durante algum tempo com Therezinha Zerbini na agência dos correios da avenida São João, local de trabalho da investigada.

Se para muitos militantes estudantis a participação no XXX Congresso da UNE resultou em prisão, fichamento e posterior identificação via "álbum de fotografias", para Therezinha Zerbini esse evento sedimentou sua entrada na galeria de "suspeito de subversão". Posteriormente, como indica um dos primeiros documentos produzidos pela Agência São Paulo do SNI sobre o surgimento do MFPA, em 1975, essa passagem pela prisão foi reportada.

No Encaminhamento nº 2168/19/ASP/SNI, de 23 de junho de 1975, os agentes apresentam um recorte da revista *Visão* que, entre outras informações, relata a "fundação do Movimento Feminino Pela Anistia por um grupo de mulheres paulistas lideradas por Therezinha Godoy Zerbini". O documento da Agência São Paulo do SNI menciona esse fato da seguinte forma: "[...] a mesma foi condenada a 6 (seis) meses de detenção acusada de exercer atividades subversivas, tendo sido posta em liberdade aos 21/12/70, por cumprimento total da pena." [18]

Sendo assim, os desdobramentos das prisões em Ibiúna repercutiram por muito tempo. Para muitos, participar direta ou indiretamente daquele evento significou um período na prisão, problemas acadêmicos e, posteriormente, o rótulo de subversivo. Esse é um dos aspectos fundamentais da "queda" do Congresso de Ibiúna: seus efeitos posteriores. Podemos classificar esses efeitos em dois momentos: um primeiro momento marcado por desdobramentos que atingiram imediatamente os dirigentes do movimento estudantil e um segundo momento, por ações que repercutiram no cotidiano acadêmico.

[18] Encaminhamento nº 2168/19/ASP/SNI, Acervo: SNI. Arquivo Nacional.

No primeiro momento podemos apontar a prisão das principais lideranças estudantis brasileiras como o abalo mais significativo no movimento estudantil. Simultaneamente, quase 700 militantes foram afastados da atuação nas entidades estudantis, especialmente da direção da UNE. Nos meses subsequentes, diversas entidades estudantis em nível local e estadual (DCEs e UEEs) foram fechadas. Dessa forma, os estudantes perderam seus mais destacados canais de expressão.

Ainda entre as repercussões imediatas das prisões podemos apontar a própria elaboração do dossiê "Operação Ibiúna". Numa única ação os agentes do Deops/SP tiveram acesso privilegiado a informações sobre os principais dirigentes estudantis brasileiros. Através das fichas de identificação e do chamado "álbum de fotografias" os integrantes da polícia política paulista produziram um conjunto de informações fundamentais – endereços, fotografias e dados acadêmicos – sobre esses militantes. Dessa forma, podemos afirmar que a "Operação Ibiúna" foi, durante a ditadura militar, a operação policial mais efetiva contra o movimento estudantil.

Num segundo momento, a "queda" do XXX Congresso de Ibiúna teve efeitos no recrudescimento da repressão nas universidades. Nos anos subsequentes, o governo militar ampliou as atividades, os instrumentos e a estrutura da repressão e do monitoramento no interior dos *campi*. Uma dessas "inovações" foi o chamado Decreto nº 477, de fevereiro de 1969.[19] Tal decreto foi mais um instrumento típico do estado ditatorial brasileiro, tanto que foi chamado pelos membros da comunidade universitária de "AI-5 do movimento estudantil". Seus seis artigos são mais um exemplo de como os militares utilizaram instrumentos jurídicos de exceção para limitar as manifestações da oposição.

No mesmo sentido, por meio da Portaria nº 10, BSB, de 13 de janeiro de 1971, foi decidida a criação das primeiras assessorias especiais de segurança e informação (Aesis).[20] A partir do surgimento desse mecanismo específico, o aparato de vigilância adquiriu um importante instrumento para a coleta de informações dentro das universidades.[21] As prioridades desses órgãos eram: coleta de informações sobre atividades das lideranças estudantis e professores; controle da nomeação para cargos, viagens de docentes e discentes para eventos

---

19 Para maiores informações sobre os efeitos do Decreto nº 477, ver Fagundes (2013, v. 5, p.295-316).

20 Como observa Rodrigo Patto Sá Motta (2014), era comum encontrar o uso das duas siglas, Aesi e ASI. Contudo, no período final da ditadura militar, a denominação mais comumente utilizada era ASI.

21 Para maiores informações sobre a repressão política nas universidades, ver Motta (2014).

científicos; censura de livros; proibição de manifestações; confisco de material considerado "subversivo", entre outras. Assim, as Aesis atuaram como mais um mecanismo de controle e vigilância da chamada "Comunidade de Informação".

A criação das ASI/Aesis representou uma violência cotidiana no interior das universidades. Outro aspecto importante a destacar – além da ameaça de prisão, tortura, expulsão ou morte – é que essa estrutura de repressão significou a ação permanente de um instrumento de intimidação e ameaça para discentes, professores e funcionários. Representou, também, o estabelecimento de práticas rotineiras de invasão da intimidade de cidadãos não engajados em movimentos de resistência armada. Dessa forma, a violência, a suspensão, a desconfiança, o sigilo e o silêncio passaram a compor o cotidiano, sobretudo, das universidades. O emprego dessa tática serviu para – momentaneamente – silenciar, desarticular e desorganizar as entidades estudantis.

A partir do adensamento da repressão política, foi colocada em prática uma série de iniciativas contra os setores da oposição em geral, e os militantes estudantis em particular. Assim, uma das principais marcas desse período foi a estruturação de um amplo aparato para vetar os últimos espaços de contestação ao regime.

A situação do movimento estudantil depois de Ibiúna

Retomando a "Operação Ibiúna", as mobilizações das entidades estudantis e da "União das mães" surtiram efeito, e em 12 de dezembro de 1968, depois de quase dois meses de protestos, os últimos estudantes detidos foram libertados. E exatamente um dia após a libertação do último detido o governo militar editou seu mais notório Ato Institucional. Em 13 de dezembro, pouco mais de 60 dias depois da queda do Congresso de Ibiúna, os hierarcas do regime militar decretaram o chamado Ato Institucional nº 5.[22]

[22] Editado durante o governo do general Costa e Silva (1967-1969), esse decreto foi o sinal mais evidente da decomposição do cenário político e econômico da época. Foram muitos os argumentos utilizados pelos militares para assinar o AI-5, entre eles: o adensamento das manifestações estudantis de 1968, um episódio envolvendo sindicalistas – durante as comemorações do dia 1º de maio – e o governador do estado de São Paulo, e os primeiros indícios da atuação de grupos que aderiram à luta armada. Esses episódios serviram como sinal de alerta para a necessidade de endurecimento do governo militar. O pretexto final para o "fechamento" do regime foi a recusa do Congresso Nacional a autorizar a abertura de um processo contra o deputado federal Moreira

A partir do AI-5 seria possível suspender o direito de *habeas corpus*; julgar civis acusados de crimes políticos por tribunais militares; demitir, remover, aposentar funcionários civis e militares; demitir ou remover juízes e decretar o estado de sítio sem restrições. A partir dessa data, os militares obtiveram plenas prerrogativas para agir em todos os espectros da sociedade, em parte atendendo a um clamor das tropas que existia desde 1964.

Em outras palavras, o ambiente político no Brasil pós-1968 teve como uma de suas principais consequências para o movimento estudantil a desarticulação das entidades estudantis mais relevantes e o cerceamento das atividades políticas dos dirigentes estudantis mais engajados. Apesar disso, recorrendo a espaços alternativos, os militantes estudantis continuaram suas ações no interior das universidades, inclusive durante os chamados "anos de chumbo".

Como as recentes pesquisas sobre o movimento estudantil brasileiro durante a década de 1970 indicam, apesar do contexto adverso, houve continuidade na organização do movimento depois do AI-5. Durante esse período foi possível realizar alguns protestos (Cancian, 2010), retomar as atividades culturais (Pellicciotta, 1997), imprimir jornais alternativos e assistir ao surgimento de novas tendências estudantis (Araujo, 2000), assim como de novas reivindicações e formas de mobilização (Müller, 2016). Ou seja, os militantes estudantis continuaram ativos e com papel de destaque durante todos os episódios da transição política brasileira (Lacerda, 2017). A própria UNE retornaria suas atividades com a realização de seu congresso de reorganização em 1979. Contudo, como indicam as inúmeras celebrações dessa efeméride, o "mito de 1968" permanece inalterado.

Referências

ARAUJO, Maria Paula Nascimento. *A utopia fragmentada:* as novas esquerdas no Brasil e no mundo na década de 1970. Rio de Janeiro: Fundação Getulio Vargas, 2000.

BETTO, Frei. *Batismo de sangue:* os dominicanos e a morte de Carlos Marighella. Rio de Janeiro: Ed. Bertrand Brasil, 1987.

Alves, que teria sugerido um "boicote" aos militares em virtude da repressão contra os estudantes. O AI-5, entre outras medidas, autorizou o fechamento do Congresso Nacional, das Assembleias Legislativas e das Câmaras Municipais. O decreto permitia, sem impor limites para a Presidência, suspender direitos políticos, legislar por decreto e baixar atos institucionais e complementares.

CANCIAN, Renato. *Movimento estudantil e repressão política:* o ato público na Pontifícia Universidade Católica de São Paulo (1977) e o destino de uma geração de estudantes. São Carlos: Editora da Universidade Federal de São Carlos (Edufscar), 2010.

DIRCEU, José; PALMEIRA, Vladimir. *Abaixo a ditadura:* o movimento contado por seus líderes. Rio de Janeiro: Garamond, 1998.

FAGUNDES, Pedro Ernesto. Universidade e repressão política: o acesso aos documentos da assessoria especial de segurança e informação da Universidade Federal do Espírito Santo (Aesi/Ufes). *Tempo e Argumento*, v. 5, p. 295-316, 2013.

LACERDA, Gislene E. *A história em disputa: o movimento estudantil e a transição democrática brasileira.* Curitiba: Ed. Prismas, 2017.

MOTTA, Rodrigo Patto Sá. *As universidades e o regime militar.* Rio de Janeiro: Zahar, 2014.

MÜLLER, Angélica. *O movimento estudantil na resistência à ditadura militar (1969-1979).* Rio de Janeiro: Garamond, 2016.

PELLICCIOTTA, Mirza Maria Baffi. Uma aventura política: as movimentações estudantis dos anos 70. Dissertação (mestrado) – Universidade Estadual de Campinas, Instituto de Filosofia e Ciências Humanas, 1997.

REIS FILHO, Daniel Aarão, MORAES, Pedro. *1968:* a paixão de uma utopia. Rio de Janeiro: Espaço e Tempo, 1988.

RIDENTI, Marcelo. A época de 1968: cultura e política. In: FICO, Carlos; ARAÚJO, Maria Paula. *1968, 40 anos depois:* história e memória. Rio de Janeiro: Ed. 7 Letras, 2009. p. 81-90.

VALLE, Maria Ribeiro do. *1968:* o diálogo e a violência: movimento estudantil e ditadura militar no Brasil. Campinas: Ed. da Unicamp, 1999.

Polícia e manifestantes nas ruas do Rio de Janeiro (1968-1978/1979)*

Camille Goirand

Os movimentos de protesto que ocorreram em 2011 nas avenidas e nas praças de Túnis e do Cairo a partir de janeiro, nas praças da Espanha a partir do mês de maio, ou ainda no coração de Nova York em setembro encontram-se em ressonância com os eventos de protesto situados em outro tempo da história, que ensejaram mudanças políticas.[1] Eles fazem eco, portanto, aos movimentos de oposição aos regimes autoritários dos anos 1960 e 1970 na América Latina, quando manifestações de rua foram reprimidas e seguidas de uma consolidação das instituições autoritárias – por exemplo, no Brasil e no México em 1968 –, mas sobretudo à sucessão de eventos de protesto que prefiguraram ou levaram à abertura dos regimes militares e, por vezes, a seu rápido desmantelamento – na Argentina em 1980-1982, no Chile entre 1983 e 1986 e no Brasil em 1977-1979 e depois em 1984.

Apesar da recorrência histórica, nas fases de mudança política, de movimentos contestatórios, os analistas dessas questões por vezes não deram importância ao papel desempenhado pelos encontros de manifestantes nas ruas nos períodos de queda dos regimes representativos (Linz e Stepan, 1978) ou, inversamente, de transições democráticas (O'Donnell, Schmitter e Whitehead, 1986). Em relação a estas últimas, a perspectiva institucional abordou as aberturas liberais como resultado de negociações que permitiram a resolução dos conflitos e uma redistribuição dos recursos entre as elites. A observação das transições ditas "pactuadas" levou, assim, a pensar que os fatores decisivos das mudanças de regimes políticos ligavam-se ao equilíbrio

---

* Tradução de Mariana Portella.

1 Sobre esse tema, ver Ancelovici, Dufour e Nez (2016).

interno dos grupos que exerciam o poder ou ao "cansaço" de seus dirigentes.[2] Nessas condições, a expressão organizada dos descontentamentos em desfiles de rua ou ocupações temporárias de lugares públicos nos centros das cidades só poderia surtir efeitos marginais.

No entanto, nos países do Cone Sul da América Latina, as mudanças de regime foram acompanhadas por movimentos de protesto. No Brasil, apesar da violência da repressão, os anos que se seguiram ao golpe de Estado de 1964 foram marcados por muitas manifestações de oposição à ditadura, sobretudo por parte do movimento estudantil. Mais tarde, as transições democráticas foram acompanhadas de mobilizações de grande amplitude, inclusive quando os manifestantes assumiram riscos significativos ao marchar pelas ruas. No Chile, entre 1983 e 1986, os moradores das grandes cidades organizaram diversos "dias de protesto nacional", que conjugaram manifestações de rua, panelaços e greves. A partir de 1980 as manifestações semanais dos defensores dos direitos humanos na praça de Maio, em Buenos Aires, ganharam uma visibilidade crescente, enquanto a campanha pela anistia dos prisioneiros políticos no Brasil se consolidou entre 1978 e 1979, com um ciclo de manifestações intensas no curso dos últimos meses. Assim, para além dos corredores dos palácios e dos quartéis, as transformações de regimes ocorreram dentro das fábricas, nas plantações de cana ou de café, nas praças ou nas ruas.

Neste texto, o olhar está focado nessas outras arenas, a fim de compreender como os confrontos imediatos participam das mudanças: como o confronto entre manifestantes e policiais nas ruas contribui para acelerar o processo de construção de um regime autoritário ou de transição para a democracia? A hipótese é a de que o impacto desses eventos varia de acordo com diversos fatores: a) as características do regime político (autoritário, liberal, híbrido); b) as características do evento de protesto (causa defendida, número de participantes, lugares etc.); c) as representações sociais de ordem e de segurança, que tornam aceitáveis ou não um certo nível de repressão violenta; d) a fase do ciclo de mobilização: de enfraquecimento ou de reforço dos protestos.

As manifestações de oposição ao regime militar que aconteceram no Rio de Janeiro entre março e julho de 1968 corresponderam a uma fase de fragilização da contestação durante a qual o governo autoritário se consolidou. A repressão dos protestos nas ruas, nas universidades e nas fábricas contribuiu, portanto,

---

[2] Essa é, por exemplo, a perspectiva adotada por Luciano Martins (1986:72-94).

para o desmantelamento dos coletivos, para a dispersão e o isolamento dos opositores, que passaram a ocupar menos espaço, perdendo assim sua visibilidade.[3] A repressão violenta respondeu a uma certa aceitabilidade social que se manifestou, no mínimo, pela ausência de participação das maiorias nos protestos e contribuiu para o processo de construção do autoritarismo.[4] Por outro lado, as manifestações organizadas no âmbito do movimento em favor da anistia dos prisioneiros políticos entre 1978 e 1979 aconteceram em uma fase ascendente, na qual a contestação ganhou força.

Procederemos assim à comparação entre duas séries de eventos de protesto ocorridos no centro da cidade do Rio de Janeiro:[5] as manifestações organizadas em março e abril de 1968 em uma fase de repressão violenta das oposições, e as passeatas que marcaram o começo da abertura do regime militar entre 1978 e 1979. Após uma breve apresentação das condições políticas nas quais esses eventos ocorreram, assim como das suas características (primeira parte), este texto proporá alguns elementos de comparação relativos às modalidades de confronto entre manifestantes e policiais, às formas de uso do espaço da rua e às formas de expressão do descontentamento político (segunda parte). A observação dessas interações será articulada, finalmente, à análise das dinâmicas de longo prazo nas quais elas se inserem (terceira parte e conclusão).

Os eventos de protesto de 1968 e de 1978-1979 no Rio de Janeiro

Os eventos de protesto de 1968 e de 1978-1979 se inscrevem em dinâmicas políticas diferentes da história do regime militar: de um lado um processo de consolidação do controle autoritário, e de outro um processo de liberalização. Essas dinâmicas encontram uma tradução concreta na oposição entre a repressão violenta e uma relativa tolerância à expressão das oposições.

---

[3] Sobre a repressão aos movimentos sociais, ver Combes e Fillieule (2011:1047-1072).

[4] Sobre esse assunto, ver Ferreira (2010:169-183).

[5] Para a presente pesquisa, foram utilizadas as seguintes fontes: relatórios policiais sobre as atividades das oposições e manifestações de rua, fotografias tiradas pelos serviços de informação, fotografias e artigos de jornais, folhetos e textos militantes coletados pela polícia. Essas fontes estão disponíveis no Arquivo Público do Estado do Rio de Janeiro (Aperj), Fundo Polícias Políticas do Rio de Janeiro, e no Arquivo Nacional, Fundo Serviço Nacional de Informações (SNI). Sobre o uso dessas fontes, ver Ishaq et al. (2012).

Após 1964, o governo consolidou progressivamente o controle militar sobre as instituições do Estado e sobre a sociedade. A partir de 1966, os estudantes mobilizados, e especialmente os membros da União Nacional dos Estudantes (UNE), foram alvo de uma repressão crescente apoiada no uso da força militar. Ao mesmo tempo, o governo consolidou a base autoritária do regime através de uma intervenção nas instituições, mais especificamente com a adoção de uma nova Constituição em janeiro de 1967 e, em seguida, com uma lei de segurança nacional especialmente repressora em março do mesmo ano. Durante a primeira metade do ano de 1968, o coração do movimento de oposição se situou na cidade do Rio de Janeiro. Após a agitação estudantil dos primeiros meses de 1968 em torno de questões diretamente ligadas à vida universitária (preço da refeição no restaurante universitário Calabouço), a morte de um estudante no Rio de Janeiro causada pela repressão policial em 28 de março de 1968 redefiniu a palavra de ordem das mobilizações.[6] Entre a morte de Edson Luís e a missa de sétimo dia celebrada na Igreja da Candelária, uma série de manifestações agitou os centros das grandes cidades do país. No Rio de Janeiro, a manifestação do 1º de abril de 1968, que correspondia ao aniversário de quatro anos do golpe de Estado, foi interditada pelo governo do estado da Guanabara e pelas autoridades federais sob a alegação de "prevenção".[7] No entanto, esse evento desencadeou uma série de protestos, com a participação de um número crescente de pessoas. Desde o golpe de Estado de 1964 os protestos nas ruas haviam envolvido principalmente o mundo estudantil, mas no coração da crise do fim de junho de 1968 as manifestações começaram a agregar outros grupos. Ao lado dos estudantes, artistas, intelectuais, funcionários públicos, advogados ou professores protestaram na famosa Passeata dos Cem Mil, em 26 de junho. Após esse momento de auge da manifestação, foram também os estudantes que constituíram um dos principais alvos das prisões e da repressão violenta que prosseguiu nos meses que se seguiram.

Dez anos mais tarde, o movimento pela anistia dos prisioneiros políticos aconteceu em um contexto bastante diferente. Ao assumir a presidência em março de 1974, o general Geisel anunciou uma *distensão*, ou seja, uma abertura limitada e progressiva das instituições. Na realidade, a distensão seguiu um

---

[6] Sobre esse período do regime militar, ver Müller (2016).

[7] Segundo comunicado do governo do estado da Guanabara publicado em 1º de abril de 1968, citado em 2 de abril pelo *Correio da Manhã* sob o título "Governo: PM agiu em legítima defesa" (AN Rio PH.TXT.805)

caminho lento, tortuoso e incerto, tendo cada concessão do regime militar à oposição apresentado, como contrapartida, uma medida de controle autoritário, como foi o caso das mudanças sucessivas do Código Eleitoral, em 1977 e 1981 (Skidmore, 1989:5-42). Apesar das fortes tensões causadas pelas resistências internas da instituição militar, a abertura se concretizou através de um alívio progressivo da censura à imprensa, da suspensão do AI-5 a partir de janeiro de 1979,[8] da anistia aos presos políticos em agosto de 1979 ou, ainda, da volta do multipartidarismo no fim de 1979. Enquanto a oposição partidária autorizada pelo regime militar encontrava um reforço nas urnas a partir de 1974, um amplo ciclo de protestos se iniciou a partir de 1977, reforçando-se progressivamente até a virada da década de 1980. Nesse momento o centro de gravidade dos protestos não estava mais situado no Rio de Janeiro, e sim em São Paulo e em sua periferia, onde emergiu uma larga variedade de movimentos sociais, em sua maioria inexistentes em 1968: movimento feminista, movimento contra a carestia, movimento pela moradia e mobilizações sindicais, em especial nas fábricas do ABC paulista a partir de 1978.

Foi nesse contexto que as reivindicações de anistia dos presos políticos emergiram, de início com o Movimento Feminino pela Anistia (MFPA) em São Paulo, que organizou vários protestos públicos já em 1977, e depois com a formação do Comitê Brasileiro pela Anistia (CBA) no Rio de Janeiro, em fevereiro de 1978, por um coletivo que reunia tanto advogados e jornalistas quanto políticos de oposição e familiares de presos. O CBA lançou então uma campanha nacional em defesa de uma "Anistia ampla, geral e irrestrita" que deu lugar a uma onda crescente de manifestações de rua no Rio de Janeiro: à medida que a campanha da anistia era implementada, a mobilização se reforçava, enquanto o medo da repressão parecia dar lugar a um clima de maior distensão. No Rio de Janeiro, durante a "semana pela anistia", organizada pelo Comitê Brasileiro pela Anistia (CBA) entre 16 e 20 de outubro de 1978, somente algumas centenas de manifestantes ousaram sair às ruas. Por outro lado, entre junho e agosto de 1979, as manifestações reuniram um "grande número de pessoas no meio da rua".[9] Para as forças da ordem, o movimento impunha a implementação de procedimentos inéditos: tratava-se de lidar com uma "uma manifestação

---

[8] O AI-5, Ato Institucional nº 5, que suspendeu as liberdades fundamentais e abriu um Estado de exceção, havia sido editado em 13 de dezembro de 1968.

[9] Relatório, DGIE – Departamento Geral de Investigações Especiais, divisão executiva, serviço de recursos especiais, 30 de julho de 1979, Aperj-PPRJ, setor DGIE – anistia, caixa 273, f.321-323.

monstro"[10] sem recorrer à repressão direta, enquanto a ordem autoritária permanecia em vigor e parte dos manifestantes pertenciam a organizações que ainda estavam proibidas.

O movimento pela anistia, 1978/1979,
Fundo de Polícias políticas, Aperj

A maior parte das manifestações do começo de abril de 1968 no Rio de Janeiro teve início com uma concentração na Cinelândia, diante da Câmara Municipal, e prosseguiu com passeatas de itinerários variáveis. Os manifestantes desfilavam na contramão da ampla avenida Rio Branco, onde bloqueavam a circulação, mas seguiam também pelas ruas estreitas do centro. As passeatas mudavam de sentido em função dos confrontos com os policiais, que empurravam os participantes para o largo da Carioca ou bloqueavam a passagem e os agrediam com cassetetes na entrada das ruas. No curso dos seus deslocamentos, os manifestantes organizavam "comícios relâmpagos", rapidamente interditados pela polícia. Várias vezes a dispersão dos manifestantes ocorreu em situação de pânico.[11] Por outro lado, em meio às grandes manifestações do final de junho de 1968, a Passeata dos Cem Mil, que não foi alvo de uma repressão direta, seguiu um percurso mais clássico e mais ordenado, partindo da Cinelândia até a Assembleia Legislativa, com uma parada em frente à igreja da Candelária. Em 1978, enquanto a repressão policial permanecia forte, e os encontros não contavam com mais de algumas centenas de pessoas, as passeatas também seguiram um percurso

---

10 Telegrama do diretor da Divisão de Operações do RJ, DGIE, 17 de agosto de 1979, caixa 273, f.450.

11 Segundo o *Correio da Manhã* de 2 de abril de 1968, "Seis mil protestaram em toda GB" (AN Rio PH.TXT.805).

incerto. Foi somente em 1979 que elas retomaram o itinerário tradicional. Por exemplo, em um "ato público" em 20 de outubro de 1978, os manifestantes, após terem sido despejados pela Polícia Militar do Estado do Rio de Janeiro (PMERJ), tentaram realizar um protesto na avenida Rio Branco, mas foram forçados a se dispersar pelas ruas adjacentes sem conseguir seguir um itinerário preciso.[12] No entanto, entre julho e meados de agosto de 1979, muitas passeatas partiram da Cinelândia e seguiram a avenida Rio Branco para chegar à praça XV, em frente à Assembleia Legislativa, sem desviar seu caminho apesar dos ataques da tropa. No ponto de chegada, vários políticos da oposição legal discursaram para a multidão.[13]

Em 1968, a presença de forças policiais ultrapassava o percurso das manifestações e se estendia por um perímetro que ia além do espaço urbano disputado. Em 1º de abril de 1968, em um espaço marcado pelo aumento das tensões, as forças policiais decretaram o fechamento das lojas e bares, suspendendo assim o uso habitual de um espaço urbano transformado em palco de conflitos políticos. Durante a passeata, o espaço também foi invadido pelo protesto: papéis picados foram jogados das janelas dos prédios da avenida Rio Branco como forma de apoio aos manifestantes, enquanto "os policiais eram vaiados estrepitosamente".[14] Embora tenham ocorrido em um contexto diferente, as manifestações de 1979 também não se limitaram às passeatas. Os jornais também registraram a participação dos transeuntes, assim como de pessoas presentes nos prédios situados nas ruas ocupadas pelos manifestantes (gritos, chuva de papéis picados, aplausos etc.). A passagem dos manifestantes era, portanto, acompanhada da expressão de um apoio significativo.[15]

Além disso, no contexto autoritário tanto de 1968 quanto de 1978, certos lugares serviram de refúgio aos manifestantes diante da ameaça de prisão e de violência. Considerado reservado e pacífico, o espaço de certos prédios dificilmente é acessível às forças policiais. Assim, durante uma manifestação

---

12 *Ato público pela anistia na Câmara Municipal do Rio de Janeiro*, 20 de outubro de 1978, Aperj-PPRJ, setor DGIE – anistia, caixa 273, f.40-43.

13 "No Rio, ato público contra anistia restrita", *Tribuna da Imprensa*, 28 de junho de 1979, Aperj-PPRJ, setor DGIE – anistia, caixa 273, f.253; e *Comício e passeata de solidariedade aos presos políticos em greve de fome pela anistia*, 27 de julho de 1979, Aperj-PPRJ, setor DGIE – anistia, caixa 273, f.306-302.

14 Segundo o *Correio da Manhã*, "Seis mil protestaram em toda GB", 2 de abril de 1968 (AN Rio PH.TXT.805).

15 "No Rio, ato público contra anistia restrita", *Tribuna da Imprensa*, cit.

ocorrida em maio de 1967, uma parte dos manifestantes foi buscar proteção na entrada da Assembleia Legislativa do Estado da Guanabara, cujas portas foram abertas por um deputado,[16] o que obrigou os agentes do Dops a interromper a perseguição.[17] No começo de abril de 1968, por ocasião da missa de sétimo dia de Edson Luís, na Candelária, a presença da polícia estava muito forte na cidade, mas o interior da igreja permaneceu pacífico, sem a presença das forças da ordem.[18] A existência de alguns espaços usados como "refúgios" também se observa em outubro de 1978, quando manifestantes se refugiaram na Câmara Municipal para escapar de uma repressão policial. Em seu discurso, um dos estudantes expressou o alívio daqueles que haviam podido encontrar esse refúgio e lamentou o medo daqueles que haviam ficado do lado de fora.[19] A polícia não interferiu, portanto, nos espaços do Poder Legislativo, onde a repressão seguiu caminhos institucionais, tais como a cassação de mandatos, evitando a violência física direta. O uso desses espaços tanto pelos manifestantes quanto pelos policiais era norteado por uma economia moral da manifestação, onde os espaços definiam normas de comportamento. Enquanto, no espaço do Legislativo, o discurso era baseado na legitimidade do mandato, o espaço da rua acolhia discursos mais provocadores e mais arriscados, assim como práticas repressivas mais violentas. Ao mesmo tempo, os manifestantes procuravam a proteção e a legitimidade proporcionada pelo apoio dos deputados de oposição. Além disso, frente às manifestações de 1979, enquanto a ordem dada aos policiais não era no sentido de reprimir, mas sim de fazer com que o país permanecesse governado por um membro da instituição militar, as polícias políticas aplicaram suas rotinas de inteligência (identificação de inimigos, relatórios diários etc.), mas a polícia militar nas ruas se absteve de recorrer à violência.

---

[16] *Correio da Manhã*, "Polícia ameaça deputado de morte", 25 de maio de 1968 (AN Rio PH.TXT.805). O deputado Fabiano Vilanova declarou então aos manifestantes: "As portas estão abertas e podem ficar sossegados que aqui eles não poderão pôr os pés".

[17] O Departamento de Ordem Política e Social (Dops) era o principal órgão da polícia política durante o regime militar.

[18] *Correio da Manhã*, "Povo reza por Edson no 7º dia de sua morte", 6 de abril de 1968 (AN Rio PH.TXT.805).

[19] *Dia nacional do repúdio às eleições indiretas, protesto de professores*, 13 de outubro de 1978, Aperj-PPRJ, setor custódia, caixa 7.

Reunião na Cinelândia, 14 de agosto de 1979, Fundo Polícias políticas, Aperj

Interações polícia-manifestantes na rua: dos confrontos de 1968 aos atos pacíficos de 1979

No embate entre policiais e manifestantes, a repartição de recursos apresenta uma desigualdade bem mais evidente em 1968 do que em 1978 e 1979. Em abril de 1968, os estudantes estavam dispersos e sem armas, diante de uma polícia ostensiva e armada. Não somente o número de manifestantes reduzia-se a algumas centenas, como os coletivos organizados (partidos políticos, sindicatos, associações) estavam pouco presentes. Em 1978, essas desigualdades permanecem perceptíveis, mas os manifestantes conseguiram ocupar o espaço da praça e mostrar a marca de suas organizações diante de uma presença policial menos ostensiva. Em 1979, a presença visível de organizações representando diversos setores da oposição é indicativa de sua crescente reestruturação. Em julho de 1979, a multidão ergueu bandeiras proclamando que "A UNE está com vocês".[20] A organização estudantil acabava de ser reconstituída em seu 31º congresso,

[20] Relatório, DGIE – Departamento Geral de Investigações Especiais, divisão executiva, serviço de recursos especiais, 30 de julho de 1979, Aperj-PPRJ, setor DGIE – anistia, caixa 273, f.321-323.

realizado em Salvador no fim de maio de 1979. Em agosto, vários nomes de organizações foram citados pelos autores dos relatórios policiais: o Comitê Brasileiro pela Anistia (CBA/RJ), "vários sindicatos, tais como: metalúrgicos, bancários, rodoviários, médicos, associação de vigilantes", o sindicato dos professores de segundo grau (Centro Estadual de Professores, CEP/RJ), membros da organização política Convergência Socialista, e deputados do Movimento Democrático Brasileiro (MDB).[21]

De forma cada vez mais marcada, as manifestações se beneficiaram da presença estruturante de personalidades da oposição legal, presença essa que não pode ser rastreada de maneira tão sistemática em 1968. A presença de deputados e vereadores da oposição consolidou, portanto, os usos simbólicos do espaço político, que os manifestantes procuraram preservar desde 1968. Assim, as passeatas nunca foram transferidas para o Palácio do Governo ou para o Palácio da Justiça. No entanto, seu itinerário foi largamente definido em função da localização dos edifícios que sediam o Poder Legislativo (Câmara Municipal do Rio de Janeiro e Assembleia Legislativa do Estado do Rio de Janeiro). Além disso, em seus pontos simbólicos, como as escadarias desses prédios, os "atos públicos" foram estruturados pela participação e pelos discursos de detentores de mandatos, então legítimos e protegidos por imunidade parlamentar.

Confronto entre atores organizados

Diante dos manifestantes, as práticas de manutenção da ordem pelas forças policiais apresentam uma importante variação entre 1968 e 1979. Em antecipação à manifestação de 1º de abril de 1968 no Rio de Janeiro, diferentes instituições da polícia (militar, civil e Dops) e do Exército (batalhões pertencentes a várias instituições) foram alocadas em vários pontos da cidade, como diante da Assembleia Legislativa e da Câmara Municipal, diante do restaurante universitário Calabouço e em torno do centro da cidade.

---

[21] Manifestação pela *"Anistia ampla, geral e irrestrita"*, 14 de agosto de 1979, Aperj-PPRJ, setor DGIE – anistia, caixa 273, f.419-422. Esse relatório menciona a presença de detentores de mandatos federais (senador Saturnino Braga, deputados federais Délio dos Santos e Edson Khair), estaduais (deputados estaduais Raimundo de Oliveira, José Eudes Freitas, Heloneida Studart), e municipais (vereador Antonio Carlos Nunes Carvalho), além de deputados federais que haviam perdido seus mandatos (Lysaneas Maciel e Doutel de Andrade).

Alocação preventiva de forças policiais no centro do Rio de Janeiro, 1º de abril de 1968, Fundo *Correio da Manhã*, Arquivo Nacional

A presença ostensiva das forças policiais no espaço público tem como objetivo tanto intimidar quanto demonstrar sua capacidade de manter o controle do espaço. Às 17 horas do dia 1º de abril de 1968 "ninguém passava", comenta um jornalista do *Correio da Manhã*, por conta dos "cordões de isolamento"[22] que separavam do resto da cidade os lugares onde se reuniam os manifestantes. Situados em torno da Cinelândia, esses cordões cercavam e isolavam os manifestantes. Ao longo da manifestação, a polícia colocou em prática técnicas de canalização e de controle dos movimentos da multidão, dirigindo os manifestantes de volta ao largo da Carioca e impondo uma única saída, pela rua 13 de Maio, onde uma parte dos manifestantes foi finalmente presa.[23] Para realizar esse trabalho, a polícia dispunha, portanto, de recursos materiais múltiplos, dos quais fazia amplo uso: aparelhos de comunicação modernos, cassetetes,

[22] *Correio da Manhã*, "PM ocupou a cidade em vão", 2 de abril de 1968 (AN Rio PH.TXT.805).
[23] Segundo o *Correio da Manhã*, "Seis mil protestaram em toda GB", 2 de abril de 1968 (AN Rio PH.TXT.805).

gás lacrimogêneo,[24] jatos de água e cavalos. Durante a semana pela anistia, em 1978, as tensões permaneceram fortes e perceptíveis com a implementação de barragens preventivas antes da concentração dos manifestantes, além de a polícia ter utilizado mangueiras para dispersar os manifestantes e ter usado de forma ostensiva suas armas de fogo.[25] Se a repressão parece ter se tornado mais moderada, os relatórios policiais mencionam, mesmo assim, de maneira implícita, o uso da força pelas tropas especiais da polícia militar: "a força de choque da PMERJ agiu com serenidade, embora, em determinados momentos, empregasse a energia necessária, buscando manter a ordem e a tranquilidade públicas".[26]

Repressão de manifestantes pela polícia montada. Rio de Janeiro, 1968 Fundo Polícias políticas, seleção "imagens da repressão", Aperj

[24] Idem.

[25] *Dia nacional do repúdio às eleições indiretas, protesto de professores*, 13 de outubro de 1978, Aperj-PPRJ, setor custódia, caixa 7.

[26] Idem.

Por outro lado, entre junho e agosto de 1979, o equilíbrio entre manifestantes e policiais se modificou à medida em que estes últimos tornaram-se menos visíveis, enquanto os primeiros se concentraram em maior número. Na avenida Rio Branco, onde desfilavam os manifestantes, "o policiamento ostensivo da PMERJ era praticamente nulo", somente com agentes policiais encarregados da regulação do trânsito.[27] Em 14 de agosto de 1979, o relatório da DGIE estimou que a presença da PMERJ era "discreta". O documento nota a presença de viaturas de polícia em pequeno número e destaca a ausência de violência.[28] No curso dessa série de manifestações, os recursos dos manifestantes foram significativamente maiores do que no passado. Alguns recursos materiais apoiaram a organização das manifestações, como faixas e cartazes em número elevado, venda de adesivos, coleta de doações, e também uma viatura equipada de um megafone.[29] Além da presença de deputados à frente da passeata, do apoio dos transeuntes e do número crescente de manifestantes, o relatório policial destaca que "o evento revelou-se bem organizado e demonstrou terem os manifestantes contado com amplos recursos em material de propaganda".[30]

A rua, um espaço disputado

As interações entre polícia e manifestantes foram, portanto, muito mais conflituosas em 1968 do que em 1978-1979. Em 1968, os confrontos responderam a um jogo de perguntas e respostas cuja escalada resultou em repressão violenta. Na manifestação do 1º de abril de 1968, as barragens policiais responderam à organização de "piquetes" (barricadas) pelos manifestantes, construídos precariamente com mobiliário urbano. Depois de a Cinelândia ter sido "inteiramente *ocupada* pelos soldados",[31] a tensão aumentou gradativamente. Aos gritos de "Abaixo a ditadura", a polícia respondeu com bombas de gás lacrimogêneo e

---

[27] Relatório, DGIE – Departamento Geral de Investigações Especiais, divisão executiva, serviço de recursos especiais, 30 de julho de 1979, Aperj-PPRJ, setor DGIE – anistia, caixa 273, f.321-323.

[28] *Manifestação pela "Anistia ampla, geral e irrestrita"*, 14 de agosto de 1979, Aperj-PPRJ, setor DGIE – anistia, caixa 273, f.419-422.

[29] Idem.

[30] Idem.

[31] *Correio da Manhã*, "Seis mil protestaram em toda GB", cit.

golpes de cassetete (no Tabuleiro da Baiana),[32] ferindo os manifestantes – que responderam arremessando pedras.

Comício relâmpago em uma rua do centro do Rio de Janeiro, 18 de julho de 1968, Fundo *Correio da Manhã*, 18-7-1968, Arquivo Nacional

No corpo a corpo, os manifestantes brincaram de "gato e rato" com os policiais: nesse dia, diante dos cordões de segurança, responderam com movimentos rápidos, escaparam da polícia ao correr com velocidade, e organizaram "comícios relâmpago" apressadamente, "ludibriando a polícia".[33] Enquanto os policiais eram vaiados dos prédios, o confronto começou com o avanço dos manifestantes: "à medida que os manifestantes avançavam, a repressão se tor-

[32] N.T. – Terminal de transporte urbano próximo ao largo da Carioca, localizado entre a avenida 13 de Maio e a rua Senador Dantas, assim chamado devido a seu formato.
[33] Segundo o *Correio da Manhã*, "Seis mil protestaram em toda GB", 2 de abril de 1968 (AN Rio PH.TXT.805).

nava mais violenta", com o recurso mais frequente ao gás lacrimogêneo.[34] Foi na interação com os atos dos manifestantes que a violência policial se deu, após um soldado ter sido ferido por uma bala no pescoço. De um lado, a repressão seguiu os procedimentos previstos: depois que todas as tentativas de conter os manifestantes de forma pacífica se esgotaram, de acordo com um comunicado do governo, "o governador Negrão de Lima autorizou o comando da PM a liberar contingente armado". O envio do contingente foi então apresentado como "um ato de legítima defesa para controlar a situação".[35] Por outro lado, a violência policial na rua se desencadeou quando "os comandantes dos choques já não controlavam mais os soldados", de acordo com o *Correio da Manhã*.[36] Diante da estratégia dos estudantes de se reagrupar progressivamente, em silêncio, o jornal descrevia uma "polícia confusa".[37]

Ao longo da semana da anistia, em outubro de 1978, o jogo de perguntas-respostas entre policiais e manifestantes continuou presente no cenário da manifestação, mas a tensão foi mais branda. No dia 20 de outubro, os manifestantes tinham começado a ocupar a Cinelândia de forma pacífica e a cantar *slogans* quando a polícia abriu mangueiras para desalojá-los e impor a proibição do comício. A resposta que os manifestantes deram a essa ação foi dupla. Apesar da escassez de seus recursos materiais, eles responderam corpo a corpo e "atiraram sobre a tropa papéis molhados", mas também se apoiaram nas posições institucionais de seus membros, respondendo aos policiais com discursos de deputados da oposição.[38] Em julho-agosto de 1979, na ausência de prisões e enfrentamentos violentos, os manifestantes se apoiaram no nome e na legitimidade política dos participantes para estabilizar sua presença nas ruas e demonstrar sua unidade: "durante a passeata, os políticos seguiram de braços dados".[39]

---

34 Idem.

35 Comunicado do governo do estado da Guabanara, 1º de abril de 1968, citado pelo *Correio da Manhã*, em "Governo: PM agiu em legítima defesa", 2 de abril de 1968 (AN Rio PH.TXT.805).

36 *Correio da Manhã*, "Portela mandou Negrão usar a força policial", 2 de abril de 1968 (AN Rio PH.TXT.805).

37 *Correio da Manhã*, "PM ocupou a cidade em vão", 2 de abril de 1968 (AN Rio PH.TXT.805).

38 *Ato público pela anistia na Câmara Municipal do Rio de Janeiro*, 20 de outubro de 1978, Aperj-PPRJ, setor DGIE-anistia, caixa 273, f.40-43.

39 *Manifestação pela "Anistia ampla, geral e irrestrita"*, 14 de agosto de 1979, Aperj-PPRJ, setor DGIE – anistia, caixa 273, f.419-422.

Deputados de oposição marcham pela rua, 14 de agosto de 1979, Fundo Polícias políticas, Aperj

Os confrontos entre manifestantes e policiais ou, ao contrário, o *laisser--faire*, se traduziram em mobilidades diferenciadas, entre a fuga e a ocupação de lugares. Em abril de 1968, os movimentos da multidão mostravam indivíduos dispersos, à procura de proteção e sujeitos a um medo evidente, pouco ou nada estruturados em coletivos. No começo da manifestação do 1º de abril, "estudantes circulavam, fácilmente reconhecíveis, mas em silêncio",[40] a mobilidade e a ausência de agrupamentos sendo impostas pela presença policial e pela ameaça da repressão. Os jornalistas descrevem, assim, grupos isolados, que "passaram a correr pelo meio da rua", na avenida Presidente Vargas, e que fugiram em pânico quando "houve um início de corre-corre".[41] Em 1978, certas práticas impostas pela repressão permaneceram. Por exemplo, "o ato público" de 20 de outubro de 1978 terminou com um "comício relâmpago" no Bar Amarelinho na Cinelândia,[42] sendo imediatamente seguido de uma dispersão imposta por uma intervenção policial: desorganizou-se assim a passeata que, em seguida, transbordou por várias ruas. Apesar disso, a presença nos espaços públicos parece ter tido duração mais longa e viabilizado atividades políticas mais organizadas.

---

[40] *Correio da Manhã*, "PM ocupou a cidade em vão", 2 de abril de 1968 (AN Rio PH.TXT.805)

[41] Segundo o *Correio da Manhã*, "Seis mil protestaram em toda GB", 2 de abril de 1968 (AN Rio PH.TXT.805).

[42] *Ato público pela anistia na Câmara Municipal do Rio de Janeiro*, 20 de outubro de 1978, Aperj--PPRJ, setor DGIE – anistia, caixa 273, f.40-43.

No mesmo 20 de outubro, políticos de oposição e representantes estudantis de diversas universidades tomaram a palavra, "criticando a situação política do país".[43] No ano seguinte, o tempo disponível tornou possível uma expressão política mais precisa. Assim, em 14 de agosto de 1979, o "ato público" na Cinelândia durou duas horas, de 16h às 18h, com uma sucessão de discursos, cantos e performances teatrais.[44]

Performances na escadaria do Teatro Municipal, Rio de Janeiro, 14 de agosto de 1979, Fundo Políticas políticas, Aperj

[43] Idem.

[44] Manifestação pela *"Anistia ampla, geral e irrestrita"*, 14 de agosto de 1979, Aperj-PPRJ, setor DGIE – anistia, caixa 273, f.419-422.

À medida que a repressão se tornou menos presente, os manifestantes se instalaram na praça e ali organizaram rituais e performances. Em 13 de outubro de 1978, eles fizeram um minuto de silêncio "em memória dos que foram mortos pela ditadura".[45] No ano seguinte, alcançaram uma margem de tempo e espaço suficiente para apresentar performances explícitas na Cinelândia. Em 27 de julho de 1979, um grupo composto de 15 alunos do Teatro de Resistência do Comitê Brasileiro da Anistia, "todos travestidos e tendo o rosto totalmente pintado, encenaram uma sátira ao governo, criticando o regime":[46] um dos atores interpretava o presidente da República, enquanto os outros interpretavam prisioneiros políticos torturados. Em 14 de agosto de 1979, o grupo "Quem fez V" apresentou "uma espécie de peça teatral", em que os participantes interpretavam o papel de prisioneiros políticos em greve de fome, com as mãos sobre a cabeça.[47]

Manifestantes nos degraus do Teatro Municipal, Cinelândia, Rio de Janeiro, 14 de agosto de 1979, arquivos Fundo Polícias políticas, Aperj

[45] *Dia nacional do repúdio às eleições indiretas, protesto de professores*, 13 de outubro de 1978, Aperj-PPRJ, setor custódia, caixa 7.

[46] *Comício e passeata de solidariedade aos presos políticos em greve de fome pela anistia*, 27 de julho de 1979, Aperj-PPRJ, setor DGIE – anistia, caixa 273, f.306-302.

[47] Manifestação pela *Anistia ampla, geral e irrestrita*, 14 de agosto de 1979, Aperj-PPRJ, setor DGIE – anistia, caixa 273, f.419-422.

Das interações imediatas às dinâmicas de transformações políticas

Nas manifestações ocorridas no centro do Rio de Janeiro em abril de 1968, em outubro de 1978 e entre julho-agosto de 1979, o espaço disputado da rua não constituiu um simples espelho das relações de força entre opositores e agentes do regime militar. Na verdade, a presença no espaço urbano, a capacidade de fazê-lo seu, de apropriar-se dele, de controlar as circulações e interações que ali ocorriam, e de dar a ele significado, constituiu também o que estava em jogo no enfrentamento entre policiais e manifestantes. Esses confrontos não somente deram visibilidade ao estado das relações de força, como também participaram de sua definição, nesses períodos de mudança política. Além do aspecto simbólico, controlar o espaço da manifestação era então um jogo de poder, inscrito em um processo político. As interações concretas e imediatas na rua constituíam assim a expressão da capacidade das autoridades de impor seu domínio e proibir que ele fosse contestado, ou, ao contrário, tolerar que o fosse. Mas elas também definiam posições e desenhavam as dinâmicas da contestação, pois entrava em jogo a repressão ou o *laisser-faire*, a fragilização ou o reforço dos protestos. A ocupação do espaço urbano pelos grupos manifestantes que realizavam performances e ocupavam praças públicas ou as escadarias das assembleias legislativas ia, portanto, além do símbolo ou do indício. Ao tornar evidente o enfraquecimento do controle autoritário, ela constituía um fator de seu declínio.

A comparação das interações na rua mostra como perder ou ganhar o espaço da rua é também perder ou ganhar poder. O poder é incorporado por grupos e indivíduos que ocupam espaços físicos e se enfrentam na rua, policiais e soldados de um lado, manifestantes do outro. Os processos de mudança política dependem de uma multiplicidade de fatores presentes nos parlamentos e nos corredores dos palácios presidenciais ou, ainda, nos quartéis. Mas eles também tomam a rua como palco. Interações que participem de dinâmicas definidas em outras arenas encontram uma forma concreta na rua. A série de manifestações de março-junho de 1968 se inscreve em um ciclo de repressão e de endurecimento das instituições autoritárias, em curto prazo com a presença de soldados e tanques nas ruas, em médio prazo com as prisões de centenas de opositores nos meses antecedentes e posteriores, e, em seguida, com a edição, em dezembro, do Ato Institucional nº 5. Em 1978 e 1979, as manifestações de rua contribuíram para a inversão do equilíbrio de poder, sendo essa sequência marcada por uma reviravolta a partir do momento em que a presença maciça de manifestantes foi tolerada e já não deu espaço para acusações ou prisões, e a presença policial se fez mais discreta. Os opositores beneficiavam-se então de uma legitimidade que lhes permitiu uma presença mais longa e mais estável na rua, e desincentivou as autoridades a recorrer à repressão. É por isso que o recuo das forças da ordem no centro do Rio de Janeiro em 1979 não é somente um sinal do estado das forças de cada um, nesse período de abertura política. A tática do recuo faz parte dessa dinâmica, contribuindo assim para o fortalecimento das posições dos opositores.

Nessas condições, as dinâmicas de interação entre polícia e manifestantes são reveladoras do processo de co-construção do autoritarismo e de abertura política. Nas fragilidades do protesto, frente a uma forte repressão, percebemos o medo como também a aceitação social da ordem construída pelos agentes de um governo autoritário. Por outro lado, o fortalecimento da contestação nas ruas se explica em parte pelas rupturas no processo de legitimação autoritária. Colocam-se aqui as difíceis questões de aceitabilidade social da repressão ou da contestação, bem como a das representações sociais da ordem e da segurança, mas também a da legitimidade política. Para além do autoritarismo, são os processos de co-construção da ordem política que a observação dos eventos contestatórios na rua permite vislumbrar, tendo em vista a dinâmica de mudança em que eles se encaixam.

Referências

ANCELOVICI, Marcos, DUFOUR, Pascal; NEZ, Héloïse (Eds.). *Street politics in the age of austerity:* from the indignados to occupy. Amsterdã: Amsterdam University Press, 2016.

COMBES, Hélène; FILLIEULE, Olivier. De la répression considérée dans ses rapports à l'activité protestataire. Modèles structuraux et interactions stratégiques. *Revue Française de Science Politique*, v. 61, p. 1047-1072, n. 6, 2011.

FERREIRA, Marieta de Moraes. 1968 au Brésil, *Vingtième Siècle*, *Revue d'Histoire* (Paris), n°105, p. 169-183, jan.-mar. 2010.

ISHAQ, Vivien et al. *A escrita da repressão e da subversão, 1964-1985.* Rio de Janeiro: Arquivo Nacional, 2012.

LINZ, Juan Linz; STEPAN, Alfred (dir.). *The breakdown of democratic regimes*, v. 1: *Crisis, breakdown and reequilibration.* Baltimore: The Johns Hopkins University Press, 1978.

MARTINS, Luciano. The liberalization of authoritarian rule in Brazil. In: O'DONNELL, Guillermo et al. (Dir.). *Transitions from authoritarian rule*. Baltimore: The Johns Hopkins University Press, 1986. v. 2, p. 72-94.

MÜLLER, Angélica. *O movimento estudantil na resistência à ditatura militar (1969-1979)*. Rio de Janeiro: Garamond, 2016.

O'DONNELL, Guillermo, SCHMITTER, Philippe; WHITEHEAD, Laurence (Dir.). *Transitions from authoritarian rule*. Baltimore: The Johns Hopkins University Press, 1986.

SKIDMORE, Thomas. Brazil's slow road to democratization: 1974-1985. In: STEPAN, Alfred (Dir.). *Democratizing Brazil:* problems of transition and consolidation. New York; Oxford: Oxford University Press, 1989, p. 5-42.

As gerações de 1968 e de 1977: memórias da resistência estudantil durante a ditadura militar brasileira

Gislene Edwiges de Lacerda

Ao longo das duas décadas de ditadura militar no Brasil, diversos sujeitos sociais lutaram – valendo-se de diferentes táticas – contra o regime autoritário. No caso do movimento estudantil, foram duas as gerações: a de 1968, que optou pela luta armada, e a de 1977, que atuou ao longo do processo de transição democrática. Neste momento, em que 1968 completa 50 anos, o debate sobre a história da ditadura encontra-se distante de seu fim, e os sentidos desse passado ainda permanecem em disputa. A resistência estudantil é um desses campos de batalha da memória de que busco tratar neste texto, ao analisar a história e a memória das gerações de 1968 e 1977.

No contexto da década de 1970, em meio ao processo de transição democrática, iniciou-se a formação de uma memória coletiva sobre o regime militar, numa "batalha da imagem" (Fico, 2013:25) ou "batalha pela memória" (Reis, 2004:30), em que se confrontaram dois sujeitos históricos que assumiram o protagonismo desse processo: os militantes de esquerda envolvidos na luta armada e os militares envolvidos na repressão. Esse embate inicial apresenta a investida da esquerda de denunciar toda a violência cometida pelos militares durante a ditadura e a dos militares de negar seus crimes a fim de defender sua imagem junto ao contexto social.

Já entre os próprios militantes de esquerda, nesse mesmo período, também encontramos uma batalha da imagem no tocante à representação da geração de 1968. Em meio a uma diversidade de interpretações, identificam-se aquelas em que os militantes da geração de 1968 são representados: em algumas delas, como irresponsáveis e ingênuos; em outras, como heróis, combatentes da resistência à ditadura militar; em outras ainda, como vítimas do Estado. Há momentos em que essas versões se cruzam; em outros, uma versão prevalece sobre a outra.

Foi somente com a Lei da Anistia, em 1979, que começou a se firmar uma interpretação que permaneceu com destaque na memória da resistência à ditadura. No contexto da negociação parlamentar da anistia, tornou-se necessário encontrar uma forma tolerável de tratar das ações armadas, fato este que levou à consolidação da imagem dos ex-militantes das esquerdas armadas da geração de 1968 como jovens heróis românticos aos quais não restavam outras opções de resistência.

A dicotomia entre repressão/vitimização convergiu para a ideia de que o traço marcante da história brasileira daquele período foi a violência. O exame dos níveis de violência traz para a análise da ditadura brasileira o enfoque da dor em detrimento da luta democrática. Essa memória que consagra o papel da luta armada tende a diminuir o papel do movimento estudantil e de toda a oposição que integrou o processo político de transição, reduzindo, portanto, a importância de seus sujeitos e do próprio processo transicional.

O esquecimento da geração de 1977 é colocado em contraponto a um dever de memória da geração de 1968 pautado no trauma, na tortura e na luta armada, dando a esta um *status* de martírio heroico. Dessa forma, o que gostaríamos de mostrar é que, apesar da consagração da memória da geração 1968 como "heroica", difundida por seus militantes, pela imprensa e por diferentes autores que escreveram sobre o período, a geração de 1977 desempenhou um papel muito significativo na luta política como resistência à ditadura, mas foi deixada de lado em detrimento da geração anterior, especialmente pelas características do nosso modelo de transição pactuada, que ficou representado na memória de forma negativa. Para tanto, realizamos um trabalho de história oral que contou com 20 entrevistas com ex-militantes estudantis que participaram do movimento estudantil brasileiro durante os anos da transição democrática, mais especificamente entre 1973 e 1981.[1]

---

[1] Essas entrevistas, realizadas entre 2013 e 2015, constituem parte da pesquisa de doutorado por mim desenvolvida na Universidade Federal do Rio de Janeiro (UFRJ). Os entrevistados foram definidos a partir do grau de participação nessa esfera, da representatividade entre as tendências de esquerda do movimento estudantil, da instituição de ensino à qual pertenciam, bem como do período de participação dentro do recorte cronológico definido. Oito deles são do estado de São Paulo; sete do Rio de Janeiro; quatro de Minas Gerais, e um da Bahia (posteriormente Rio de Janeiro). Dois eram ligados à tendência Liberdade e Luta (Libelu); dois ao Partido Comunista Brasileiro (PCB); três ao Partido Comunista do Brasil (PCdoB); dois à Centelha; seis ao Movimento Revolucionário 8 de Outubro (MR-8) e cinco à Ação Popular (AP), sendo um da tendência Viração (RJ), um da Liberdade (MG) e três da Refazendo (SP). Foram entrevistados:

A partir dessas entrevistas compreendemos que a geração de 1977 – consciente da memória dominante sobre a geração de 1968 como heroica – demanda no tempo presente seu lugar na memória da ditadura para que se possa ampliar o olhar sobre a resistência estudantil ao regime militar e perceber que ela ultrapassa a ideia de luta armada e a repressão de 1968.

As duas gerações

A geração militante em 1968 possuía uma identidade criada no contexto do início dos anos 1960, marcado pelo golpe de 1964. Caracterizada pela vivência de uma intensa repressão, aguçada pela promulgação do Ato Institucional nº 5 (AI-5), essa geração sofreu uma ruptura no seu percurso histórico-social ao ser "abafada" pelo fechamento do regime militar. Em 11 de novembro de 1964, a Lei nº 4.464, conhecida como Lei Suplicy, tornou o movimento estudantil ilegal, estabelecendo que todas as representações estudantis estariam submetidas ao Ministério da Educação e Cultura (MEC). Com o AI-5 a repressão foi intensificada, especialmente após a edição, em fevereiro de 1969, do Decreto-lei nº 477, que proibia a existência de qualquer tipo de associação de estudantes ou professores, e estabelecia punições sumárias como a imediata expulsão do estabelecimento de ensino para quem o infringisse.

Assim, parte significativa da geração de militantes do movimento estudantil de 1968 optou pela luta armada como tática possível frente à realidade política colocada; outra parte foi afastada do contexto brasileiro pelo exílio; e uma terceira parte permaneceu na luta de resistência, mas marcada por um panorama político que limitava diretamente suas formas de organização e de militância.

A origem estudantil dos militantes foi amplamente majoritária nos grupos de esquerda armada. De acordo com Marcelo Ridenti (1993:121), a proporção de 30% de estudantes era uma constante para as organizações armadas urbanas, tendo alguns grupos atingido 60% de militantes com menos de 25 anos de idade.

Alon Feuerwerker; Amâncio Paulino Carvalho; Beatriz Bicudo Tibiriçá; Clara Maria de Oliveira Araújo; Eladir de Fátima dos Santos; Ignacio José Godinho Delgado; Jânio Oliveira Bragança; José Pimenta; Júlio Turra Filho; Laís Wendel Abramo; Laura Camargo Macruz Feuerwerker; Lígia Bahia; Luiz Mariano Paes de Carvalho Filho; Marcelo Ayres Camurça Lima; Márcio Antonio Marques Gomes; Markus Sokol; Paulo Andrade Lotufo; Pedro Cláudio Cunca Bocaiúva Cunha; Ricardo Lêdo Chaves e Vera Silvia Facciolla Paiva.

No entanto, essa geração foi alvo da ação dos militares, especialmente através de ações com as da Operação Bandeirante (Oban), que perseguiu, prendeu, torturou, matou ou exilou grande parte desses jovens militantes envolvidos nas ações protagonizadas pelas organizações de luta armada. Dessa forma, por volta de 1974 a geração de 1968 estava silenciada pela violência de Estado, e foi nesse contexto que uma nova geração ascendeu na busca de novas táticas de resistência à ditadura.

A geração da transição (1974-1985), marcada especialmente pelo ano de 1977, foi fruto de uma descontinuidade no processo, em que se inaugurou outro contexto histórico, definido pelo início da transição democrática e, portanto, identificado com uma nova identidade social em uma nova fase da ditadura.

Dentro do contexto da atuação do movimento estudantil (ME) durante a transição democrática, o ano de 1977 adquiriu um importante significado ao simbolizar o momento auge da ebulição estudantil em nível nacional e colocar o ME em evidência na luta política pela transição democrática, que a partir de então iria adquirir maiores proporções na sociedade brasileira. Esse momento foi inaugurado com a volta às ruas através das movimentações que foram iniciadas na USP e se propagaram pelas principais cidades brasileiras, influenciando outros movimentos sociais que posteriormente passaram a compor, junto com o ME, a luta política pelas "liberdades democráticas".

A memória de 1968 era muito presente em 1977, e foi usada especialmente por alguns órgãos da imprensa como forma de desqualificar a emergência de uma nova percepção política. No entanto, as "lideranças estudantis, através de seus jornais e boletins, procuravam demarcar as diferenças e valorizar a emergência de novos valores" (Napolitano, 2006:42), indicando uma nova cultura que surgia a partir da crise da categoria política anterior baseada na ideia de revolução, e buscando nas liberdades democráticas sua base política.

Esse movimento, de início específico da questão universitária, ampliou-se com uma demanda pela anistia que ganhou as ruas e resistiu às tentativas de repressão por parte dos militares. O ano de 1977 se tornaria um marco para o movimento estudantil e para a oposição ao regime militar, que deixava como legado a interferência no processo político de forma a alargar os limites do projeto de transição proposto pelo regime, colocando a ação dos movimentos sociais como fundamental para o fim da ditadura.

Analisando as características dessas duas gerações na luta de resistência à ditadura, identifica-se que a geração de 1968 foi extremamente marcada pela questão da luta armada. Embora muitos ex-militantes valorizem em suas lembranças as manifestações de rua vividas em 1968, como a Passeata dos Cem Mil, nota-se que é a luta armada a escolhida como marco central dessas memórias, mesmo no caso daqueles que não aderiram a ela. Já a geração de 1977 apresenta diferenças que são reflexos de seu contexto histórico, sendo, portanto, marcada pelo processo de transição, pelo debate em torno da ideia de democracia e das táticas de enfretamento do regime militar, bem como pelas manifestações de rua e pela aproximação com outros setores da sociedade civil em lutas gerais como a campanha da anistia.

A luta armada pode ser representada por um conjunto de organizações políticas de esquerda com pensamentos e visões muitas vezes antagônicos, inclusive sobre a própria maneira de conduzir as ações militares, e divergentes em relação às analises estruturais e conjunturais do país, mas que estavam unidas pela adesão à ideia de revolução. Assim, a derrota da luta armada vai se refletir na maneira como as organizações sobreviventes e os novos militantes que chegam a partir dos anos 1970 vão encarar o novo momento.

A conjuntura, a partir sobretudo de 1974, marcada pela derrota da luta armada e pelo início do projeto de transição por parte dos militares, obrigou aquela geração a seguir novos comportamentos políticos. Contudo, a forma como ela se movimentou nesse cenário não foi linear, ao contrário, foi marcada por uma permanente tensão e debate. Viveu-se um processo de crítica e autocrítica das esquerdas na tentativa de definir teoricamente a melhor tática e o melhor programa a ser empregado na luta pelo fim da ditadura e, sobretudo, viveu-se o esforço de cultivar e pôr em prática o novo modelo de luta, bem como de verificar sua aplicabilidade no confronto com a realidade.

A então estudante de ciências sociais na Universidade de São Paulo (USP) e militante da tendência Refazendo, Laís Wendel Abramo, indica que a crítica feita pela geração da transição à geração de 1968 era acompanhada de grande reconhecimento e admiração, mas vislumbrava outro horizonte de luta política:

> Os militantes do movimento estudantil [de 1968] eram nossos irmãos mais velhos. Eram uma referência. Evidentemente a Passeata dos Cem Mil, o Zé Dirceu, Travassos, o Vladimir Palmeira, [todos eles] eram nossos heróis. Mas, ao mesmo tempo, havia uma crítica, não tanto ao movimento de massas, mas à esquerda armada. Havia uma crítica porque a gente via que a esquerda armada estava sendo dizimada. Eram outras coisas, constantes prisões e torturas, as notícias que saíam

fraudulentas das pessoas que tinham morrido em tiroteios, tinham sido atropeladas. E claro que eu sabia disso, tinha toda essa bagagem e uma conversa permanente em casa com meu pai, minha mãe, meus tios. Essa coisa foi importante, esse entorno. A gente tinha, claro, medo, mas também não era só medo, não era um medo paralisante. Era uma crítica. Nós temos que reconstruir o movimento de outra forma, a partir da base, com a maioria dos estudantes [Abramo, 2015].

O depoimento de Laís Abramo nos possibilita inferir que a geração da transição cultivava uma admiração crítica à geração anterior e dela se sentia herdeira, não apenas da luta política, mas também do medo. Contudo, via-se como continuadora da luta de resistência ao regime militar a partir de uma nova motivação, que, a cada conquista política e na construção do movimento sobre a base da ação das massas, a impulsionava a transpor o medo herdado em uma nova iniciativa de luta.

As disputas de memória

Estamos, portanto, diante de duas conjunturas diferentes com gerações distintas, definidas por posturas e táticas diferentes na luta contra a ditadura. Não falamos aqui de oposição ou antagonismo entre essas gerações, mas sim de pontes entre elas, de conexões possíveis entre esses dois grupos separados não só por uma pequena diferença de idade, mas também por diferentes experiências em suas essências.

Além disso, existe a diferença na forma de construção do depoimento por parte de cada geração. Para Maria Paula Araujo (2006:99), "os depoimentos da primeira geração são organizados em torno de um 'trauma' (ou uma 'situação-limite'), como prisões, a tortura, o exílio, a clandestinidade, o rompimento de laços familiares". Já os depoimentos da segunda geração se "constituem em torno de uma experiência vivida como 'vitoriosa'" (Araújo, 2006:101).

A partir das entrevistas realizadas com a geração de 1977, podemos identificar nos depoimentos dos ex-militantes a eleição na memória de alguns marcos da luta estudantil durante a transição. Os entrevistados fazem referência em especial às lutas iniciadas na USP com a missa de sétimo dia de Alexandre Vannucchi Leme em 1973, seguida pela reconstrução dos diretórios centrais dos estudantes (DCEs livres), como o da USP em 1976, e por uma série de manifestações de rua e eventos realizados em 1977, como a passeata até o largo de Pinheiros, a passeata no viaduto do Chá, o III Encontro Nacional dos Estudantes (ENE) em Belo Horizonte e a invasão da Pontifícia Universidade Católica de São Paulo (PUC-SP), culminando no Congresso de Reconstrução da União Nacional dos Estudantes (UNE), em Salvador, em 1979.

Para as lutas mais gerais, os entrevistados fazem referência à Campanha da Anistia como a experiência política fundamental de sua geração. Essa campanha tornou-se uma bandeira unificadora das correntes de esquerda e das demais forças sociais de oposição ao regime. Todas essas lutas foram vistas de forma positiva pela geração da transição e reforçam a interpretação de uma vitoriosa luta política por parte de seus militantes.

Ademais, há outra importante diferença entre as duas gerações: a de *ethos* político. A primeira geração "tem um *ethos* de enfrentamento, de heroísmo, a marca de ter pego *em armas*". A segunda geração "é mais marcada pela questão democrática, pela imagem da *resistência*" (Araujo, 2006:102). Assim, entendemos enfrentamento e resistência com sentidos simbólicos diferentes no campo do imaginário militante no tocante a essas duas gerações devido às escolhas táticas de cada uma delas. Enquanto a figura do enfrentamento liga-se à experiência do guerrilheiro da luta armada, valorizando o embate e tendo foco no "martírio", a simbologia da resistência da geração da transição destaca as manifestações de rua e a bandeira pelo retorno dos direitos democráticos.

As memórias da geração da transição surgem como forma de pedir justiça frente aos desafios enfrentados no contexto da transição democrática, ainda hoje sem espaço na memória "oficial" do período, marcada inicialmente pela versão dos militares e posteriormente pela versão da oposição que se tornou vítima do Estado, ou seja, a geração de 1968.

A ideia de batalha de memória dialoga com o esforço de compreender as *disputas pela memória*, na busca de atribuir um sentido ao passado que muda os derrotados de lugar, podendo colocá-los como vitoriosos de acordo com as voltas da história. A disputa da memória, na definição de quem são os vitoriosos e os derrotados na luta pela democracia, marca a memória atual das duas gerações estudantis que atuaram na resistência à ditadura.

Em contraposição à memória construída pautada na violência e na vitimização que heroifica a geração de 1968, a memória da geração da transição se sustenta na afirmação positiva de seu papel político desde meados dos anos 1970, baseada na consciência de seu significado histórico e vitorioso na luta democrática.

Questionado sobre o processo político vivido, Ricardo Chaves, estudante de medicina na Universidade Estadual do Rio de Janeiro (Uerj) e líder estudantil no fim dos anos 1970, narra o sentimento de frustração que se mesclava à emoção de uma leitura de vitória no campo da organização social.

> A ditadura caiu em 1985. E a queda da ditadura aqui foi uma transição, colégio eleitoral, teve as Diretas, aí Tancredo morre. E aí veio o Sarney. Muito ruim! Ver o Sarney ser presidente do Brasil depois disso tudo é lamentável! [...] As Diretas foram um baque. [...] Foi uma transição que não teve revolução. Não teve porrada a ponto de [...]. Mas, ao mesmo tempo, um milhão de pessoas nas Diretas aqui no Rio, é fantástico! [Chaves, 2013].

A fala de Ricardo Chaves é muito emblemática para a compreensão do sentimento do militante político naquele contexto. Os resultados da luta política nas Diretas Já, com a derrota da Emenda Dante de Oliveira, seguida da morte de Tancredo Neves, de imediato geraram uma sensação de frustração que, no entanto, não se sobrepôs ao desejo que surgia concomitantemente, de contemplar vitórias e não desconsiderar toda a experiência militante adquirida. Esse estado de coisas ambíguo também pode ser notado na aprovação da Lei da Anistia em 1979. Por um lado, o regime impôs à sociedade a anistia que convinha a ela; por outro, conforme afirma o ex-presidente da Comissão da Anistia, Paulo Abrão, "a sociedade civil obteve sua mais significativa vitória desde a decretação do AI-5, ao alterar a correlação de forças sociais que obrigou o governo militar a aprovar alguma lei de anistia" (Abrão, 2012:179). Mesmo sendo parcial, através dessa lei muitos direitos políticos foram recompostos, causando tal dualidade na análise daqueles que viveram o período. Todo esse sentimento interfere na memória que se forma dessa geração sobre a ditadura, mas que busca ver nesse passado militante elementos de vitória.

Alon Feuerwerker, estudante de medicina na USP, militante da tendência Caminhando e vice-presidente da UNE em 1979, compartilha dessa memória positiva sobre a luta pela anistia e seus resultados:

> Agora, o fato é que, naquela época, a anistia foi feita na ditadura! E a ditadura ainda levou mais cinco anos pra acabar. E a força que a gente tinha era aquela. Foi errado fazer? Claro que não foi! Porque voltaram os caras, os caras saíram

da cadeia, isso engrossou o movimento pela volta da democracia, e a ditadura acabou tendo um fim [Feuerwerker, 2014].

As memórias de Feuerwerker apontam também para uma outra perspectiva que se concentra na interpretação da transição como uma fase que encerra uma "guerra", portanto, geradora de alívio social e pessoal entre aqueles que militaram pelas liberdades democráticas. Um resultado que gera memória de satisfação pela vitória do qual não há frustração ou compreensão de derrota. A sensação de vitória é um elemento presente nas memórias daqueles que militaram na transição. Há um revisitar desse passado de forma positiva por essa geração que compartilha a consciência de uma longa luta efetiva que conseguiu pôr fim ao regime militar.

Amâncio Carvalho, ex-militante estudantil do Partido Comunista Brasileiro (PCB) e aluno de medicina da UFRJ na ocasião, compartilha a interpretação descrita acima:

> Acho que, do ponto de vista prático, as coisas se deram. Os caminhos nunca são diretos ou necessariamente não são diretos. Então, não fica nenhuma frustração, não, nem em uma coisa nem outra. Acho que todo mundo, aqueles que tinham participado do que o regime tinha chamado de ações sangrentas, puderam voltar pra política, exercer um papel, da mesma forma que depois a gente teve as eleições diretas pra presidente, fez a Constituinte, uma coisa complicada, uma Constituinte inteiramente dominada pelo [Partido do Movimento Democrático Brasileiro] PMDB, [...] muitas conquistas para os trabalhadores... Algumas que eu acho que ficaram um pouco congeladas. Talvez pudesse haver uma evolução. Mas, de qualquer forma, acho que isso se completou. Não tenho nenhum sentimento de frustração, não. Acho que foi o possível e bastante razoável [Carvalho, 2013].

Na declaração de Amâncio Carvalho percebe-se a afirmação da Anistia, das Diretas e da Constituinte como conquistas possíveis e coerentes com a busca dos movimentos que se organizaram na luta pela Anistia. Uma conquista possível, que, apesar de seu caráter negociado, não perdeu a dimensão de vitória para quem nela se envolveu.

Pedro Cláudio Cunca Bocaiúva Cunha, ex-militante da Viração (Ação Popular) e estudante de história na Universidade Católica do Rio de Janeiro

(PUC-Rio) no contexto da transição, também se refere àquele passado como uma experiência de vitória:

> Cada conquista dava um ânimo novo que cada dia teria mais esperança. Eu diria que até 1989 você só teve fortalecimento. Você só teve conquistas parciais. O que quer dizer isso? Não quer dizer que não foi sem contradições. Ao contrário. As contradições às vezes eram porque alguns queriam que fossem mais valorizadas as conquistas parciais. Por exemplo, jogar mais força nas Diretas. Foi difícil convencer todo mundo a jogar mais força nas Diretas. Jogar mais força na Constituinte. Quando perdemos as Diretas, dizer, "olha, mesmo perdendo as Diretas", o fato dos caras terem feito do Tancredo, Sarney, é uma vitória também. Temos que comemorar o fim da ditadura também [Cunha, 2014].

Cunha enfatiza o sentimento de esperança no fim da ditadura que se ampliava a cada nova conquista fruto da mobilização social vitoriosa, sentimento esse que fica como elemento no tempo presente, apesar das contradições desse período e dos resultados parciais dessas conquistas. Na fala de Cunha, nota-se a percepção de um processo contínuo, de um acúmulo de vitórias parciais que se seguiram uma após a outra: a Lei da Anistia, as primeiras eleições civis – mesmo indiretas – e a Constituinte.

Lígia Bahia, líder estudantil carioca no fim dos anos 1970 e ex-militante do Movimento Revolucionário 8 de Outubro (MR-8), recupera em sua lembrança a visão positiva de uma vitória relativa como elemento central do processo de transição:

> Assim como a derrota no colégio eleitoral, das eleições diretas, não foi um sentimento de frustração! Não foi, eu acho, porque não poderia ser, né? Pra pessoas como nós que viveram aquele tempo, pra nós, isso era uma vitória, embora eu diria assim relativa. Era uma situação de ruptura, isso não acontecerá mais! Anistia significava isso! Pessoas não serão presas sem *habeas corpus*, não serão torturadas, não sumirão. Isso era importante. Assim como a eleição existir é muito importante! Nós somos uma geração que fomos votar muito tarde. Nossa primeira eleição pra presidente é a eleição do Collor, imagina! [Bahia, 2014].

O depoimento acima nos oferece elementos indicativos da consciência daquela geração estudantil, que se envolveu na luta democrática e obteve vitórias parciais frente aos ideais almejados. Essa geração interpreta os limites como parte do contexto político, ao mesmo tempo que concebe essas conquistas parciais como conquistas coletivas e efetivas.

Contudo, para a geração de 1968 e também para as posteriores que atuaram no movimento estudantil, o longo processo de transição possibilitou a abertura de negociação entre diferentes segmentos políticos e sociais, com a predominância das elites políticas, apesar da interferência dos movimentos sociais, como o movimento estudantil. O processo de transição negociada é o oposto da ideia de confronto, luta e revolução, mais valorizadas em termos de imaginário político e marcas da geração de 1968. A transição negociada remete a acordo, burocracia e consenso. Por isso, os sujeitos que participaram da transição são desvalorizados em relação àqueles que atuaram no momento anterior, que se constituiu na memória como uma fase heroica.

Nesta perspectiva, o modelo de transição para a democracia vivida no Brasil, com suas marcas de negociação, contribuiu para a construção da memória pelo olhar institucional, em que a experiência vivida pela geração da transição foi "memorizada" como consenso ou derrota, ficando, por conseguinte, minimizada na memória social.

A geração da transição se reconhece como responsável por abrir espaço na luta política para os demais sujeitos sociais, essenciais na conquista das "liberdades democráticas", e, por conseguinte, na construção da democracia brasileira e no fim da ditadura. Em paralelo, essa geração reforça a interpretação de que a geração de 1968, a despeito de todos os seus méritos, não obteve o êxito esperado na luta de resistência e foi abafada pela repressão. Contudo, na memória desses ex-militantes estudantis, a geração do movimento estudantil atuante durante a transição democrática contribuiu efetivamente para o retorno das liberdades democráticas no Brasil, tornando-se, assim, vitoriosa no campo político.

Um dos pontos recorrentes nas entrevistas analisadas é a questão do reconhecimento. Para muitos, a memória do movimento estudantil tende a destacar e a valorizar a atuação da geração de 1968, deixando de lado a experiência da geração da transição, o que indica o desejo de reconhecimento do papel dessa geração na memória da ditadura.

Amâncio Carvalho vê a geração da transição como uma geração que ficou despercebida ao longo do tempo:

> A gente é uma geração que passou um pouco despercebida em um prazo maior. Agora é que começa haver uma recuperação, com o projeto [da] UNE. [...]. Mas eu tenho a impressão que se fala mais hoje da sociedade do período da ditadura militar, quer dizer, do grupo que enfrentou o rojão da repressão mais violenta, grupo da época da luta armada, ou se fala mais da geração Collor e tal. Mas, na sociedade como um todo, se fala pouco daquele período. Agora, o que me parece é que o interesse mais recente, principalmente de natureza acadêmica, aumentou [...]. E por esse processo todo e ainda reconhecendo que nosso papel não foi primordial, acho que ele foi muito importante e acho que atualmente [ele é] pouco reconhecido. O que eu ia concluir? Às vezes, as grandes revoluções são silenciosas [...] [Carvalho, 2013].

Uma geração que "passou despercebida", mas que compartilha um elemento forte na sua memória coletiva: o papel vitorioso que seus integrantes desempenharam na luta democrática. As memórias analisadas nos permitem identificar as narrativas de uma geração que se considerava protagonista na história, porém anos depois não vê esse sentimento afirmado sob a forma de reconhecimento social. Percebe-se que, quando se fala de ditadura militar, a memória preponderante é a da violência do Estado que atingiu uma geração de militantes e se constituiu como marco expressivo no Brasil entre 1968 e 1973. Após esse período, o regime militar começou a dar sinais de abertura e a modificar sua forma de ação. A repressão mudou de forma, apesar de ter se mantido em proporções significativas, e houve uma mudança de tática, de forma e de conduta por parte da oposição.

Alon Feuerwerker aponta em seu depoimento as diferenças no campo do reconhecimento das duas gerações estudantis atuantes na ditadura:

> Não temos reconhecimento porque [1968] é mais épico. A luta armada é mais épica. Mas [...] do ponto de vista histórico [...] o fato é que a história não acontece aos saltos sobre buracos negros. Você não pode ignorar um período. Você precisa saber o que aconteceu naquele período. [...] Donde é que veio a anistia? Por que os exilados puderam voltar, sair da cadeia? [...] Teve um processo de luta pela democracia, pela anistia, liberdades democráticas, Constituinte, e teve uma luta e quem desencadeou essa luta foi o movimento estudantil [Feuerwerker, 2014].

Na narrativa de Alon, o caráter épico da geração de 1968 dá a ela maior reconhecimento, ao passo que a geração da transição é "ignorada" como um salto na história e, portanto, não é reconhecida pelo papel na luta política pelo fim da ditadura e pelo retorno da democracia, em que foram defendidas bandeiras como a anistia ampla, geral e irrestrita e as liberdades democráticas.

No entanto, essas memórias da geração da transição não são marcadas pelo ressentimento, como identificamos no depoimento de Amâncio Paulino Carvalho:

> Mas eu não me ressinto desse silêncio, porque eu acho que ele foi proporcional à nossa preocupação na época, que não era de ser herói. Era de conduzir um processo político da forma que a gente achava mais correto. E até mesmo menos estridente. Eu tinha até um certo ressentimento, mas, depois, principalmente, que a gente teve oportunidade de fazer os depoimentos pra UNE, eu fiquei mais tranquilo em relação a isso [Carvalho, 2013].

Carvalho refere-se ao projeto Memória do Movimento Estudantil, desenvolvido pela Fundação Roberto Marinho, UNE e Museu da República entre os anos de 2004 e 2008. O projeto visava reconstruir a história das lutas estudantis no Brasil a partir da história da UNE. Infere-se pelo depoimento de Carvalho que, para a geração da transição, o reconhecimento, através do registro de sua história, tem o sentido de reparação. Reparar, para esse grupo, é reconhecer historicamente seu papel na luta política.

Beatriz Bicudo Tibiriçá, ex-militante da tendência Refazendo e estudante de ciências sociais na USP na ocasião, também pontua em seu depoimento sobre a questão do reconhecimento de sua geração:

> Você vê muito pouco do movimento estudantil, todo mundo pula de [1968], passa pela gente. Mas eu diria que é até por uma qualidade que a gente teve. Essa qualidade de ser uma coisa ampla e misturada. Então, a gente se misturou muito com movimento de carestia, com comissão de justiça e paz, com o começo dos comitês de apoio para os grevistas do movimento operário. Então, a gente se diluiu nas histórias de vida coletivas. Então, acho que isso, de certa forma, pode ser uma das qualidades nossas que acabou que não tinha o líder, "fulaninho de tal era o grande líder que foi reprimido...!". Era quase como uma serpente que ia incendiando. Talvez por isso a gente não seja citado [Tibiriçá, 2014].

Beatriz Tibiriçá também faz referência à sensação de "salto" histórico, em que a geração da transição seria "ignorada". Contudo, para ela, tal "esquecimento" poderia ser compreendido como um elemento positivo, pois seria fruto das características democráticas da atuação política, tão valorizadas pela geração de 1977.

Essa geração, ao mesmo tempo em que busca afirmar sua história e identidade, também exige para si um espaço na memória oficial, pois o reconhecimento de sua atuação no período de mudança política brasileira se torna uma demanda do presente. Além disso, todos os entrevistados afirmaram se reconhecer como sujeitos da história no contexto do processo de luta democrática, com um importante papel na luta política; e é o reconhecimento desse papel que eles demandam no tempo presente como forma de reparação à sua geração.

A geração da transição democrática não fala para o passado ou mesmo para o presente. A intenção, sempre perceptível, é uma fala para o futuro, que visa a consolidar a construção de uma versão legítima da história política brasileira, na qual seus integrantes figurem como protagonistas de uma luta vitoriosa pela democracia. O desejo de que uma história a partir de sua memória seja escrita, e assim legitimada, é um ponto recorrente nas falas, sempre motivadas pelo compartilhamento da experiência vivida.

Embora a "geração da transição" se enxergue como uma geração vitoriosa – mesmo que parcialmente –, ela não tem lugar na memória. Essa geração não apresenta vítimas, mas sim militantes que participaram da "transição negociada", não sendo vítimas nem heróis, pois o caráter "negociado" também contribuiu para a não validação dessa memória.

Considerações finais

Dessa forma, a disputa de memória entre gerações de ex-militantes estudantis e a construção da memória da ditadura militar evidenciam a busca de um significado por parte dos grupos sociais envolvidos na luta pela transição de sua própria atuação e relevância política que crie uma memória sobre a resistência: seus atores, seu conteúdo, suas vítimas, seus heróis, seus símbolos e seus significados.

A memória da geração da transição é marcada pela consciência de participação política no fim da ditadura. Ao narrar sua história, a geração de 1977 busca construir uma nova história e gerar uma nova memória sobre os tempos de ditadura em que a ênfase não recaia somente na geração de 1968, marcada pelo sofrimento da tortura, do exílio e das prisões. A geração de 1977 deseja se ver incluída na história e ter reconhecidas suas ações como as manifestações de rua, as ações culturais, as lutas pela anistia e pela reconstrução de uma sociedade democrática. A disputa pela memória não é uma briga entre gerações, mas sim uma disputa por conteúdos, projetos e experiências políticas, ou seja, pelos sentidos do passado.

A disputa pela memória evidencia uma mudança de lugar dos derrotados. O caráter negociado do modelo de transição brasileiro é oposto à ideia de confronto valorizada no imaginário político e presente na geração de 1968. Pacto remete a consenso e acordo, e distancia-se da ideia de enfrentamento e heroificação.

Assim, o modelo de transição pactuada diluiu a experiência da luta democrática que ficou na memória como uma temporalidade do consenso e do "não conflito". A memória coletiva definida pelo olhar institucional privilegiou o enfrentamento e a luta armada, marcas da geração de 1968. Também o Estado contribuiu para a afirmação de uma memória pautada na violência da repressão e do enfrentamento, através das políticas de reparação e de memorialização. Assim, a geração da transição não teve espaço na memória coletiva, por não ter nela conquistado a representação nem de vítimas nem de heróis.

Diante disso, a geração de 1977, ao narrar sua história, traz à tona uma disputa pela memória, em que se coloca sua intenção de construir uma nova história sobre a ditadura militar em que as lutas do movimento estudantil no período da transição democrática sejam historicamente reconhecidas por seu papel político e a geração de 1968 não sintetize em si a ideia de resistência.

A geração da transição busca incluir sua memória de militância na memória coletiva sobre o movimento estudantil na ditadura. Essa geração recusa a imagem da frustração pela pactuação e busca se definir como uma geração vitoriosa na luta política, reivindicando para si sua parte dos méritos pelo restabelecimento da democracia no Brasil. Cinquenta anos depois, ao analisar a geração de 1968, encontramos vítimas e heróis. Já a geração de 1977, pouco mais de 40 anos depois, ainda busca seu lugar na história. A história é um campo em construção, está em aberto e em constante disputa.

Referências

ARAUJO, Maria Paula Nascimento. *A utopia fragmentada:* as novas esquerdas no Brasil e no mundo da década de 1970. Rio de Janeiro: Editora FGV, 2000.

______. A luta democrática contra o regime militar na década de 1970. In: REIS FILHO, Daniel Aarão; RIDENTI, Marcelo; MOTTA; Rodrigo Patto Sá (Org.). *O golpe e a ditadura militar 40 anos depois (1964-2004)*. Bauru: Edusc, 2004.

______. Estratégias de resistência e memória da luta contra o regime militar no Brasil (1964-1985). In: MARTINS FILHO, João Roberto (Org.). *O golpe de 1964 e o regime militar:* novas perspectivas. São Carlos: Edufscar, 2006.

DELGADO, Lucilia de Almeida Neves; FERREIRA, Marieta de Moraes (Org.). *História do tempo presente*. Rio de Janeiro: Ed. FGV, 2014.

FERREIRA, Marieta de Moraes (Org.). *Memória e identidade nacional*. Rio de Janeiro: Ed. FGV, 2010.

______; AMADO, Janaína (Org.). *Usos e abusos da história oral*. 8. ed. Rio de Janeiro: Ed. FGV, 2006.

FICO, Carlos. Brasil: transição inconclusa. In: ARAUJO, Maria Paula Nascimento; FICO, Carlos; GRIN, Mônica. *Violência na história:* memória, trauma e reparação. Rio de Janeiro: Ed. Ponteio, 2012.

HUYSSEN, Andreas. *Seduzidos pela memória:* arquitetura, monumentos, mídia. Rio de Janeiro: Aeroplano Ed. 2004.

JELIN, Elizabeth. *Los trabajos de la memoria*. Buenos Aires: Siglo Veinteuno Ed. 2002. (Memorias de la represión).

LACERDA, Gislene Edwiges de. *Memórias de esquerda:* o movimento estudantil em Juiz de Fora de 1974 a 1985. Juiz de Fora: Funalfa Ed. 2011.

______. *A História em disputa:* movimento estudantil e a transição democrática brasileira. Curitiba: Ed. Prisma, 2017.

MÜLLER, Angélica. *A resistência do movimento estudantil brasileiro contra o regime ditatorial e o retorno da UNE à cena pública (1969-1979)*. 2010. 266f. Tese (doutorado em história social) – Faculdade de Filosofia, Letras e Ciências Humanas, Universidade de São Paulo – Université Paris 1 – Panthéon Sorbonne. São Paulo/Paris, 2010.

______. A história como arma: a memória histórica como objeto da resistência estudantil contra a ditadura militar no final dos anos 1970. In: DELGADO, Lucilia de Almeida Neves; FERREIRA, Marieta de Moraes (Orgs.). *História do tempo presente*. Rio de Janeiro: Ed. FGV, 2014.

NAPOLITANO, Marcos. *Cultura e poder no Brasil contemporâneo*. Curitiba: Juruá, 2006.

POLLAK, Michael. Memória, esquecimento, silêncio. *Estudos Históricos*, Rio de Janeiro, v. 2, n. 3, p. 3-15, 1989.

RIDENTI, Marcelo. *O fantasma da revolução brasileira*. São Paulo: Ed. Unesp, 1993.

SARLO, Beatriz. *Tiempo pasado:* cultura de la memoria y giro subjetivo: una discusión. Buenos Aires: Siglo Veinteuno Ed. 2007.

SIRINELLI, Jean-François. A geração. In: FERREIRA, Marieta de Moraes; AMADO, Janaína (orgs.). *Usos e abusos da história oral*. 8. ed. Rio de Janeiro: Ed. FGV, 2006.

Quem te viu, quem te vê: *O Estado de S. Paulo* e 1968, 30 anos depois[1]

Maria Ribeiro do Valle

A mídia não apenas exerceu um grande papel no apoio ao golpe militar de 1964, como o exerce na (re)construção da história do período militar no Brasil, uma vez que as (re)versões de 1968 são trazidas à tona particularmente pelo seu discurso. A imprensa, em grande medida, é cúmplice e porta-voz da ditadura militar no país, e o seu apoio ao golpe de 1964 e aos protestos de 1968 corrobora o relato dos militares. O jornal *O Estado de S. Paulo* – o *Estadão* – mereceu nossa atenção devido ao fato de ter grande circulação nacional, ser um dos principais jornais do país, e portanto ser lido por estudantes paulistas e citado em periódicos estudantis cariocas, contribuindo para veicular informações do movimento estudantil (ME), embora apresentando versão desfavorável ao mesmo. Às vésperas do AI-5, o *Estadão* pedia ao governo que tomasse medidas para o retorno da *normalidade democrática* frente aos movimentos contestatórios, atuando, assim, como uma arma essencial da ditadura. Mas o tiro saiu pela culatra: o jornal também foi violentamente invadido e censurado. Sua reação à censura não pode, contudo, ser vista como sinônimo de recusa do AI-5 em seu sentido mais amplo. Se, depois de 30 anos, o *Estadão*, com o retorno midiático de 1968, procurou veicular uma imagem que o identificava como um dos heróis antiditadura, não podemos deixar de registrar o fato de que ele se posicionou contrariamente ao movimento estudantil também em 1978 e 1988.

No ano de 1978 ainda estava na presidência da República o general Ernesto Geisel, escolhido pelo antecessor, general Médici, e eleito pelo Congresso Nacional. Seu governo é lembrado por ter dado início a uma suposta abertura política

---

[1] Este texto é parte de uma pesquisa realizada com auxílio da Fapesp em conjunto com o aluno Tomy Tasato, que trabalhou no levantamento dos artigos de *O Estado de S. Paulo*.

e à redemocratização. Apesar da memória da transição, o governo Geisel foi marcado por uma postura autoritária frente às manifestações e às greves, além de ter reafirmado em 1978 a indicação oficial do general João Figueiredo para a presidência. Foi também em 1978 que Luiz Inácio Lula da Silva se apresentou publicamente como uma figura política, pois em 12 de maio os metalúrgicos de várias fábricas do ABC entraram em greve sob a sua liderança. O movimento se espalhou pelo país e até o final do ano de 1978 outras centenas de greves foram realizadas, passando por cima da lei de greve de 1964, que impedia as paralisações.

Em setembro de 1978, foi realizado o 31º Congresso da UNE, conhecido como Encontro de Salvador, onde se ressaltou o princípio da anistia "ampla, geral e irrestrita". Em novembro, a luta do Congresso Nacional pela anistia assumiu grande densidade e conseguiu reunir entidades, representantes da sociedade civil e delegações estrangeiras. No tocante ao tema, *o Estado de S. Paulo* defendia uma anistia basicamente política, que permitisse a volta dos cassados à vida pública. Apesar de divulgar listas com os nomes de mortos e desaparecidos, elaboradas pelos movimentos sociais, o jornal dava mais espaço para os depoimentos de políticos contrários à proposta. Podemos, então, entender que durante a ditadura militar o *Estadão* propôs apenas reformas com ênfase na revogação do AI-5, no fim da censura e na restauração do *habeas corpus*, mantendo a crítica aos movimentos de protesto, entre os quais o ME e as greves operárias. Para o *Estadão* a justificativa do governo de que a anistia beneficiaria criminosos comuns era apenas uma forma de impedir as demandas sociais. Portanto, assim como as autoras Maria Aparecida de Aquino (1999) e Maria Helena Capelato (1980 e 1989), podemos afirmar que *O Estado de S. Paulo* era um *liberal convicto*, no sentido de que tal ideologia, mais do que servir para orientá-lo, era o principal parâmetro para analisar o contexto da abertura política que, na prática, só atenderia ao empresariado e puniria os trabalhadores que representassem uma ameaça à ordem social pautada no capital privado. O ano de 1978 terminou junto com o mandato do presidente Geisel, seguindo-se o início do mandato de seu sucessor, Figueiredo. O ano de 1979 começou, enfim, com a extinção do Ato Constitucional nº 5.

Em 1988, 20 anos depois de 1968, e tendo a ditadura sido encerrada em 1985, quando Tancredo Neves foi eleito presidente indiretamente, mas morreu antes de tomar posse, José Sarney exercia a presidência. As principais decisões de Sarney pautaram-se na revogação das leis que vinham do regime militar, estabelecendo ainda limites às liberdades democráticas – o chamado "entulho autoritário" –, e na eleição de uma Assembleia Constituinte encarregada de elaborar uma nova Constituição. Os anos seguintes seriam marcados pela orientação neoliberal, e embora essa política "tenha se iniciado em 1990, com a posse de Fernando Collor de Mello, foi no primeiro mandato de Fernando Henrique Cardoso, iniciado em 1995, que ela entrou em seu período de consolidação" (Carvalho, 2004:19). Instalou-se, assim, uma política de privatizações, além de transferências de riquezas para o setor privado e uma desindustrialização e desnacionalização da economia.

> Este processo levou à adoção do Estado Mínimo, cujas funções básicas, inicialmente, seriam manter a educação primária, a saúde e a infra-estrutura essencial ao desenvolvimento econômico. Posteriormente, notamos que nem estas funções básicas ficaram reservadas ao Estado, pois mesmo nesses setores o Estado foi se retirando e permitindo a entrada do capital privado, fato que denota o peso ideológico intrínseco à política adotada [Carvalho, 2004:19].

As eleições presidenciais de 1998 voltaram a colocar em disputa projetos e interesses socioeconômicos antagônicos. Mesmo com a conjuntura desfavorável, Fernando Henrique ainda era o candidato favorito à reeleição. Sob o comando do Partido da Social Democracia Brasileira (PSDB), o presidente tinha uma aliança com todos os partidos de centro-direita do país, como o Partido Progressista (PP), o Partido Trabalhista Brasileiro (PTB), o Partido da Frente Liberal (PFL) e o Partido do Movimento Democrático Brasileiro (PMDB), e contava com o apoio de Antônio Carlos Magalhães, Paulo Maluf, Roberto Jefferson e Jader Barbalho.

Fernando Henrique tinha como seu principal oponente o sindicalista Lula, do Partido dos Trabalhadores (PT), que, para conter a crise socioeconômica em andamento no país, defendia medidas temporárias como o controle no movimento de capitais especulativos e a desvalorização administrada do real. Defendia também reformas estruturais, duas das quais podem ser destacadas: a reforma agrária e a reforma trabalhista. Frente a essas propostas, não é difícil concluirmos que *O Estado de S. Paulo* se posicionaria claramente do lado do projeto defendido por Fernando Henrique.

Nossa hipótese é de que, a partir da eleição de Fernando Henrique Cardoso, *O Estado de S. Paulo*, defensor convicto dos princípios da participação individual, passou a defender desde o campo tecnológico até as lutas por direitos sociais, considerando caber ao Estado apenas oferecer leis que garantissem tais conquistas. Em contrapartida, sua ênfase no direito à liberdade e à propriedade, garantindo que a sociedade civil deveria, voluntariamente, escolher um representante, selava no país o (neo)liberalismo, que, a seu ver, era indissociável da democracia.

A partir da implantação do neoliberalismo, o jornal procurou demonstrar que o Brasil, durante a ditadura militar, era um país autoritário que submetia os diversos grupos sociais às doutrinas arbitrárias, contrariando os princípios liberais. Dessa forma, após ter apoiado o golpe de 1964, *O Estado de S. Paulo* passou a veicular uma versão contrária a tal movimento, alegando que havia sido instaurado um regime antiliberal e, consequentemente, antidemocrático, e discordando, portanto, do apoio dos empresários ao governo militar.

O discurso hegemônico favorável ao golpe de 1964 sofreria alterações a partir do final da ditadura durante as "comemorações decimais de 1968". No caso do *Estadão*, a supremacia do neoliberalismo garantiu a inversão total do relato dos acontecimentos no calor da hora, quando o jornal defendeu de forma contundente o fim dos movimentos de protesto, notadamente do movimento estudantil. Como o perigo comunista tinha sido banido com o fim da Guerra Fria, com a adesão global ao neoliberalismo 30 anos depois, em 1998, *O Estado de S. Paulo* pôde aplaudir o sonho trazido pela revolta dos estudantes em 1968, justamente porque ela saíra de cena com a ofensiva liberal. Até 1978, o jornal apresentava o argumento dos militares de alta patente: enquanto houvesse o combate ao imperialismo comunista não haveria anistia. Esta só ocorreria com o fim da Guerra Fria e o "desarmamento dos espíritos".[2]

A partir dessa contextualização, podemos lançar luz sobre essa reviravolta do *Estadão*, que combateu violentamente os protestos estudantis e dos trabalhadores considerados subversivos em 1968 e 1978, e adotou um relato totalmente favorável 30 anos depois, em 1998, quando o fantasma do comunismo parecia ter sido finalmente expulso do paraíso. Acompanharemos a seguir essa inversão.

1998 – o movimento estudantil de 1968 na voz do *Estadão*

Trinta anos depois de 1968, o grupo *O Estado de S. Paulo* publicou um encarte intitulado *1968: do sonho ao pesadelo*, assinado pelo jornalista e historiador José

[2] "Militares rejeitam qualquer concessão", *O Estado de S. Paulo*, 22 fev. 1978, p. 14.

Alfredo Vidigal Pontes, que em 1992 passara a ser sócio de uma das empresas do grupo, e pela jornalista Maria Lúcia Carneiro. Em 1988 fora montada pelo mesmo grupo uma exposição itinerante com fotos de 1968, que agora não apenas vinham acompanhadas de legendas contrárias ao posicionamento do jornal nas décadas anteriores, como ilustravam uma outra história, em que o jornal se vangloriava de ter sido opositor da ditadura militar. Merece destaque o fato de que as fotos ocupavam o maior lugar nas reportagens do encarte, permitindo não apenas a visibilidade dos acontecimentos, mas também a construção de uma nova versão dos mesmos.

Talvez pudéssemos encontrar explicações para essa guinada no posicionamento de *O Estado de S. Paulo* no fato de estarmos vivendo o primeiro aniversário de 1968 com um presidente eleito diretamente. Com a redemocratização da sociedade, o público leitor certamente esperaria uma postura similar do diário paulista, o que garantiria a venda de seus exemplares. Encontramos pistas que nos permitem defender essa interpretação no texto que segue, extraído do encarte citado:

> Hoje, na vigência da democracia plena, com a palavra "cidadania" ouvida em todos os setores do tecido social (o que era impensável 30 anos atrás), o Grupo Estado, testemunha atuante, resgata a memória daqueles dias em que o país passou do sonho ao pesadelo [p. 11].

A primeira observação que fazemos sobre esta publicação é que em 1998 *O Estado de S. Paulo* dava voz e um grande espaço nas suas matérias aos supostos "arrependidos" líderes estudantis de 1968, buscando construir uma neutralidade frente a eles, garantindo com as fotos sua pretensa e incansável luta pela democratização, uma vez que enfatizava o papel de registro e de memória que havia exercido durante a ditadura militar.

O título completo do encarte é *1968: do sonho ao pesadelo. Da revolta dos estudantes ao fim das liberdades democráticas*, tendo como subtítulo "O sonho dos estudantes, de reformar o ensino, as instituições e muito mais. E o papel do jornal, como registro, como memória". Logo no início (p. 7) são transcritas as palavras de Júlio de Mesquita Filho, proprietário do jornal, que estava em Paris em maio de 1968, em que ele demonstra uma grande preocupação com o alastramento dos acontecimentos parisienses, atingindo particularmente o Brasil, que, segundo o *Estadão*, estava com as instituições ameaçadas:

> Uma espécie de solidariedade entre os estudantes de toda a Europa já começa a funcionar. É evidente que tal contágio pode transbordar dos limites europeus. Se ele atingir países desprovidos de uma Constituição capaz de absorvê-lo – e viu-se que esse é o caso do Brasil.

Já no "Prólogo" do encarte notamos que para seus autores, em 1998, o maio francês, longe de ser um perigo para as democracias, era a expressão de um sonho comum ao dos estudantes brasileiros. Em nova citação de Júlio de Mesquita Filho (p. 11), lemos:

> Em 1968 os estudantes brasileiros tinham um sonho que não havia nascido naquele ano: reformar o ensino, as instituições [...] e muito mais. Mas isso se tornou mais importante em 68, porque os estudantes franceses estavam erguendo barricadas nas ruas de Paris.
> Por tradição, nada do que acontece em Paris fica sem consequências.

O primeiro acontecimento abordado no encarte é a morte de Edson Luís. Era a primeira vez que *O Estado de S. Paulo* relatava que seu assassinato ocorrera no interior do restaurante e não em um "conflito da PM com os estudantes", admitindo ser explícita a violência policial, sem sugerir que a PM poderia estar reagindo a um protesto ou a uma passeata dos conhecidos "perigosos" líderes do Calabouço:

> Os estudantes brasileiros já haviam se manifestado no ano anterior, pelos excedentes e contra as questões do acordo MEC-USAID. Mais uma vez pelos excedentes, e para protestar contra as péssimas condições de alimentação oferecidas aos universitários, eles preparavam uma passeata, em março, no restaurante Calabouço, no Rio, quando foram surpreendidos por uma tropa de choque da PM e no confronto caiu morto o estudante Edson Luís Lima Souto [p. 7].

Com o título "Edson tomba no Calabouço: a tropa de choque da PM surpreende os estudantes e chega atirando", a ênfase do encarte recai, inclusive, sobre as péssimas condições do restaurante universitário, parecendo concordar que eram justas as suas reivindicações:

> Seria o começo de mais uma passeata no Rio de Janeiro, se a polícia não tivesse invadido o restaurante estudantil escuro, mal arejado e malcuidado que, por isso

> mesmo, os estudantes apelidaram Calabouço. A violência na repressão a uma manifestação pelos excedentes, e contra as péssimas condições da alimentação oferecida aos universitários, termina com um tiro: Edson Luís Lima Souto cai morto. No dia seguinte, enquanto as autoridades ainda procuravam o autor ou o tiro que matou Edson, 50 mil pessoas desfilavam atrás do cortejo, pelas ruas do Rio, depois do velório na Assembleia Legislativa. Era o sinal de que a comoção e a revolta tomariam conta do País [p. 12].

Em seguida, culpando a repressão também pelos incidentes que ocorreram após o assassinato de Edson Luís, assim como pela comoção da população, *O Estado de S. Paulo* deixa claro que, no Rio, o cenário impressionava: voos rasantes de aviões militares, céu carregado e policiais do Dops agindo com muita agressividade. "O Rio transformado em praça de guerra. [...] Os seguidos voos rasantes de aviões militares em céu nublado, somados à atuação agressiva dos policiais e agentes do Dops (Departamento de Ordem Política e Social), criam um clima de tensão e medo no centro da cidade" (p. 16-17).

Com o instigante título: "O país todo grita: a revolta atingia os centros universitários em várias cidades", a publicação faz alusão às repercussões da morte de Edson Luís devido ao alastramento das manifestações por todo o país – Goiânia, Belo Horizonte, ABC, Porto Alegre – e, inclusive, à ocupação da UnB, onde foi inaugurada a praça Edson Luís.

Ao abordar o episódio seguinte de repercussão nacional – a sexta-feira sangrenta – com o trocadilho "Sangue na sexta-feira: uma batalha que durou o dia todo, com muita violência, tiros e quatro mortes", o texto oferece a descrição do conflito, que avançou pela noite e teve um saldo de 23 pessoas baleadas, 35 soldados feridos, quatro mortos e aproximadamente mil presos. E afirma que o Rio, coberto "por nuvens de gás lacrimogêneo, viveu seus momentos mais violentos em 68" (p. 25).

Pela primeira vez apareciam numa publicação de *O Estado de S. Paulo*[3] os motivos que levaram os policiais militares e os estudantes ao enfrentamento na sexta-feira sangrenta. Só agora, com o uso das imagens, chamando a atenção para as fotos que haviam sido divulgadas pela imprensa no calor da hora, era tornada pública a seguinte versão dos fatos:

---

[3] Sobre o posicionamento do jornal em 1968 frente aos acontecimentos estudantis, ver Valle (2016).

> O Rio vivia uma pequena guerra, já prenunciada no dia anterior: 400 estudantes da Faculdade de Economia haviam sido presos e levados ao campo do Botafogo, onde seriam tratados barbaramente pelos policiais, *em cenas amplamente divulgadas pela imprensa*. A primeira manifestação da sexta-feira havia ocorrido logo às 8h30, com um discurso inflamado do líder estudantil Vladimir Palmeira, presidente da UNE, na praça Tiradentes. Durante todo o dia o centro da cidade esteve tomado por comícios, correrias e cargas de cavalaria. Dos prédios caía um pouco de tudo sobre os soldados, que não hesitavam em atirar a esmo. A violência avançou pela noite [p. 24, grifo nosso].

Fica evidente, assim, a violência policial, sem que seja feito qualquer comentário sobre o assassinato de um soldado, que na época foi atribuído a Vladimir Palmeira, embora a vítima tivesse sido atingida por uma máquina de escrever jogada do alto de um prédio no centro do Rio. Diante desse cenário, no dia 26 de junho realizou-se a Passeata dos Cem Mil no Rio, angariando o apoio de intelectuais, artistas, padres, professores, pais e mães, e garantindo, assim, cautela na repressão e a ausência de confronto entre os participantes e a polícia. Apenas em 1998 O *Estado de S. Paulo* também deixaria de fazer alusão aos discursos dos estudantes que chamavam o povo para a revolução.

Ainda segundo *1968: do sonho ao pesadelo*, em consequência da Passeata dos Cem Mil seriam levadas armas pesadas para as ruas, e o Rio passaria a conviver com "brucutus" e "tatus". Ou seja, o policiamento ostensivo passou a ser uma das táticas que os policiais militares utilizaram para amedrontar manifestantes. E essa passou a ser também a realidade de São Paulo, segundo uma das legendas das fotos: "'Brucutus' da polícia militar eram vistos com frequência nas ruas de São Paulo: seus jatos de água dispersavam multidões" (p. 32).

No texto intitulado "Um país ligado na tomada: uma palavra definia tudo: insegurança" a ênfase é dada ao avanço dos conflitos entre soldados e manifestantes que depredavam com bombas as cidades, atingindo inclusive a sede de *O Estado de S. Paulo* (p. 33). O que salta aos olhos é que, inusitadamente, o jornal isenta os estudantes desta última ação, enquanto nas décadas anteriores ele induzia o leitor a criminalizá-los:

> A violência tomou conta dos dois lados e cobriu o País com um frêmito de insegurança por vários meses. Os soldados atiravam, batiam e prendiam. Os estudantes

> se armavam de cassetetes, paus, pedras e *reagiam*. Viravam e incendiavam carros oficiais, apedrejavam e atacavam edifícios [p. 33, grifo nosso].
> O prédio do jornal *O Estado de S. Paulo*, na rua Major Quedinho, sofreu um atentado a bomba em uma madrugada de sábado, *mas aquela ação jamais pôde ser atribuída aos estudantes* [p. 33, grifo nosso].

De forma igualmente surpreendente e inusitada, com o emblemático título "007 à Brasileira", os autores fazem menção aos espiões descobertos pelos estudantes em suas manifestações e organizações:

> Além de recorrer à violência, os policiais investem na contrainformação. Agentes, alguns recrutados entre civis, são infiltrados no meio estudantil. Dois são desmascarados e ganham destaque na imprensa: a "Maçã Dourada", uma funcionária burocrática excessivamente vaidosa, que se mistura entre os estudantes, na Faculdade de Filosofia da rua Maria Antônia, e conquista a atenção do líder José Dirceu, e o "Pêra Dourada", um policial, preso por estudantes e liberado em troca de universitários detidos [p. 34].

Em contrapartida, a publicação enfatiza que enquanto os novos líderes estudantis assumiam o protagonismo de suas lutas, a reação da polícia se agravava a cada passeata. Mais uma vez é surpreendente a ação policial em 1968 ser vista pelo *O Estado de S. Paulo* como uma reação desproporcional e descabida:

> O movimento estudantil ia revelando à opinião pública as vozes que determinavam suas ações: Vladimir Palmeira, José Dirceu, Luiz Travassos, Edson Soares, Benedito Trindade, José Arantes e Antônio Ribas tornaram-se bastante conhecidos. Os oradores, alguns que até então se destacavam apenas em salas de reuniões e assembleias, eram os mais procurados pela polícia na hora das prisões. Mas participar de passeatas levava à cadeia também os simpatizantes anônimos. *A reação* tornara-se tão forte que, em uma única e pequena passeata, de 500 pessoas, no dia 10 de outubro, no Rio, 100 foram presas [p. 34, grifo nosso].

Uma das fotos mais marcantes é a que registra a presença do Paraquedistas *Search and Rescue* (Para-Sar), unidade de paraquedistas dedicada a salvamentos, durante os confrontos na sexta-feira sangrenta. Também é a primeira vez em que é feita menção pelo *O Estado de S. Paulo* a essa operação de guerra.

O *Correio da Manhã*, diário carioca, abordou os planos da ditadura que envolviam a ação direta do Para-Sar, prevista para junho de 1968, no final de setembro, quando teve início a VIII Conferência dos Exércitos Americanos num esforço conjunto para reprimir o avanço do comunismo e da subversão na América Latina. Em resposta, os estudantes organizaram uma semana de protesto "contra a reunião dos generais" e, particularmente, contra a presença do general William Westmoreland, que comandou as tropas americanas na Guerra do Vietnã. A nova "incursão dos duros" (Martins Filho, 1987:141-142), já explicitada com a invasão da UnB em agosto, e a ação das Forças Armadas no Rio de Janeiro – para conter as manifestações estudantis no início do segundo semestre – buscava endossar suas práticas repressivas como combate ao "plano geral de subversão". A novidade no início de outubro seria a denúncia não apenas de mais um plano de autoria de radicais das Forças Armadas, mas de "um dos mais sinistros planos da nossa história contemporânea" (Ventura, 1988:195): o caso Para-Sar. Seu esquema, que foi denunciado na Câmara dos Deputados, previa a utilização de:

> Oficiais e sargentos da Aeronáutica – especialistas em ação rápida de salvamento nas selvas – para o assassinato das principais lideranças estudantis e de políticos de oposição e cassados "irrecuperáveis", que seriam raptados e lançados de aviões, a 40 quilômetros da costa, no oceano.[4]

Impedida pelo capitão Sérgio Ribeiro de Carvalho – um dos membros do Para-Sar –, a operação para "livrar o Brasil do avanço comunista" coincidiria com as intensas manifestações estudantis de junho. A intenção seria, então, responsabilizar os "subversivos" pelos assassinatos executados pelos integrantes do Para-Sar, que deveriam chegar no local da "tragédia" para "socorrer" os milhares de mortos e feridos.

Os militares que denunciaram o "plano" foram punidos e, passados 30 anos, *O Estado de S. Paulo* veio comprovar, com a publicação de fotos do helicóptero da Aeronáutica, sua veracidade. O plano deveria ter sido posto em ação durante a Passeata dos Cem Mil, não deixando qualquer dúvida com relação à prontidão do Para-Sar para cumprir sua missão no momento em que teve início a vitória da linha dura.

---

[4] *Correio da Manhã*, "Exonerado e preso brigadeiro", 2 out. 1968, p. 3.

Em seguida, o encarte volta a fazer menção à "Marcha dos 100 Mil, onde a polícia apenas assistia, apesar da expectativa a respeito do comportamento da polícia" (p. 30). Para *O Estado de S. Paulo* a adesão de intelectuais, atores e atrizes conhecidos, padres, pais e mães foi fundamental para garantir respeito no policiamento. "Quando a manifestação terminou, não havia ocorrências a lamentar" (p. 30). E foi a partir de então que o Comando de Caça aos Comunistas (CCC), uma organização paramilitar, passou a intervir violentamente tanto no meio artístico quanto no estudantil. No dia 5 de julho, o governo proibiu formalmente passeatas, reprimindo todas. Os estudantes, entretanto, já tinham desenvolvido formas eficientes de manter o movimento coeso, organizado permanentemente, onde fosse possível, com suas assembleias e reuniões, fato que parece ser enaltecido pelo *O Estado de S. Paulo*. Nesse momento em que a repressão foi intensificada, jornais que no "calor da hora" apoiaram o movimento estudantil, como foi o caso do *Correio da Manhã*, passaram a pedir cautela dos estudantes e até mesmo a desaconselhar a organização de passeatas. Trinta anos depois, *O Estado de S. Paulo* tece elogios à organização dos estudantes que conseguiram, por suas novas táticas, driblar a repressão.

O episódio chamado pelo *O Estado de S. Paulo* de "Uma guerra em outubro" refere-se a um confronto já esperado pelo matutino entre os alunos do Mackenzie e da Filosofia da USP. Contudo, de maneira não apenas diversa, mas invertendo a narração dos acontecimentos feita pelo próprio jornal em 1968, o encarte afirma agora que os estudantes no pátio do Mackenzie, na rua Maria Antônia, jogaram paus e pedras nos adversários da Filosofia, no outro lado da rua, enquanto os estudantes da Filosofia puseram abaixo um muro que era considerado obstáculo estratégico na guerra. É importante ressaltar que durante a cobertura dos acontecimentos de 1968 pela grande imprensa, foi dada muita ênfase a quem iniciava a utilização da violência. E, ao contrário do relato de *O Estado de S. Paulo* "no calor da hora", 30 anos depois o jornal atribui aos mackenzistas não apenas a iniciativa de agressão e a superioridade "bélica", confirmando a narrativa dos estudantes da Filosofia da USP em 1968, de que eles foram atacados pelo CCC – alojado no Mackenzie – e não pelos demais alunos, que inclusive estavam lutando pelas causas estudantis que eram alvo do CCC. O *Estado de S. Paulo* demarca, assim, o início da guerra quando um coquetel Molotov explodiu no meio da rua: "de um lado, estudantes armados com revólveres; de outro, com litros de ácido, Molotovs, rojões" (p. 41). Enquanto isso, por sua vez, a polícia apenas assistia ao conflito, sem intervir, apesar de sua posição de observadores privilegiados. Cabe enfatizar que, tal como mostra a citação a seguir, *O Estado de S. Paulo* novamente faz uma descrição dos fatos totalmente diversa com relação à grande imprensa, que no calor da hora o incluía:

> Um ovo jogado do Mackenzie contra um grupo de secundaristas. Uma pedra atirada em resposta. Mais pedras, de lado a lado. Franco-atiradores no Mackenzie. Coquetéis Molotov na Filosofia
> Outubro começou especialmente turbulento em São Paulo. O Confronto, que se sabia inevitável, estourou no dia 2 na pequena rua Maria Antônia, que separava os muros da Universidade Mackenzie, tida como reduto da direita e, pior, o temível CCC (sic), e da Faculdade de Filosofia da USP, onde a esquerda tinha sua base mais atuante [p. 40].

As legendas das fotos são muito importantes para demarcar o posicionamento de *O Estado de S. Paulo*, que atribui a destruição do prédio da Filosofia aos estudantes do Mackenzie:

> O conflito avança: na batalha, ácido, bombas e tiros (p. 42).
> Da esquina das Ruas Maria Antônia e Doutor Vila Nova os estudantes observam o cenário da batalha. Na foto à direita, a Filosofia queima depois de atingida por coquetéis Molotov [p. 43].

Ao narrar o acirramento da guerra, *O Estado de S. Paulo* continua criminalizando os alunos do Mackenzie:

> O segundo dia de luta começaria às 8h45: alunos do Mackenzie tentavam retirar uma faixa da rua, colocada pelos estudantes da Filosofia. Pedras, rojões, coquetéis Molotov, tijolos, ácido, bombas e tiros voltam a ser trocados. Os líderes José Dirceu, Luiz Travassos, Edson Soares e Benedito Trindade tentavam impor alguma estratégia ao pelotão da USP, mas, do muro alto do Mackenzie, atiradores bem treinados davam vantagem ao outro lado.
> Um Molotov certeiro, depois outro, atingem uma janela do andar superior da Filosofia. O prédio começa a pegar fogo. O incêndio é apagado pelos próprios estudantes, que impedem a entrada de bombeiros. Às 2h20 do dia 3 o prédio de cinco andares já não tem mais vidraças e a fachada está escurecida [p. 42].

E o desfecho do conflito ocorre com o assassinato de José Guimarães, que o *Estadão* anuncia com o título “Um tiro na cabeça de José: o sangue jorra e ensopa suas roupas” (p. 44). Através da legenda das fotos podemos acompanhar o relato de *O Estado de S. Paulo* a respeito de mais um estudante morto pela ditadura:

> Disparado de um dos telhados do Mackenzie, o tiro explodiu na cabeça de José e ensopou de sangue sua camisa. Ele foi socorrido por colegas e repórteres, mas não resistiu e morreu logo em seguida. [...]
> José Dirceu discursa exibindo a camisa de José [p. 45].

E, em seguida, o encarte descreve o assassinato, através de textos e das fotos com suas legendas:

> Dia 3, 3 horas da tarde. Um tiro é disparado dos telhados do Mackenzie. O sangue salta da cabeça de José Guimarães, ensopa sua camisa e calças. O secundarista ainda é socorrido pelos ocupantes de um carro de reportagem, mas não resiste. Tem 20 anos. Seu corpo é exibido pelos estudantes da Filosofia na Maria Antônia, e uma passeata parte em direção ao Anhangabaú, comandada por José Dirceu. No caminho, carros seriam virados e queimados, pessoas seriam feridas. No final do dia, Mackenzie e Filosofia eram ocupados pela polícia e 34 estudantes estavam presos [p. 44].

É também ressaltada a comoção gerada pelo assassinato do estudante na capital paulista:

> A cidade chorava o estudante morto – do alto dos prédios, o público se manifestava gritando e jogando papel picado.
> A passeata seguiu em direção ao Anhangabaú (foto maior), onde seria dispersada pela polícia. Na foto ao lado [...] a partir do estudante que exibe a camisa de José, estão José Arantes (vice-presidente da UNE), José de Abreu (ator), Eduardo Bonuma (de óculos e barba) e José Mentor (vereador).
> Os estudantes não conseguiram fazer manifestações durante o enterro de José Guimarães, estrategicamente antecipado das 16 horas para as 13h30 e cercado por um batalhão de 200 guardas civis. Mas eles se uniram em uma passeata simbólica, com caixões vazios, e conduziram um cordão de 10 mil pessoas por

> seis quarteirões do centro. Do alto dos prédios, as pessoas jogavam papel picado. Embaixo, surgia a polícia e, mais uma vez, bombas, rojões, cassetetes [p. 46].

Estávamos na véspera do XXX Congresso de Ibiúna, onde, segundo *O Estado de S. Paulo*, 720 estudantes foram presos devido à facilidade da polícia em descobrir sua localização. Mais uma vez é surpreendente o relato do encarte através de sua descrição e das legendas que acompanham as fotos publicadas:

> Aqueles jovens cabeludos que circulavam pelas imediações da pequena Ibiúna não poderiam deixar de chamar a atenção de todos, e não foi difícil para a polícia investigar e descobrir que se tratava do congresso clandestino. Presos em um pequeno sítio, os estudantes foram levados para a capital em caminhões e ônibus da polícia. Lá, pais e amigos os esperavam [p. 55].
>
> A pequena Ibiúna, 10 mil habitantes, estava curiosa com o aparecimento de tantos jovens, na maioria barbudos, que chegavam no Sítio Murundu, em um vale cercado de árvores, a 25 km de distância. Três dias antes, no episódio da tomada do CRUSP pelos estudantes de esquerda, temerosos de um ataque ao CCC, os líderes estudantis tinham desaparecido de São Paulo. A imprensa anunciava que estava em preparação o 30º Congresso da UNE [p. 54].

Vale ressaltar a importância da imprensa na localização dos estudantes, apesar de o *Estadão* sugerir que a polícia não foi tão eficiente nessa tarefa:

> A polícia havia se mobilizado para descobrir o lugar da reunião clandestina e prender seus participantes, mas não esperava que fosse tão fácil: uma operação que começou às 7h30 do dia 13 de outubro, e demorou minutos, foram 720 estudantes, entre eles José Dirceu, Vladimir Palmeira e Luiz Travassos – toda a cúpula da organização [p. 54].

Logo em seguida é abordado o assassinato de Charles Chandler, que ocorreu no mesmo dia do congresso de Ibiúna. Embora em 1968 *O Estado de S. Paulo* tivesse procurado vinculá-lo aos estudantes, agora o jornal parece eximi-los de culpa:

> No mesmo dia era assassinado a tiros de metralhadora, em São Paulo, o capitão norte-americano Charles R. Chandler. Paralelamente ao movimento estudantil,

haviam-se organizado *grupos clandestinos de militantes de esquerda, alguns com opção pela luta armada*. Chandler foi assassinado pela Aliança Libertadora Nacional (ALN), comandada por Carlos Marighella, supostamente por estar ligado à CIA e auxiliar os órgãos de segurança brasileiros no combate ao terrorismo [p. 54, grifo nosso].

A cobertura dos acontecimentos pelo encarte *1968: do sonho ao pesadelo* acaba aqui, mas buscamos o relato sobre o AI-5 no Caderno 2, encarte especial de domingo de *O Estado de S. Paulo*, edição de 13 de dezembro de 1998, exatos 30 anos após o AI-5, que traz um artigo intitulado "Os 30 anos do AI-5" assinado por Mauro Dias, crítico musical que trabalhou por 40 anos escrevendo para os jornais *Última Hora*, *O Globo* e *O Estado de S. Paulo*. Afirmando que o "AI-5 deu a Costa e Silva e a seus sucessores, durante os dez anos de sua vigência, poderes absolutos", o artigo aborda ao mesmo tempo a instauração definitiva da censura e a resistência do jornal a ela. O *Estado*, segundo Dias, foi um dos primeiros jornais a ser atingido pelo AI-5 por ter-se negado a fazer a autocensura:

> A censura à imprensa tornou-se implacável. Assuntos graves, mas desvinculados da política, não podiam ser noticiados: um embarque do Paraguai para o Brasil, de carne supostamente estragada, uma epidemia de meningite – notícias que poderiam afetar *a imagem do Brasil Grande que o governo queria impor e que o Estado foi o primeiro dos grandes jornais a denunciar como falsa*.
> Como jamais aceitou a autocensura, o *Estado* ganhou a presença de um censor em sua redação. Os assuntos cortados, no entanto, não eram substituídos por notícias inócuas e sim por poemas do épico *Os Lusíadas* de Camões. Notícias sobre prisões, torturas, desaparecimentos não podiam ser publicadas. "*O ato surgiu como solução de desespero para manter uma frágil fachada*", escreveu o então diretor do jornal, Júlio de Mesquita Neto, *em editorial do dia 21 de setembro de 1969*. Como havia ocorrido antes, a polícia invadiu o jornal no momento em que a edição estava sendo rodada [p. 1, grifo nosso].

Em seguida, o artigo faz menção aos principais alvos da censura:

> A censura atingiu a música, o cinema, o teatro. A repressão que calou vozes e tirou de cena lideranças políticas e administrativas nascentes criou o vazio que

> tornou cinzentos os anos 80 – uma década silenciosa, de tentativa de resgate dos valores perdidos.
> Na mão dos censores, textos, imagens, movimentos eram proibidos por apresentar conteúdo – no entender dos burocratas a que se delega o poder de julgar – subversivo ou imoral [p. 1].

O *Estadão* foi apreendido na madrugada de 13 de dezembro de 1968, 15 horas antes da instauração do AI-5, devido ao seu editorial que previa "tempos sombrios", e no mesmo dia, à tarde, Júlio de Mesquita Filho,

> diante das pressões dos militares, avisou ao diretor da PF e ao governador Abreu Sodré que o *Estado* não praticaria a autocensura. A tarefa cabia à polícia, disse. Em represália, à noite, censores foram enviados à redação.
> No dia 14, o *Jornal da Tarde* também foi atingido: "Policiais Federais postaram-se à porta do JT com ordens para impedir a saída da edição do dia, que trazia a manchete "O Brasil entra no 5º Ato" com fotos de tanques no centro da cidade [p. 2].

Calados pela censura, tanto *O Estado de S. Paulo* quanto o *Jornal da Tarde*, do mesmo grupo, passaram a responsabilizar o próprio governo pelo fechamento do regime e não mais os estudantes, como tinham feito na véspera do AI-5. Em 1968, o *Estadão* pedia uma atitude severa com relação aos movimentos de protesto, num momento em que se anunciavam os extremismos de direita e de esquerda, catalogando as manifestações estudantis no segundo caso. Ao publicar na íntegra, em 1998, o editorial de 13 de dezembro de 1968, o jornal parece tentar justificar seu apoio explícito ao golpe de 1964 ao mesmo tempo em que aponta a traição e a incompetência de Costa e Silva, incapaz de corresponder à fé democrática expressa pela coletividade:

> Das palavras ultimamente pronunciadas pelo Sr. Presidente da República, infere-se não ser o seu estado de espírito aquele que até há pouco sistematicamente definia a confiança que depositava em si e na sua gestão. O otimismo, de resto inconsistente, que transpirava de todas as suas atitudes, acabou por ceder lugar a uma inquietação crescente, na qual são evidentes os sinais de que admite S. Exa. que as coisas venham a provar – não porque elas se tenham em si mesmas deteriorado, mas em consequência dos erros praticados por S. Exa. É que com

o correr do tempo e o contato com a realidade, vai S. Exa. percebendo que governar uma nação de mais de 80 milhões de habitantes e que acaba de dar, com a vitória de 64 – que, embora S. Exa. considere como obra das Forças Armadas, se deve ao próprio esforço da coletividade – uma demonstração de fé democrática, é coisa muito diferente do comando de uma divisão ou de um exército [Mesquita Filho, 1968:2].

O Estado de S. Paulo responsabiliza Costa e Silva pelas contradições do "artificialismo institucional" que o país foi obrigado a aceitar pela pressão das armas. Sendo assim, "[...] a desordem passou a campear nos *arraiais estudantis*, ao mesmo tempo em que, ante o mal-estar geral, o *clero revoltoso* fazia sentir a sua presença até mesmo nas praças públicas" (Mesquita Filho, 1968:2).

No entanto, parece que após o AI-5 *O Estado de S. Paulo* se tornou mais realista que o rei, devido à forte ênfase dada ao comprometimento histórico de seu jornalismo com a democratização. É o que se depreende do artigo "Luta do jornal teve reconhecimento internacional", também publicado no Caderno 2 em 13 de dezembro de 1998:

> No Brasil, o *Estado* e o *JT* e os seus diretores, Júlio de Mesquita Neto e Ruy Mesquita, eram constantemente identificados com a luta de resistência ao arbítrio (sic). Um dos sinais disso eram os incontáveis convites que recebiam de estudantes para que fossem paraninfos de turmas e de sindicatos das mais diversas categorias, interessados em estimular o debate pela redemocratização. Eles renovavam a tradição libertária da família (sic), que já havia resistido ao Estado Novo, de Getúlio Vargas [p. 3].

A citação abaixo demonstra claramente a tentativa de *O Estado de S. Paulo* de apagar de suas páginas a enfática condenação do movimento estudantil, através de uma fala em que passa a dizer que o jornal foi enquadrado injustamente pelo arbítrio. É bastante significativa a inversão de seu posicionamento a partir do AI-5. Ainda segundo o mesmo artigo, num dos últimos encontros que teve com estudantes, Júlio de Mesquita Neto lembrou-se dos convites que eram feitos a ele e ao irmão na época do regime militar da seguinte maneira:

> Foram anos difíceis para todos, sobretudo, para os que não admitiam que sua opinião e a informação que veiculavam fossem enquadradas nos parâmetros bu-

rocráticos ou inteiramente arbitrários de quem tinha o poder de mandar, ainda *que* sem consideração pela legitimidade das ordens proferidas [p. 3].

E as acusações de *O Estado de S. Paulo* à censura crescem, e chegam a denunciar, segundo o artigo de Mariângela Alves de Lima no mesmo Caderno 2, a interrupção da "transmissão do conhecimento" a partir de então, citando, inclusive, Brecht:

> O cerceamento dos meios de comunicação e, sobretudo, do ensino, interrompeu o fluxo de transmissão do conhecimento. Formou-se uma geração a quem não constaram muito do que era preciso saber. Para esta geração é preciso contar e recontar essa história sombria ecoando o Galileu de Bertolt Brecht: "O que eu sei, eu passo adiante. Como um bêbado, como um traidor. Por enquanto eu digo as coisas ao fogão, mas por quanto tempo?" [p. 4].

Diante desse cerceamento, Norma Couri, por sua vez, afirma que:

> Os brasileiros nunca entenderam por que Adolf Hitler e Cassandra Rios – um aficcionado por aberrações sexuais – apareceram ao lado de Regis Debray, Henry Miller, Mao Tsé-tung, Che Guevara, Leon Trotski, Louis Althusser. Todos censurados [p. 4].

E, em seguida, critica com veemência a prisão de Poerner e de seu livro que tematiza a história da resistência do movimento estudantil, bem como a de Enio Silveira, que lançara o livro *O poder jovem*:

> Arthur José Poerner, preso na redação do *Correio da Manhã*, no Rio, soube que seu livro *O poder jovem*, editado pela Civilização Brasileira, entrou na lista quando já estava exilado em Berlim. De acordo com a portaria 898 de 1969, logo depois do AI-5, o livro continha ofensas à moral e aos bons costumes ou propaganda subversiva.
> Enio Silveira, editor da Civilização Brasileira que lançou o livro de Poerner, foi preso no dia da decretação do AI-5 e ficou 49 dias incomunicável [p. 4].

Como revela nossa pesquisa, é emblemática a total inversão da narrativa de *O Estado de S. Paulo* depois do AI-5 com relação à que acompanhamos às vésperas de dezembro de 1968.[5] Ele atribui agora – segundo o artigo de Luiz Carlos Merten – a decretação do quinto Ato Institucional à irrupção dos radicalismos de direita, enquanto 30 anos antes insistia que era o radicalismo de esquerda que tinha que ser combatido por estar levando o país ao arbítrio:

> Os militares costumavam dizer que o AI-5 foi uma resposta do governo às ações da guerrilha de esquerda. *Qualquer pessoa com o mínimo de informação pode dizer que não é verdade.* O AI-5 foi o ápice da radicalização ideológica do País. A iniciativa de levá-los ao *paroxismo partiu da direita e não da esquerda.* Basta lembrar que as ações de esquerda, especialmente da guerrilha urbana, se intensificaram em 1969, após a decretação do AI-5 [p. 5, grifos nossos].

Nas citações que seguem, como a do artigo "Juventude ficou entre a contracultura e a luta armada", também de Mauro Dias, *O Estado de S. Paulo* continua mostrando uma leitura simpática aos protestos estudantis e a condenação da repressão policial aos mesmos:

> De um lado, o abraço na contracultura, com embasamento teórico – de Marcuse, Reich – ou não; de outro, o engajamento nos protestos, a participação nas marchas pelas liberdades (sic) e, como corolário, a ida para a luta armada; como terceira opção, que os adeptos das outras duas consideravam burguesa e decadente, o olhar distanciado (nem entrava em consideração a adesão ao sistema para usar uma típica expressão de época).
> Não houve nada parecido com "loucos e coloridos anos 60" para aquela juventude (o filme do festival de Woodstock de 1967 levou anos para ser liberado pela censura).
> Nem mesmo a aproximação do movimento hippie era simples: a polícia perseguia os barbudos, os cabeludos, os que usavam chinelo ou bolsas a tiracolo, os que vestiam roupas com desenhos de flores [p. 6, grifos nossos].

Dias passa a enfatizar, em seguida, a repressão aos principais acontecimentos que envolveram o movimento estudantil, com uma narrativa inusitada que, se não coincide totalmente com a própria versão dos estudantes em 1968, é extremamente favorável a eles, confirmando nossa hipótese de que após o Ato

[5] Para maiores detalhes ver Valle (2016).

Institucional nº 5 o jornal dá uma guinada na interpretação de 1968, passando a condenar totalmente a violência da repressão e da polícia. A seu ver, 30 anos antes as prisões ocorriam independentemente de ter ou não provocação por parte dos estudantes:

> Mais grave é que no Rio, como em São Paulo e outras cidades grandes, com ou sem provocação, a polícia prendia estudantes pelo simples fato de serem estudantes. É impressionante que em tempos tão indiscriminadamente violentos tenha sido criada uma música rica, tenha surgido uma literatura e um jornalismo alternativo poderosos, um cinema de denúncia, um comportamento de escândalo e reivindicação. Aquela juventude foi tudo, menos "louca e colorida" – mesmo quando parecia apenas louca e colorida [p. 6].

Considerações finais

O Estado de S. Paulo, em 1968 e 1978, quando havia a ameaça da subversão da ordem liberal, condenou os protestos estudantis. Em 1998, com dois presidentes eleitos, a consolidação do neoliberalismo inverteu totalmente seu posicionamento diante da bandeira da (re)democratização, o que só foi possível graças ao fim do "imperialismo comunista", simbolizado pela recente queda do muro de Berlim. Passados mais 10 anos, o liberal convicto voltou à ofensiva contra os "rebeldes e contestadores". Com o artigo intitulado "A revolução que não houve... e mudou tudo", escrito pelo editor Luiz Zanin Orichio e publicado em 11 de maio de 2008 (Caderno 2, p. 2) para as "comemorações" de 40 anos de 1968, o jornal voltaria a negar a importância daquele ano no Brasil e no plano internacional, assim como fazia em 1968 e em 1978. A nosso ver, foi feita então uma leitura em que os episódios concretos desaparecem das narrativas, sendo diluídos em frases desconexas e paradoxais. Tanto que Orichio inicia seu relato dizendo que o "[...] número de adjetivos opostos que se podem aplicar a 1968 é praticamente inesgotável".

Podemos notar nesse Caderno 2 um forte matiz de *O Estado de S. Paulo*, que, 40 anos depois, procura relativizar a importância de 1968 através da liquidificação dos fatos e de seus significados, particularmente ao negar a politização dos acontecimentos. Através da utilização de pares dicotômicos, o jornal mostra que 1968 é tudo e nada, tornando inviável uma leitura sólida baseada em fatos concretos. As definições a seguir demonstram a banalização não apenas de 1968 pelo *O Estado de S. Paulo*, como uma leitura que enfatiza o seu fracasso, uma vez que, nas palavras de Orichio,

> 1968: tanto pode ser o último suspiro do espírito coletivo, como o caminho para o individualismo contemporâneo;
> 1968: é o slogan "Paz e Amor" ou a prática da guerra e a aventura da luta armada?
> 1968: é anticapitalista e de esquerda ou vem preparar o caminho para o terreno do capitalismo global e consumista de hoje;
> 1968: significa o Avanço ou o Recuo frente à aceleração da história?
> 1968: é o símbolo da luta contra os autoritarismos ou o mais radical e intolerante dos anos?

Para *O Estado de S. Paulo*, a retomada de 1968 continua a ter no Maio francês a sua baliza. Segundo Orichio (2008): "Esse ano mítico, que teve seu epicentro em Paris durante o mês de maio, desperta até hoje reações e opiniões contraditórias, com pouco acordo possível entre elas. Tudo cabe em 68. Ou quase tudo."

A nosso ver, há uma tentativa de esvaziar 1968 de historicidade. Tanto que o jornal dá muito pouco espaço para os fatos e os atores daquele ano, ao contrário da comemoração da década anterior, como vimos. No lugar dos registros memorialísticos, agora *O Estado de S. Paulo* traz em suas páginas principalmente a versão de seus próprios articulistas, historiadores, filósofos e sociólogos, que são chamados para interpretar o ano mágico ou maldito. O embate agora ocorre entre interpretações distintas dos fatos, uma disputa no campo da memória, e não mais no campo da ação dos atores de 1968 e de suas memórias. Nas palavras do editor Luiz Zanin Orichio: "Cada um projeta sobre 1968 o que bem entende, segundo suas inclinações pessoais (políticas, ideológicas, e mesmo psicológicas). Nossa atitude em relação a 68 diz muito a respeito de quem somos".

No entanto, Orichio alerta que, apesar do subjetivismo de julgamento, "O mundo parecia revirado pelo avesso e nenhuma das venerandas instituições ficou ao abrigo de petardos, morais ou físicos – Estado, família, Igreja, Exército, polícia, educação, partido. Tudo podia e devia ser contestado – e essa era palavra de ordem comum". Contestado em nome de quê? De um bem tão concreto quanto abstrato chamado liberdade. Se em Paris exigia-se o fim de um governo de velhos, em Varsóvia e Praga o alvo era o stalinismo. Praga vivia a sua primavera particular, sob o governo de Alexander Dubcek e sua proposta de socialismo com rosto humano. No Brasil, o alvo era bem visível – o governo militar, instalado quatro anos antes.

Ao abordar 1968 no Brasil, *O Estado de S. Paulo* procura buscar respaldo, através de uma seleção totalmente parcial dos acontecimentos, para confirmar sua versão, contrária à de 1998 e coincidente com as de 1968 e 1978, de que foram os estudantes os responsáveis pela decretação do AI-5 ao inserir o Movimento Estudantil no extremismo de esquerda:

> a tensão teve seu ponto alto após o assassinato do estudante Edson Luís, e na posterior Passeata dos Cem Mil, que reuniu universitários, intelectuais, artistas e padres no centro do Rio. As manifestações se sucederam e o enfrentamento atingiu o clímax em São Paulo na luta entre os estudantes da USP e os do Mackenzie, que ocupavam lados opostos na ideologia e nas calçadas da rua Maria Antônia. O conflito deixou um morto, um rastro de destruição e posições cada vez mais radicais lado a lado. Dez dias depois, caía o clandestino Congresso da UNE em Ibiúna e as principais lideranças estudantis eram presas. O desfecho do ano rebelde brasileiro veio na forma de um radical fechamento do governo militar com o AI-5, decretando o fim de 1968 no País [Orichio, 2008:2].

Essa é a síntese realizada 40 anos depois pelo *O Estado de S. Paulo* dos acontecimentos de 1968 no Brasil. O que, a nosso ver, contribui para que as novas gerações não apenas desconheçam "aquele ano", mas fiquem convencidas de que dele quase nada, ou nada, restou. Para o diário paulista, 1968 foi, em tom pejorativo, uma "época de invenções":

> Experimentou-se, em arte e na vida, como poucas vezes antes. Aliás, arte e vida passaram a ser tratadas como se fossem um só. Viver artisticamente – essa era uma das utopias. Criar na rua, enquanto se vive. Abolir limites entre agir e pensar. Precisava-se mudar a sociedade, como queria Marx, e mudar a vida como desejava Rimbaud [Orichio, 2008:2].

Novamente, *O Estado de S. Paulo*, embora admita que 1968 foi uma época de "entrega generosa", qualifica essa generosidade como um "voluntarismo que beirava a insanidade". É um pensamento aparentemente dúbio como ficará cada vez mais claro, ou seja, o matutino admitirá apenas mudanças comportamentais, dissociando-as de seu caráter político. Assim, 1968 aparece como um acontecimento passageiro e que tem muito pouco a dizer para as décadas posteriores. Enfim, o ano de 2008 foi o primeiro sob um governo nomeado de "esquerda", o de Lula. Isso sem dúvida influenciou a análise do liberal convicto, durante as comemorações dos protestos estudantis de 1968, sobre sua nulidade ou insanidade.

Referências

AQUINO, Maria Aparecida de. *Censura, imprensa, Estado autoritário (1968-1978) – o exercício cotidiano da dominação e da resistência: O Estado de S. Paulo* e *Movimento.* Bauru: Edusc, 1999.

CAPELATO, Maria Helena. *Os arautos do liberalismo:* imprensa paulista 1920-1945. São Paulo: Brasiliense, 1989.

______; PRADO, Maria Ligia Coelho. *O bravo matutino:* imprensa e ideologia no jornal *O Estado de S. Paulo.* São Paulo: Alfa-Omega, 1980.

CARVALHO, Vanderlei Souza. *Imprensa e neoliberalismo no Brasil (1995-1998):* o posicionamento da revista Veja no primeiro governo FHC. Campinas, 2004.

COURI, Norma. Censura cortou o elo de leitores com o mundo. *O Estado de S. Paulo,* São Paulo, 13 dez. 1998. Caderno 2, p. 4.

DIAS, Mauro. Juventude ficou entre a contracultura e a luta armada. *O Estado de S. Paulo,* São Paulo, 13 dez. 1998a, Caderno 2, p. 6.

______. Os trinta anos do AI-5. *O Estado de S. Paulo,* São Paulo, 13 dez. 1998b. Caderno 2, p .1.

EXONERADO e preso brigadeiro. *Correio da manhã.* Rio de Janeiro, 2 out. 1968, p. 3.

LIMA, Mariângela Alves de. Teatro amordaçado resistiu com brio e ousadia. *O Estado de S. Paulo,* São Paulo, 13 dez. 1998. Caderno 2, p. 4.

LUTA DO Jornal teve reconhecimento internacional. *O Estado de S. Paulo,* São Paulo, 13 dez. 1998. Caderno 2, p. 3.

MARTINS FILHO, João Roberto. *Movimento estudantil e ditadura militar:* 1964-1968. Campinas: Papirus, 1987.

MERTEN, Luiz Carlos. Livro vai analisar efeito sobre o cinema nacional. *O Estado de S. Paulo,* São Paulo, 13 dez. 1998. Caderno 2, p. 5.

MESQUITA FILHO, Júlio de. Instituição em frangalhos. *O Estado de S. Paulo,* São Paulo, 13 dez. 1968, p. 2; 13 dez. 1998. Caderno 2, p. 60-61.

ORICHIO, Luiz Zanin. A revolução que não houve... e mudou tudo. *O Estado de S. Paulo,* São Paulo, 11 maio 2008. Caderno 2, p. 2.

PONTES, José Alfredo Vidiga; CARNEIRO, Maria Lucia. *1968:* do sonho ao pesadelo. Da revolta dos estudantes ao fim das liberdades democráticas. São Paulo: Grupo O Estado de S. Paulo, 1998.

VALLE, Maria Ribeiro do. *O diálogo é a violência* – Movimento estudantil e ditadura militar no Brasil. 2. ed. Campinas: Editora da Unicamp, 2016.

VENTURA, Zuenir. *1968* – O ano que não terminou: a aventura de uma geração. Rio de Janeiro: Círculo do Livro, 1988.

VIOLÊNCIA abateu-se sobre o "estado" na madrugada. *O Estado de S. Paulo*, São Paulo, 13 dez. 1998. Caderno 2, p. 2.

"A nova marcha dos 100 mil": o movimento estudantil em 1968 e em 2013 sob o olhar de *O Globo*

Gabriela Costa e Maria Julia Dias

1968 foi construído pela historiografia tradicional como um tempo de rebeldia e juventude. Marcelo Ridenti defende a ideia de que o ano é tido como referência e símbolo de uma época de profundas transformações na cultura e na política mundial. No caso brasileiro, o autor afirma que 1968 extrapola seus limites cronológicos, no sentido de que as questões então latentes tinham raízes no fim do governo de Juscelino Kubitschek e culminaram com a promulgação do Ato Institucional nº 5 em 13 de dezembro daquele ano, mas se estenderam até o extermínio da luta armada, em 1974 (Ridenti, 2009:81). Dessa forma, o tempo 1968 não estaria contido em um único ano.

Essa ideia também está cristalizada no imaginário social[1] e é mobilizada no presente com sentidos e estratégias variadas, como é o caso da matéria publicada pelo jornal *O Globo* na edição do dia 18 de junho de 2013. O jornal faz referência à Passeata dos Cem Mil de 1968 ao compará-la com as manifestações contra o aumento da passagem de ônibus então em curso na cidade do Rio de Janeiro. Na capa, uma foto aérea traz a seguinte legenda: "'A nova marcha dos 100 mil': multidão toma a avenida Rio Branco, no centro do Rio, no maior dos protestos realizados ontem pelo país".

Ao fazer em 2013 uma alusão ao episódio de 1968, *O Globo* nos possibilita tecer reflexões sobre o uso da memória que ele próprio faz. A comparação entre os dois eventos tem o sentido de atribuir valor histórico a ambos os anos, na medida em que o jornal tenta construir uma imagem dos dois momentos

---

[1] Daniel A. Reis Filho e Carlos Fico produziram trabalhos e reflexões sobre a memória que a sociedade brasileira vem construindo sobre o regime militar, principalmente a partir da Lei da Anistia. Sobre a temática, consultar Fico (2012) e Reis Filho (2014).

como positivos e relevantes historicamente. Com essa estratégia, *O Globo* tenta se redimir de sua própria história, pois tal alegação não condiz com a postura que o jornal adotou em 1968. Vale lembrar que em diversos momentos *O Globo* esteve alinhado à força política que ocupava o poder. Um exemplo disso foi seu apoio explícito ao regime militar instaurado em 1964.[2] É bem verdade que boa parte da grande imprensa apoiou o golpe naquele momento, mas em 1968 a situação já era diferente, e essa mesma imprensa passou a criticar duramente o regime. Não foi o caso do *Globo*.[3]

Mesmo passados 50 anos desde 1968, a postura do *Globo* é um exemplo de como esse tempo permanece vivo na memória social. Além disso, a comparação do presente com o passado cristaliza uma imagem de que o movimento de 2013 foi, em certa medida, uma extensão de 1968, principalmente no que diz respeito ao protagonismo da juventude em ambos os momentos. Para vislumbrar as nuances dessa comparação também iremos tecer reflexões sobre a juventude.[4] Nesse caminho, procuraremos mostrar a própria visão do periódico sobre a atuação dos jovens nos dois processos. Centraremos nossos esforços também em analisar, ainda que de forma ensaística, a juventude que esteve nas manifestações em 2013, visto que sobre 1968 há uma grande produção historiográfica, especialmente focada no movimento estudantil, que é considerado por diversos historiadores ator central das lutas políticas então travadas.

Como veremos adiante, a União Metropolitana de Estudantes (UME) e a União Nacional dos Estudantes (UNE) estavam na mira da imprensa como responsáveis pelos protestos em 1968. Isso ocorreu porque os posicionamentos do

---

[2] Sobre o apoio do *Globo* ao golpe de 1964, ver o editorial publicado em 7 de outubro de 1984 com o título "Julgamento da Revolução", no qual Roberto Marinho declarava, em nome do jornal, ter participado "da Revolução de 1964", identificando-se "com os anseios nacionais de preservação das instituições democráticas, ameaçadas pela radicalização ideológica, greves, desordem social e corrupção generalizada. Quando a nossa redação foi invadida por tropas antirrevolucionárias, mantivemo-nos firmes em nossa posição".

[3] Para maiores informações sobre o jornal *O Globo*, sua fundação e trajetória, consultar o verbete sobre o jornal no *Dicionário Histórico-Biográfico Brasileiro*, disponível em: <http://cpdoc.fgv.br/acervo/dhbb>.

[4] Segundo Helena Abramo (1997), "a juventude, vista como categoria geracional que substitui a atual, aparece como retrato projetivo da sociedade. Nesse sentido, condensa as angústias, os medos assim como as esperanças, em relação às tendências sociais percebidas no presente e os rumos que essas tendências imprimem para a conformação social futura".

movimento estudantil[5] frente à conjuntura da época serviram para a imprensa muito mais do que apenas os dados gerais a serem publicados. Ao tratar das duas organizações estudantis a grande imprensa cumpriu muito mais que seu papel de divulgação e acabou por criar uma narrativa em torno das manifestações estudantis de 1968, como veremos a seguir nas publicações de *O Globo*.

O Globo e a repercussão dos movimentos de 1968

Para vislumbrar como *O Globo* apresentou as manifestações em 1968 e como a narrativa por ele publicada pretendeu sensibilizar a opinião pública ao caracterizar positivamente ou negativamente o movimento estudantil de acordo com seus próprios interesses políticos, elegemos três momentos importantes de 1968 em que o movimento estudantil ganhou grande visibilidade, perceptível não apenas através da imprensa, mas também de outros setores sociais. São eles a morte do estudante Edson Luís, a sexta-feira sangrenta e, por último, a Passeata dos Cem Mil.

Comecemos pelo evento que desencadeou as movimentações em 1968: a morte de Edson Luís. Esse fato trágico aconteceu em meio a uma disputa política envolvendo o restaurante Calabouço, frequentado em grande medida por estudantes secundaristas. No dia 28 de março, os estudantes haviam marcado uma manifestação, que não havia sido autorizada pelo governo, com o objetivo de protestar contra o que lhes era oferecido – comida de má qualidade, falta de higiene, estrutura sanitária precária. Edson Luís de Lima Souto frequentava, trabalhava e, por vezes, dormia no Calabouço. Oriundo de Belém, viera para o Rio de Janeiro a fim de estudar. E, proveniente de uma família pobre, fazia

[5] Os rumos das entidades representativas dos estudantes eram disputados internamente. As duas principais frentes de disputa naquele momento eram a frente divisionista e a frente reformista. A primeira assumiu uma postura radical e inegociável diante do governo, tendo em vista sua luta central contra a ditadura, enquanto a segunda adotou uma postura de negociação, pois tinha como principal projeto a reforma universitária. Essas duas posições estiveram à frente das duas principais entidades estudantis no ano de 1968: os divisionistas, grupo formado pelos partidários da Ação Popular, à frente da UNE, presidida por Luís Travassos, e os reformistas, grupo constituído por militantes das dissidências do Partido Comunista Brasileiro (PCB) e da Organização Revolucionária Marxista – Política Operária (Polop), à frente da União Metropolitana de Estudantes (UME), cujo presidente era Vladimir Palmeira. Para mais informações ver Martins Filho (1987).

uso dos espaços e serviços do restaurante para se manter na cidade. Sua presença na manifestação do dia 28 foi a primeira e última em um evento desse tipo: morreu atingido por um tiro durante a repressão de policiais militares (Hagemeyer, 2016:46). A repercussão do episódio foi fundamental para que a sociedade civil apoiasse as demandas estudantis. A notícia de sua morte, assim como das manifestações e missas que se seguiram, foi amplamente difundida em todo o país, e *O Globo* não foi exceção.

A edição do dia 30 de março de 1968 trazia na capa o título "Duas comissões apuram a morte do jovem Edson", seguido de uma imagem de seu sepultamento. Logo em sua capa, *O Globo* apresentava a imagem de um Edson inocente, descrito como "um menino bom, apolítico, que só falava de futebol, música jovem e garotas". Essa imagem de Edson era contraposta à daqueles que estavam presentes em seu cortejo fúnebre. Pessoas que espancaram "barbaramente" um capitão da Aeronáutica e incendiaram o carro oficial que este utilizava. Outro ator destacado pelo jornal foi o suposto atirador, que declarou ao *Globo* que "nem ele nem seus 25 homens fizeram qualquer disparo". *O Globo* lançou as cartas nesse primeiro momento: apostou na inocência policial em relação à morte de Edson Luís e vendeu de imediato a imagem da violência dos manifestantes.

A matéria interna traçava uma narrativa sobre o sepultamento de Edson Luís, destacando nitidamente as "agitações" que cercaram o evento. Os termos "vingança", "agitação", "agitadores", "incidentes" apareciam como tópicos da narrativa, enquanto Edson era tratado como "menino", "apolítico", numa tentativa de afastar sua imagem dos estudantes que mobilizaram seu desfile fúnebre. Apesar dessa contraposição, *O Globo* não deixava de destacar a adesão popular à causa estudantil. Em diversas partes do texto podemos observar a presença da população na manifestação, além do suporte material oferecido para a realização do desfile fúnebre.

Mais adiante, ao tratar dos acontecimentos que levaram ao momento da morte de Edson Luís, *O Globo* apresentava três pontos de vista. Dois deles eram da perspectiva militar. O primeiro relato era do aspirante acusado de matar Edson Luís, Aluísio Azevedo Raposo, que alegava inocência. O segundo era proveniente de funcionários do prédio ao lado, que assistiram ao conflito e afirmavam a truculência policial expressa em tiros. O terceiro e último era do general Osvaldo Niemeyer, que alegava que o batalhão de choque que estava sob sua responsabilidade não entrara no Calabouço, que a movimentação ocorrera na rua e que "o poderio armado dos estudantes era muito maior que o da polícia" (p. 6).

Longe de se manter numa posição de neutralidade, compromisso editorial do jornal, a narrativa evidenciava o esforço de demonstrar apoio a quem estava no poder. Nenhum líder estudantil ou entidade estudantil foi ouvido sobre o caso. Além disso, nas duas narrativas apresentadas pelos militares, era repetido o discurso de que a violência teria partido dos estudantes.

O mês de junho de 1968 foi marcado por intensos conflitos entre estudantes e governo nas ruas do Rio de Janeiro. A série de conflitos foi iniciada no dia 11 de junho, quando foi marcada uma concentração estudantil no pátio do Ministério da Educação (MEC), numa tentativa de chamar a atenção do governo para a pauta universitária. Entretanto, a concentração foi duramente reprimida por forças policiais. Os dias seguintes a esse ato foram permeados por um discurso de disposição ao diálogo por parte do Estado, mas, na prática, assistiu-se a uma total repressão e violência contra os estudantes, que ocuparam as ruas em manifestação.

O dia 21 de junho, sexta-feira, demonstrou ser mais um dia de violência exacerbada. Segundo Maria Ribeiro do Valle (1997: 63), "os estudantes volta(ra)m a cair na 'cilada' do diálogo proposto por Tarso Dutra – ministro da Educação". Ao invés do diálogo, encontraram mais repressão por parte da polícia. Repressão direcionada não apenas a eles, mas também aos populares que estavam presentes, seja em apoio aos estudantes, seja apenas de passagem. O conflito envolvendo essas três partes resultou em uma nova proporção da violência empregada. Em consequência, o dia 21 de junho ficou conhecido como sexta-feira sangrenta.

A edição do dia 22 de junho de 1968 do *Globo* trazia como título principal uma declaração do governador Negrão de Lima: "Tolerância e boa-fé para restaurar ordem no Rio". As primeiras informações apresentadas pelo jornal giravam ao redor, justamente, da opinião do Estado sobre as manifestações, além das atitudes que deveriam ser tomadas para conter a desordem. Ao lado desse texto figurava uma grande imagem de manifestantes com pedras e paus nas mãos, em posição de ataque. Não se via força policial na imagem escolhida propositalmente para ilustrar a fala do governador.

Outro ponto interessante no texto apresentado pelo *Globo* diz respeito ao uso exorbitante da violência pelos policiais – tamanha fora a repressão que não havia espaço para negação. Podemos, inclusive, observar o uso da palavra *repressão* nos trechos a seguir: "Os manifestantes enfrentaram a repressão policial com grelhas de bueiros, pedras e pedaços de pau. Cerca de 400 prisões foram efetuadas"; "A polícia iniciou a repressão pouco depois do meio-dia, na esquina da rua Santa Luzia com a avenida Rio Branco, e logo na primeira refrega duas moças foram feridas a bala". O texto trazia ainda outros exemplos do uso da violência por parte da polícia. Entretanto, não atribuía a violência ao Estado, em um claro momento de apoio ao poder. "Estamos certos de que tais excessos sensibilizarão o Governador do Estado, que saberá adotar as providências administrativas cabíveis".

Em suma, a matéria do jornal *O Globo* não fazia menção ao motivo das manifestações promovidas pelos estudantes. Mas pautava a violência e a desordem como o assunto dominante, adotando todo tempo a perspectiva governamental como guia para sua matéria. Alguns dias depois, no mesmo mês, aconteceu a Passeata dos Cem Mil, movimento que consolidou o apoio da opinião pública às causas estudantis. Estas transitavam entre reivindicações ligadas ao ensino e a luta contra a ditadura militar. Nesse caso em especial, havia também o ato de denunciar a repressão contra manifestações pacíficas.

A matéria do *Globo* publicada em 27 de junho de 1968 referente à Passeata dos Cem Mil, que ocorrera no dia anterior nas ruas da antiga Guanabara, mostrava como o jornal mobilizava elementos como violência/incidentes x pacifismo para legitimar seu ponto de vista sobre o momento em questão. A capa trazia como principal chamada o título "Passeata sem incidentes" com a foto de uma grande multidão atenta ao líder estudantil Vladimir Palmeira durante sua fala. O texto jornalístico assim começava:

> Intelectuais, representantes do clero, artistas e mães juntaram-se ontem aos estudantes em grande manifestação pública que começou às 11 horas na Cinelândia, [...]. Os manifestantes tiveram plena liberdade de ação e corresponderam ao apelo das autoridades, pelo que não se registraram incidentes nem se fez necessária a repressão policial. Líderes estudantis falaram na Cinelândia e na Candelária, reiterando "slogans" pela reforma do ensino e atacando o governo.

Certamente não devemos fazer pouco dessas escolhas tendo em vista o caráter "sem incidentes" destacado pela reportagem. Ainda que a manifestação tenha sido mais pacífica do que as outras mobilizações, como as que se seguiram à morte de Edson Luís e a da sexta-feira sangrenta, o que queremos destacar aqui é que a notícia dava mais destaque ao aspecto "sem violência" da passeata do que às próprias motivações que haviam levado 100 mil pessoas às ruas. O texto continuava destacando a "liberdade de ação" concedida aos manifestantes, que "acataram" a recomendação governamental sobre o não uso da violência. A narrativa desse primeiro texto sobre a Passeata dos Cem Mil apresentava um movimento pacífico e que, de alguma forma, atendera às demandas governamentais. Por fim, duas pautas presentes na manifestação eram destacadas pelo jornal – a reforma do ensino e o ataque ao governo –, mas não havia espaço para a defesa de ambas, nem a presença de uma fala densa a seu respeito nos discursos descritos.

Na matéria interna (p. 18), o jornal narrava a cena da Passeata dos Cem Mil como uma peça teatral: subdividia a narrativa em atos, apresentando os personagens, o protagonista e o desfecho. Subtítulos como "concentração", "jesuítas", "artistas foram atração", "a chegada de Vladimir, o líder", "palavras de ordem", "aplausos", "comissão" e "o fim" são exemplos da narrativa fracionada de *O Globo*. O jornal se ateve muito mais a descrever minuto a minuto o local onde a passeata estava, como a multidão preenchia as ruas, as faixas, os aplausos, do que os discursos que apresentavam de fato o motivo da mobilização e as reivindicações.

O jornal mencionava a presença de 50 mil manifestantes, metade do número normalmente registrado, sem informar a fonte desse dado. Mais à frente o texto seguia insistindo na liberdade desfrutada pelos manifestantes: "Os oradores puderam falar livremente, nas escadarias da Assembleia Legislativa, na Candelária e defronte ao Palácio Tiradentes. [...] Não foram molestados *nem mesmo* os grupos de jovens que, munidos de cilindros de 'tinta-jato', pintavam 'slogans' nas fachadas dos edifícios" (grifo nosso).

O texto seguia destacando a presença de Vladimir Palmeira, rotulando-o como líder não apenas daquela manifestação, mas do movimento como um todo. Ressaltava, também, a presença de artistas e intelectuais, nomeando alguns deles como líderes de sua classe. Era nítida a abordagem atribuída aos manifestantes, atravessada pelos grupos sociais a que pertenciam: clero, mães, artistas, estudantes da PUC etc. Havia uma tentativa de expor a composição heterogênea daquela manifestação, unificando porém a liderança na figura de Vladimir Palmeira. A matéria terminava transmitindo as expectativas do governo com relação ao diálogo e ao consequente entendimento entre ambas as partes: o problema estaria "caminhando para um perfeito entendimento entre o governo e os estudantes".

O movimento estudantil em 1968 foi retratado através dessas narrativas apresentadas pelo *O Globo* num grupo que o jornal chamava de "Estudantes". Esse grupo era representado pelo seu líder mais destacado, Vladimir Palmeira.

Embora reconhecesse a presença e a liderança de organizações como a UNE, Ubes e UME, e ressaltasse que havia, de fato, diferenças internas sobre qual caminho tomar em relação à ditadura, o jornal não fazia uma distinção entre essas organizações e suas correntes políticas, transmitindo uma ideia de homogeneidade no movimento estudantil.

Apesar da postura resistente do *Globo* frente à Passeata dos Cem Mil, 45 anos depois, ao retratar as manifestações de 2013, o editorial fazia alusão à passeata de 1968 atribuindo valor histórico a ambos os momentos. Podemos observar, então, que 1968 não terminou com o advento do AI-5. A ideia de uma juventude ocupando as ruas com palavras de ordem, frases de efeito e símbolos atravessou a memória e a história política brasileira ao longo dos anos.

Para tecer uma reflexão mais densa e complexa sobre o uso da comparação feita pelo periódico, iremos nos deter nos eventos de 2013 e na atuação do *Globo* diante dos acontecimentos. Analisaremos a postura do jornal frente aos rumos do novo movimento, tendo em vista sua postura em 1968 e destacando então possíveis rupturas e continuidades ao longo de meio século. Para tanto analisaremos, ainda que de forma introdutória, a conjuntura política e social de 2013.

"#Vemprarua": a primavera brasileira em 2013

"Vem pra rua" foi um dos principais refrãos, seguido por "Contra o aumento", nas manifestações convocadas em 2013 em todo o Brasil em protesto contra o aumento da tarifa dos transportes públicos. A frase também virou *hashtag* e por meio dessa difusão esteve no topo dos assuntos mais comentados nas redes sociais pelos internautas brasileiros na época.[6]

As manifestações tiveram início nos primeiros meses do ano, quando diversas cidades brasileiras, especialmente as capitais, anunciaram o reajuste tarifário no transporte de massas. Ao longo do ano as passeatas foram ganhando corpo, sendo puxadas também no interior do país, em municípios onde o uso do transporte público é ínfimo ou ainda em cidades onde não houvera reajuste. Isso ocorreu porque, às vésperas da Copa do Mundo de futebol, com sede na cidade

---

[6] Atualmente *Vem pra rua* é um movimento dessa nova direita que surgiu nas manifestações de 2013, assim como o Movimento Brasil Livre (MBL). Caracterizada por posicionamentos extremamente conservadores e liberais, esses grupos ganharam adesão de um público jovem que viu no discurso do Estado mínimo uma alternativa para o fim da corrupção.

do Rio de Janeiro, as contradições entre a construção de estádios luxuosos e de infraestrutura para o megaevento e a má qualidade dos serviços públicos básicos ficaram evidentes. Além, é claro, dos escândalos de corrupção que iam desde desvio de verbas, superfaturamento das obras até os mais diversos tipos de favorecimento envolvendo políticos e a própria gestão da Fifa.

O aumento das passagens foi a faísca que faltava para acender esse grande barril de pólvora que foi o ano de 2013 no Brasil. Era um ano em que o país já ganhava visibilidade mundial, entre outros motivos por ter sido escolhido para sediar a Copa das Confederações, entre 15 e 30 de junho. Os protestos de 2013 com maior contingente de manifestantes ficaram conhecidos como jornadas de junho, e aconteceram justamente nesse período. Do anúncio do aumento tarifário nos municípios no início do ano até os grandes atos de junho diversas demandas foram se aglutinando à pauta inicial contra o aumento das passagens. Referiam-se elas a saúde, educação, fim da corrupção, qualidade de vida, em especial dos serviços públicos.

O chamado inicial para ocupar as ruas veio de diversas frentes organizadas e auto-organizadas Brasil afora. Partidos políticos, movimentos sociais ou ações individuais foram responsáveis pela convocação na internet. Em algumas cidades, as organizações sociais e políticas criaram fóruns contra o aumento das passagens de forma a ser este um catalisador das manifestações locais.

O Movimento Passe Livre (MPL) foi o que mais ficou em evidência por conta de sua atuação na cidade de São Paulo, capital onde as manifestações foram mais concorridas. Fundado em reunião plenária no Fórum Social Mundial[7] que aconteceu em 2005 em Porto Alegre, o MPL era um movimento unificado nacionalmente que visava lutar pela tarifa zero nos transportes públicos e tinha como princípios a horizontalidade, autonomia, independência e apartidarismo, mas não o antipartidarismo. O aspecto apartidário do MPL encontrou terreno sólido no vazio deixado pela descrença da população causada pelos escândalos de corrupção na política partidária e eleitoreira. Em certa medida isso responde também o porquê de o movimento estudantil organizado não ter sido o ator principal nas cenas políticas em 2013.

Diferentemente de 1968, quando foi possível constatar um protagonismo das entidades de representação estudantis e ver organizações políticas interferindo

[7] Esse fórum é um encontro de movimentos sociais do mundo todo com o objetivo de elaborar alternativas para mudanças sociais.

no movimento estudantil e vice-versa, em 2013 não só a conjuntura era diversa como a própria juventude e a composição dos campos políticos também o eram. Havia ainda aqueles que estavam indo às ruas pela primeira vez, sem possuir uma vivência política prévia, muito menos uma filiação partidária, mas que tinham sido impulsionados pela rápida divulgação das manifestações nas redes sociais. Este último grupo de manifestantes foi formado, em grande medida, por aqueles que compuseram a "frente patriótica" no desenrolar das jornadas de junho, em contraposição à "frente autônoma", que liderou o começo das manifestações (Alonso e Mische, 2016:10-11).

A "frente patriótica" fez uso dos símbolos nacionais, como bandeiras, cores, camisas da seleção, para se manifestar, majoritariamente, contra a corrupção de forma individual. Seus integrantes ocuparam locais públicos simbólicos, como a av. Paulista, e, movidos por aquilo que viam na imprensa e na internet, endossaram um sentimento antipetista (Alonso e Mische, 2016:10-11).

Já a "frente autônoma" foi composta por movimentos organizados de forma horizontal, que atuaram politicamente durante anos. Apesar de serem identificados como de esquerda, não se organizavam de forma partidária hierarquizada, e sim propunham uma nova forma de organização política. Foi esse tipo de organização que convocou as primeiras manifestações em 2013. E que iremos identificar mais à frente na análise dos jornais.

É possível então falarmos de *uma* juventude, em 2013? Estariam essas pautas diversas ligadas à pluralidade da juventude? E que juventude era essa que conseguiu mobilizar milhares de pessoas nas ruas com pautas tão diversas? Se em 1968 a juventude que se manifestou nas ruas tinha um perfil social mais homogêneo, como apontam algumas pesquisas,[8] vale a pena destacar que em 2013 esse quadro era um pouco diverso: tanto a quantidade de jovens estudantes quanto o perfil social da mocidade, especialmente universitária, haviam mudado.

Ainda que estes apontamentos sejam o início de um trabalho mais denso sobre o perfil da juventude em 2013, é possível fazer algumas considerações que corroboram a afirmação de que o perfil da juventude em 2013 era mais heterogêneo do que em 1968. Isso se deveu, para começar, às reformulações do

[8] Segundo Daniel Aarão Reis (2008b:29), estudantes e universitários representavam então cerca de 0,5% da população, somando pouco mais de 200 mil jovens residentes nos centros urbanos, majoritariamente filhos de famílias de classe média.

ensino básico consolidadas na Lei de Diretrizes e Bases da Educação de 1996, que trouxeram uma série de avanços para a educação brasileira, principalmente no que tange à garantia do direito de crianças e jovens acessarem a educação básica e pública nos termos da Constituição Federal de 1988.

Além disso, nos 14 anos de governo do Partido dos Trabalhadores (PT), foram implementadas medidas não só de reestruturação, mas destinadas a garantir o acesso de jovens de estratos inferiores às universidades. Após anos de sucateamento das universidades públicas durante o governo de Fernando Henrique Cardoso, a partir de 2003 foram criados programas de reestruturação e expansão das universidades públicas, como foi o caso Reuni.[9] Embora desde os anos 1970 tivesse havido uma ampliação do ensino superior, o Reuni possibilitou a criação de novos polos em regiões descentralizadas. Outros programas como o Prouni[10] e o Fies[11] foram promovidos pelo governo federal com o objetivo de aumentar o número de vagas e assim possibilitar o acesso cada vez maior de jovens e adultos ao ensino superior.

Não podemos esquecer de ressaltar, também, que 2013 foi o ano de implementação do Sisu, sistema que integrou os vestibulares das universidades federais do país em uma única plataforma digital, facilitando a concorrência dos estudantes em diversas universidades públicas. Esse é um dado importante, pois houve uma diversificação da localidade dos estudantes nessas instituições. Por último e tão relevante quanto, 2013 foi também o primeiro ano da implementação da política de ações afirmativas. Tal medida tem como objetivo reservar vagas nas universidades públicas para as populações tradicionalmente excluídas do espaço universitário, como negros, indígenas, deficientes, estudantes de escolas públi-

---

9 O Reuni, Programa de Apoio a Planos de Reestruturação e Expansão das Universidades Federais, foi iniciado em 2003 com prazo final até 2012. Entre seus objetivos principais figuravam a expansão das universidades com foco na estrutura física, na expansão pedagógica e acadêmica do ensino superior federal. Para maiores informações ver <http://reuni.mec.gov.br/o-que-e-o-reuni>.

10 O Prouni, Programa Universidade para Todos, é um programa do Ministério da Educação criado pelo governo federal em 2004 com o intuito de oferecer bolsas de estudo integral e parcial nas instituições particulares de educação superior, para estudantes egressos do ensino médio de escola pública ou de escola particular com bolsa integral. O programa é voltado também para estudantes com deficiência e professores da rede pública de ensino. Para maiores informações, ver <http://siteprouni.mec.gov.br/>.

11 O Fies, Fundo de Financiamento Estudantil, é um programa do Ministério da Educação vigente desde 2001, mas que passou por ampliação em 2010 visando financiar a graduação de estudantes no ensino superior em instituições particulares. Para maiores informações, ver <http://sisfiesportal.mec.gov.br/?pagina=fies>.

cas, além daqueles que possuem baixa renda. Ainda que essa política já existisse em universidades públicas, como foi o caso exemplar da Uerj, a partir de 2013 a garantia de vagas para ações afirmativas foi instituída em nível nacional em um sistema integrado.

Nesse sentido, 2013 foi um ano importante para a inserção de jovens de diferentes camadas sociais nas universidades, sendo muitos deles os primeiros de suas famílias a ingressar no ensino superior público. Ainda que faltem dados censitários, tais medidas visaram impulsionar uma mudança no perfil dos estudantes em nível nacional, especialmente na graduação. É possível depreender que essas medidas educacionais produziram a diversidade de perfil dos jovens de 2013, diferente de 1968, quando estes tinham um caráter mais homogêneo, tanto de classe quanto de raça e procedência. Esses elementos são importantes para compreender a própria forma de organização do movimento estudantil em 2013 e as demandas então proclamadas nas manifestações.

Essa conjuntura nacional certamente influiu na configuração do próprio movimento estudantil, especialmente dentro das universidades. Não nos cabe aqui fazer um balanço dessa configuração desde a reconstrução da UNE em 1979 para analisar o peso das entidades estudantis na conjuntura de 2013, e nem é esse nosso objetivo aqui. Mas a questão é importante para que se faça um distanciamento entre passado e presente: enquanto em 1968 a configuração do movimento estudantil organizado em frentes de esquerda se concentrava na luta antiditatorial e em defesa das universidades, em 2013, além da conformação ser totalmente distinta, as questões e pautas perpassavam as tensões existentes entre a base governista e dissidências do PT que formaram a oposição de esquerda ao governo.

O Globo e a repercussão dos movimentos em 2013

Tendo o quadro do que foi a conjuntura política e social de 2013 e dos aspectos tangentes da juventude mais iluminado, é possível fazermos uma análise mais profunda da comparação mobilizada pelo *Globo* nas matérias publicadas em 2013.

Lembramos que nesse momento estavam em andamento as investigações da Comissão Nacional da Verdade, instituída para apurar crimes contra a humanidade durante a ditadura de 1964 no Brasil. Seria também nesse momento, através de uma ferramenta chamada *Memória*,[12] que o jornal iria fazer seu pedido formal de desculpas em relação ao apoio prestado em 1964. É importante ressaltarmos o contexto que envolvia o jornal durante as manifestações de 2013, pois ele nos revela seu apreço em adotar uma postura de conciliação, cobrindo toda a investigação em suas mídias e abrindo seus arquivos para ajudar no processo investigativo, além de tornar sua história acessível ao grande público.

Na primeira página da edição do dia 18 de junho de 2013 o jornal trazia como chamada o título "O Brasil nas ruas", seguido do texto:

> Convocados nas redes sociais, protestos mobilizam pelo menos 240 mil pessoas em 11 capitais. Redução do preço das tarifas de ônibus é a mais importante bandeira do movimento, que reúne principalmente jovens e é marcado pela ausência de partidos na organização; atos foram pacíficos na maior parte das cidades. Para Dilma, manifestações são legítimas.

Logo abaixo vinha uma foto aérea com a seguinte legenda: "'A nova marcha dos 100 mil'. Multidão toma a avenida Rio Branco, no centro do Rio, no maior dos protestos realizados ontem pelo país".

A tentativa do jornal de remeter à Passeata dos Cem Mil realizada em 1968 é evidente. Ao chamar as manifestações de 2013 de *nova* marcha dos 100 mil, o jornal invocava todo o imaginário que repousa sobre a manifestação de 1968 para a de 2013. Imaginário construído através de uma narrativa política de resistência ao regime militar, especialmente por parte dos participantes do momento, militantes e analistas do período. Entretanto, ressalvas devem ser feitas. O contexto social e político em que a Passeata dos Cem Mil foi realizada diferia diametralmente do contexto que desencadeou as jornadas de junho de 2013.

Na mesma primeira página, um pequeno texto apresentava ao leitor uma descrição das manifestações. Uma das características que a matéria elencava era a ausência de lideranças – "ausência de partidos políticos, sindicatos e da

---

12 O *Memória* é um projeto do Grupo Globo que visa preservar e tornar acessível ao público sua história. Em agosto de 2013 (na esteira das manifestações de junho), foi publicado na página do *Memória* uma seção na qual o jornal reconhecia seu erro ao apoiar a ditadura de 1964. Em matéria veiculada *on-line* para divulgação dessa seção, o jornal fazia referência às manifestações de 2013 como um dos principais motores para esse acerto de contas com o passado. "Desde as manifestações de junho, um coro voltou às ruas: 'A verdade é dura, a Globo apoiou a ditadura'. De fato, trata-se de uma verdade, e, também de fato, de uma verdade dura." Disponível em: <https://oglobo.globo.com/brasil/apoio-editorial-ao-golpe-de-64-foi-um-erro-9771604>.

União Nacional dos Estudantes". Diferentemente da Passeata dos Cem Mil, na qual os líderes estudantis se fizeram presentes, havia agora uma necessidade de destacar a ausência de liderança. E, note-se, uma ausência nomeada como UNE, a entidade máxima de representação dos estudantes, que, inclusive, estava presente na passeata de 1968.

O panorama que *O Globo* apresentava das manifestações no país era carregado de referências ao passado. Rapidamente foram mobilizadas as memórias de duas manifestações que haviam ocorrido mais de 20 anos antes: "[...] os protestos lembraram as grandes mobilizações sociais do passado, como os comícios pelas Diretas Já (1984) e o movimento dos caras-pintadas (1992)" (p. 3). Esse movimento de alusão ao passado realizado pelo jornal é, segundo Hobsbawm (1995:13), um "dos mecanismos sociais que vinculam nossa experiência pessoal à das gerações passadas", atribuindo valor histórico às manifestações do momento.

Há, entretanto, dois pontos que *O Globo* destaca e que, de fato, merecem uma análise mais detalhada. São eles: a "ausência" de partidos políticos e o uso da tecnologia como ferramenta de mobilização. Quanto ao segundo ponto, o jornal declarava ser algo inteiramente novo nesse processo. "A diferença [com relação às manifestações do passado] foi a força demonstrada pelas mídias sociais, decisivas não apenas para a mobilização como para o registro de cada detalhe das manifestações em tempo real, e a diversidade de palavras de ordem" (p. 3).

De fato, o uso da tecnologia foi inovador, como foi dito, a despeito da Primavera Árabe (2011), quando o uso das redes sociais foi decisivo para a comunicação e organização de movimentos populares. Assim também as manifestações de 2013 encontraram seus pontos de partida em eventos organizados e compartilhados via rede social.

Segundo Angela Alonso e Ann Mische (2016:6), a tecnologia foi um fator de impulsão para as manifestações de junho. A rápida e crescente difusão de vídeos, imagens e notícias da repressão policial – ainda num momento inicial das manifestações – através das redes sociais possibilitou a adesão cada vez maior de setores da sociedade: "[...] uma resposta policial desproporcional a um movimento pequeno e radical, capturado por fontes de mídia, provoca uma repercussão da indignação numa faixa mais ampla da população, trazendo mais pessoas para as ruas" (tradução livre das autoras).

Retomando a questão da ausência de lideranças, *O Globo* declarava que não havia "a predominância de bandeiras de partidos políticos, sindicatos ou entidades estudantis" (p. 3). Percebe-se aqui uma clara tentativa de despojar as manifestações de 2013 de um caráter político organizado, atribuindo-lhe a condição de um movimento espontâneo que se alastra, como o próprio título da matéria – "Reação em cadeia" – deixa transparecer. Essa primeira narrativa sobre as manifestações que varreram o Brasil no dia 17 de junho de 2013 passa a errônea ideia de inexistência de organização política, atribuindo o principal papel de mobilização ao anonimato das redes sociais.

Entretanto, na página 6, ao tratar especificamente das marchas em São Paulo, o jornal reconhecia o Movimento Passe Livre (MPL) como organizador e líder das manifestações desencadeadas pelo aumento do preço das passagens. O reconhecimento se deu, muito provavelmente, por conta da oportunidade de negociação entre o MPL e o secretário de governo, Antônio Donato, na Prefeitura de São Paulo. A negociação resultou em uma nota do MPL que vale a pena reproduzir: "O MPL vem a público reforçar a necessidade de estabelecer um espaço de negociação sobre a pauta única das manifestações – a revogação do aumento" (p. 6).

Vale destacar que o jornal apontava a ausência da UNE na manifestação de 2013. Isso porque, diferentemente de 1968, quando a entidade estava à frente das manifestações, construindo, mobilizando e conduzindo os próprios atos, em 2013 só foi possível ver as bandeiras da UNE nas ruas quando as manifestações já estavam massificadas.[13] O protagonismo da UNE em 1968 ficou evidente em diversos noticiários da época que qualificavam positivamente ou negativamente as entidades como responsáveis pelos atos. O próprio *O Globo* deu notória visibilidade às entidades estudantis nas figuras de Vladimir Palmeira e Luís Travassos. Ou seja, ao evidenciar a ausência da UNE em 2013 o jornal apontava para uma ruptura entre passado e presente, reforçando o caráter espontaneísta das manifestações e endossando o discurso antipartidário que ecoava nas ruas.

[13] De 29 de maio a 2 de junho de 2013 aconteceu o 53º Congresso da UNE na cidade de Goiânia. Foi só após a plenária final que a gestão majoritária da UNE lançou uma convocatória para as jornadas de luta dos estudantes e passou a incentivar o movimento estudantil a pressionar pela aprovação do projeto de lei em tramitação no Senado Federal que reservava 10% do PIB para serem investidos na educação. Para ler na íntegra: <http://www.une.org.br/2013/06/convocacao-da-jornada-de-lutas-dos-estudantes-brasileiros-2013/>. Alonso e Mische (2016:7) afirmam que o principal organizador das manifestações de junho foi, de fato, o MPL. A UNE não participou como agente organizador. Inclusive, enquanto as demandas ultrapassavam os R$ 0,20 e agregavam questões como corrupção e gastos com megaeventos, a UNE demorou para se manifestar a favor dessa pauta. A resposta a essa questão reside, segundo as autoras, na proximidade que a UNE possuía com o governo durante o período das manifestações.

A edição de 21 de junho de 2013 apresentou uma enérgica mudança em relação às manifestações que se seguiram. Em quatro dias de manifestações, o "Brasil nas ruas" passou para "Sem controle". A matéria anunciava: "Em noite de novos conflitos, depredações e saques, Itamaraty e prefeitura do Rio são atacados. Partidos políticos tentam entrar em manifestações e são expulsos".

A grande imagem que ilustrava a matéria trazia um grupo desordenado de jovens, em sua maioria mascarados, em um Itamaraty com sinais de fogo. A legenda dizia: "*Vandalismo.* Misturados aos manifestantes, grupos de radicais cercam e tentam invadir o prédio do Itamaraty; eles chegaram a atear fogo às janelas e tiveram de ser contidos pela polícia militar: cerca de 60 mil pessoas protestaram no DF" [grifo nosso].

Essa edição de *O Globo* era dedicada, claramente, a explorar o tema da violência em sua matéria de capa. As pautas das manifestações não eram citadas e a violência era sobreposta às possíveis motivações.

Maria Paula Araujo (2009:25) aponta o culto à ação direta como uma das heranças de 1968. O culto à ação "produziu e desenvolveu propostas políticas que se sustentavam no voluntarismo, cultuavam a coragem e o imediatismo e valorizavam a violência como forma de ação política legítima". Essa herança, segundo a autora, seria a inspiração para as lutas armadas que se desencadearam na América Latina contra as ditaduras que aqui existiram.

É possível identificarmos rupturas e continuidades em relação a esse assunto em duas vias. A primeira delas reside no conceito usado pela mídia para descrever um ato dito "violento". Durante os anos de repressão, as ações estudantis eram chamadas de terroristas, assim como seus praticantes. Através dessa matéria do dia 21 de junho podemos concluir que as ações diretas dos manifestantes continuaram a receber tratamento de violência, porém com outro nome: o ato era referido como vandalismo, e o praticante, como vândalo. Há aqui uma continuidade.

Entretanto, a matéria se dedicava a explorar as instabilidades e conflitos presentes nas manifestações. Não no sentido de heterogeneidade, pluralidade de ideias, mas no sentido de enfraquecimento do movimento. Sempre partindo da questão de uso da violência nos atos. Há novamente uma negação em relação a qualquer liderança organizada presente nas manifestações. Dessa forma, a matéria criava uma ideia de ruptura com a herança de 1968.

O não protagonismo em 2013 das esquerdas tradicionais, como era o caso dos partidos políticos e das entidades representativas dos estudantes, podia estar atrelado a uma série de fatores. O primeiro poderia ser a maneira como a esquerda estava organizada: no caso dos partidos políticos, os próprios conflitos que surgiram após 1980 com as contradições nos mandatos do PT no governo federal, especialmente por conta da aproximação do partido com setores da direita. E no caso das entidades representativas dos estudantes, seu alinhamento político com o governo federal e sua postura pouco reativa à política nacional. O segundo ponto poderia ser compreendido como o descrédito que a população já começava a demonstrar com relação às instituições tradicionais de representação por conta dos escândalos de corrupção.

Esses são só alguns fatores que podem expor o não protagonismo das entidades tradicionais do movimento estudantil em 2013. Mas tal análise precisa ser aprofundada, tendo em vista sua abrangência e complexidade. O que observamos como relevante para este artigo foi a crescente rejeição aos partidos políticos, que aumentava à medida que as manifestações se tornavam mais plurais e caminhavam em um sentido mais patriótico.

O nacionalismo, que ganhou espaço no desenvolvimento das manifestações, buscou criar uma unidade nacional acima de partidos políticos, entendidos como maléficos para a integridade do país. Frases como "O meu partido é o Brasil" ganharam espaço, enquanto bandeiras e símbolos partidários eram queimados.

Quando a pauta das manifestações de 2013 foi ampliada, extrapolando a questão do aumento das passagens, não mais se fez menção ao MPL, ou a qualquer outra entidade estudantil ou não, responsável pela organização das jornadas de junho. Ganhou espaço o discurso da não representação, dividido em duas frentes. A primeira delas era representada por aqueles que colocavam a nação acima da representação política, como já apresentado. A outra frente foi além, ao associar a crítica à representação partidária com o partido que ocupava o poder no momento, ou seja, o PT. Assim, a edição de *O Globo* do dia 21 de junho de 2013 destacava essa questão da representação, ou da não representação, e da rejeição aos símbolos políticos, noticiando que militantes de partidos políticos e organizações sindicais haviam sido hostilizados e expulsos por manifestantes nos protestos, cabendo aos partidos de esquerda a decisão de participar dos mesmos sem camisas, bandeiras ou qualquer outra identificação das siglas.

> Em resposta às hostilidades, os comandos do PT e do PCdoB mobilizaram sua militância, centrais sindicais e movimentos sociais para fazer uma manifestação paralela. A convocação, uma reação ao apartidarismo da chamada "marcha do

vinagre", é uma tentativa de neutralizar um impacto negativo das passeatas para a presidente Dilma Roussef [...] [p. 3].

Considerações finais

Ao fim deste exercício de análise, podemos observar que a postura do jornal *O Globo* em relação às manifestações estudantis pouco foi modificada ao longo dos anos. Há uma tentativa inicial de redenção em relação ao passado quando o jornal invoca uma ideia positiva de 1968 ao descrever as manifestações de 2013. E qual seria essa ideia, esse imaginário em torno de 1968? Nota-se a persistência em enaltecer 1968 como um ano no qual a sociedade civil – principalmente os jovens – se rebelou contra a ordem estabelecida, lutou contra a ditadura, em prol da democracia.[14]

Entretanto, essa ideia de 1968, "cristalizada" através da Passeata dos Cem Mil, acaba por deixar de lado os processos que constituíram a luta política do período. Enquanto em 2013 o aspecto rebelde e heroico de 1968 é ressaltado, deixa-se de balizar o recrudescimento do autoritarismo, das perseguições e dos desaparecimentos e a tentativa de aniquilamento do movimento estudantil pelo regime militar. É na mobilização dos eventos de 1968 – considerados de grande valor histórico – pelo *Globo* que reside a dualidade. Pois no calor do momento os mesmos eventos não foram recebidos de forma positiva pelo jornal.

Essa observação norteou, principalmente, a segunda parte deste artigo, dedicado a analisar os movimentos de 2013 através da ótica midiática. Além disso, foi importante para a conclusão de três aspectos que apresentaremos a seguir.

O primeiro aspecto é o fato de que, ao atribuir ao movimento de 2013 uma herança que viria de 1968, o jornal concebe um determinado continuísmo tanto do movimento quanto da própria juventude. E, como foi analisado, há diversos distanciamentos que impedem de tecer tais considerações, pois, como nos lembra a socióloga Irene Cardoso (2005:101-102), destacar a historicidade

---

[14] A história do tempo presente vem já há algum tempo reescrevendo esse imaginário. Segundo Delgado e Ferreira (2013:23), por conta da pouca distância temporal existente entre o objeto de estudo e o pesquisador, há sempre a necessidade de reescrever, atualizar, repensar os acontecimentos "utilizando-se do mesmo material, mediante acréscimos, revisões e correções". Logo, "a noção de história do tempo presente está associada à ideia de um conhecimento provisório".

desses movimentos é importante para acentuar, em contraposição, o processo de construção dos mitos dos anos 1960, que se iniciou já em 1968/1969.

O segundo aspecto está relacionado a esse esforço de produção do mito, de reformulação do passado pelo presente. Isso resulta naquilo que Eric Hobsbawm (1995:13) chama de "presente contínuo". Um alongamento do tempo presente que dificulta a construção do passado como "alteridade em relação ao presente". Logo, segundo Irene Cardoso (1998:4), o passado não é visto como tal, mas como uma "espécie de extensão homogênea do próprio presente".

Essa problemática temporal, salientada por Hobsbawm, pode ser observada em grande medida na análise apresentada. Ao trazer para o presente um acontecimento passado, a mídia "faz dele *informação* que é nivelada a outras informações quaisquer através do mecanismo da descontextualização" (Cardoso, 1998:5). Esse movimento resulta em um esvaziamento da história e da memória.

1968 e 2013 revelam cada qual um contexto, com diferentes conflitos e tensões, resultando em diferentes formas de luta. E é aqui que reside o terceiro e último aspecto. Na ação do presente contínuo que nos impossibilita estabelecer as diferenças entre passado e presente, dificultando nosso processo de aprendizagem com o passado de experiência e, consequentemente, tornando nosso horizonte de expectativas turvo.

Assim como os participantes de 1968 não terminaram vitoriosos – "Desceu o pano. A derrota" (Reis Filho, 2008:34) –, os participantes de 2013, salvo as diferenças, viram a democracia, que permitia suas demandas ocuparem as ruas, estremecer anos depois, com um novo golpe em 2016, que derrubou sua representante democraticamente eleita. Continuamos imersos, pelo menos por hora, em um presente contínuo que nos impede de observar um horizonte de expectativas.

Referências

ABRAMO, Helena. Considerações sobre a tematização social da juventude no Brasil. *Revista Brasileira de Educação*, nº 5 e nº 6, 1997.

ALONSO, Angela; MISCHE, Ann. Changing repertoires and partisan ambivalence in the new Brazilian protests. *Bulletin of Latin American Research*, 2016.

ARAÚJO, Maria Paula. Disputas em torno da memória de 1968 e suas representações. In: FICO, Carlos; ARAÚJO, Maria Paula (Orgs.). *1968, 40 anos depois:* história e memória. Rio de Janeiro: 7 Letras, 2009.

CARDOSO, Irene. 68: a comemoração impossível. *Tempo Social. Revista de Sociologia da USP*. São Paulo, v. 10, n. 2, 1998.

_____. A geração dos anos de 1960: o peso de uma herança. *Tempo Social. Revista de Sociologia da USP*. São Paulo, v. 17, n. 2, 2005.

DELGADO, Lucilia; FERREIRA, Marieta. História do tempo presente e ensino de história. *Revista História Hoje*, v. 2, n. 4, 2013.

FICO, Carlos. 1968: o ano que terminou mal. In: FICO, Carlos; ARAÚJO, Maria Paula (Orgs.). *1968, 40 anos depois:* história e memória. Rio de Janeiro: 7 Letras, 2009.

_____. *História do tempo presente, eventos traumáticos e documentos sensíveis*: o caso brasileiro. Varia História (UFMG), v. 28, p. 43-59, 2012.

_____; ARAÚJO, Maria Paula (orgs.). *1968, 40 anos depois:* história e memória. Rio de Janeiro: 7 Letras, 2009.

HAGEMEYER, Rafael Rosa. *Caminhando e cantando:* o imaginário do movimento estudantil brasileiro de 1968. São Paulo: Edusp, 2016.

HOBSBAWM, Eric. *A era dos extremos:* o breve século XX. São Paulo: Companhia das Letras, 1995.

MARTINS FILHO, João Roberto. *O movimento estudantil e ditadura militar (1964-1968)*. Campinas: Papirus, 1987.

MÜLLER, Angélica. *O movimento estudantil na resistência à ditadura militar (1969-1979)*. Rio de Janeiro: Garamond, 2016.

POERNER, Arthur José. *O poder jovem:* história da participação política dos estudantes desde o Brasil-Colônia até o governo Lula. 5. ed. Rio de Janeiro: Booklink, 2004.

REIS FILHO, Daniel A. 1968: o curto ano de todos os desejos. In: GARCIA, Marco Aurélio; VIEIRA, Maria Alice (orgs.). *Rebeldes e contestadores – 1968:* Brasil, França e Alemanha. 2. ed. São Paulo: Perseu Abramo, 2008a.

_____. Entre passado e futuro: os 40 anos de 1968. *Acervo*. Rio de Janeiro, v. 21, n. 2, 2008b.

_____. *Ditadura e democracia no Brasil:* do golpe de 1964 à Constituição de 1988. Rio de Janeiro: Zahar, 2014.

RIDENTI, Marcelo. A época 1968: cultura e política. In: FICO, Carlos; ARAÚJO, Maria Paula (Orgs.). *1968, 40 anos depois:* história e memória. Rio de Janeiro: 7 Letras, 2009.

VALLE, Maria Ribeiro. *O diálogo é a violência:* movimento estudantil e ditadura militar em 1968. Dissertação (mestrado) – Universidade Estadual de Campinas, Faculdade de Educação, Campinas, 1997.

O legado de 1968 no mundo de hoje: o significado cambiante da rebelião da juventude na memória coletiva

Rafael Hagemeyer

Eu não guardo memórias de 1968, nasci poucos anos depois. Cresci no mundo pós-1968, com medo da III Guerra Mundial. Domingo à noite o medo era difundido pelo *Fantástico*, que sempre trazia notícias de mistério envolvendo espionagens, seitas religiosas, objetos voadores não identificados, crimes não resolvidos. O "medo do domingo à noite" marcou minha geração, e quando penso em ditadura militar, em anos de chumbo, me recordo dessa sensação. Era a doutrinação política da ditadura militar, com seu anticomunismo, que nós assistíamos, mas o domingo era um dia especialmente dedicado à difusão do medo entre a população brasileira. Em certo sentido, era o momento em que se recordava ao Brasil por que era necessário manter aquele regime, num país de Terceiro Mundo ameaçado pelo comunismo. E este era um regime frio, de pessoas frias, que não tinha o colorido e a vivacidade dos programas infantis, dos comerciais de televisão etc.

Eu havia recém-entrado na escola para me alfabetizar. Só lembro que minha mãe tinha nojo do presidente Geisel, pela situação difícil em que se encontrava a economia do país. "O povo passando fome, enquanto eles lá em Brasília...", dizia minha mãe indignada. À medida que fui crescendo, fui conhecendo a mística em torno de 1968, através de reportagens de jornal, televisão, livros, discos, fitas e filmes. Em certo sentido, através de várias ondas "memorialísticas", para utilizar a terminologia do historiador Pierre Nora para distinguir a produção dos historiadores das outras representações do passado, de maior circulação no mercado cultural, como é o caso do jornalismo e das artes (Le Goff e Nora, 2003).

Cabe aqui um distanciamento crítico do pesquisador do assunto em relação ao modo como teve acesso a ele, porque é sabido que a memória influi muito mais na imaginação histórica geral do que os trabalhos historiográficos. E, em última instância, a história depende da memória, ainda que crie arquivos e documentos para discipliná-la e buscar emancipar-se dela, como observa Paul Ricoeur. A questão é que éramos obrigados, na dinâmica de pesquisa do século XX, a nos tornar uma espécie de colecionistas do assunto que pesquisávamos. Porque os materiais que nos davam acesso às informações eram acumulados ao longo da pesquisa, comprados, emprestados ou copiados – diretamente do disco ou da fita comercial, ou ainda gravados diretamente da programação de rádio ou televisão.

Tudo isso custava tempo, dinheiro e espaço doméstico para abrigar equipamentos e formar um acervo pessoal fundamental para o trabalho de pesquisa. Além disso, era preciso guardar os próprios papéis em pastas ou caixas de arquivo. Mas se o acesso às fontes de pesquisa era caro e raro, por outro lado estávamos certos de que poucas pessoas na cidade tinham o mesmo material que nós tínhamos, e o que nós tínhamos era assunto de nossas rodas de conversa. Era assim que se alimentava a nossa imaginação histórica, e nesse sentido aquele mundo do final da década de 1980, quando comecei a me interessar pelo assunto, estava mais próximo da dinâmica do imaginário dos jovens de 1968 do que o nosso mundo digital de redes virtuais. No tempo presente, em que "tudo está lá", acessível ao dedo, esquecemos muitas vezes do que estamos procurando, somos constantemente demandados em diferentes frentes e acabamos sem tempo para o que realmente importa.

A desfragmentação da cultura no século XXI talvez torne difícil para as novas gerações imaginar como era um mundo analógico, porque ela modificou a própria dinâmica da pesquisa histórica. Se antes havia escassez de informação, ao ponto de que éramos obrigados a formar nossos próprios acervos pessoais – com suas bibliotecas, discotecas e até videotecas nos anos 1990, que simbolizavam a erudição acumulada durante a vida –, a partir de então passamos a ter que lidar com o excesso de informação e oferta ao alcance do dedo, na palma da mão. Se antes era necessário perder muito tempo para encontrar uma informação valiosa, hoje o problema é encontrá-la no meio de material tão abundante, descobrindo meios de filtrá-la (Meneses, 2009). Pois onde há excesso, há muito ruído, o que normalmente impede a eficácia da comunicação e a correta compreensão da linguagem.

Com a modificação da estrutura de comunicação, temos a impressão de que ocorre também uma nova "mudança estrutural" na esfera pública, mais profunda ainda que aquela analisada por Habermas no final do século XVIII. Porque a chamada opinião pública, representada pelos jornais no século XIX, e aprofundada pelo desenvolvimento da publicidade no rádio e na televisão, já não se organiza da mesma forma. Em 1968, as ações do movimento estudantil eram amplificadas por essas mídias, fazendo com que os militantes muitas vezes superestimassem sua importância e sua real força política (Reis Filho, 1990). A opção de "resistir nas ruas" para chamar a atenção da opinião pública só faz sentido diante de um determinado tipo de esfera pública permeável a esse tipo de pressão.

Com o surgimento de plataformas em rede de compartilhamento de conteúdo virtual (textual e audiovisual), em que cada pessoa é potencialmente um canal de divulgação de ideias e produtos, não se modifica apenas o modo como as ideias circulam. Passa-se a duvidar de que exista mesmo uma "opinião pública", pois o descrédito dos meios de comunicação tradicionais se soma ao descrédito no público que emite opiniões em escala até então não divulgada, impedindo por outro lado que haja uma "idealização da vontade popular". Em última instância, fica evidenciado que há um mar de correntes de opiniões distintas que se expressam, provocam indignação, medo, ódio e mal-entendidos que impedem que aquela visão relativamente homogênea da opinião pública como vontade da maioria se torne baliza para políticos preocupados com sua popularidade.

Organizar as informações num quadro explicativo coerente continua sendo o desafio dos historiadores, diante do excesso ou da escassez. E para não corrermos o risco de afundarmos numa Babel eletrônica, em que cada qual fala sua própria língua, precisamos encontrar meios para traduzir o significado das experiências de gerações anteriores à nossa para as futuras gerações, já que até mesmo a possibilidade de compreender os outros que se encontram hoje ao nosso redor parece ter sido colocada em dúvida. Nesse sentido, este texto talvez esteja voltado para esse leitor do futuro, para compreender os anos em que estamos vivendo e o modo como se transforma o significado de 1968 ao longo do tempo.

Isso muda também a forma de se fazer pesquisa histórica. Afinal, estamos escrevendo para quem? Queremos produzir um conhecimento que seja posteriormente reproduzido nas escolas, nos museus, nos filmes e livros sobre a época? Ou em matérias de jornal, do rádio e da televisão, em que supomos que os jornalistas farão questões a partir de um certo "consenso liberal"? E o que acontece quando não há consenso, e até o jornalismo profissional e as aulas de história nas escolas correm o risco de desaparecer? Ainda é possível aprender com os erros do passado? O ensino de história poderia mesmo servir como antídoto contra ditaduras, massacres ou guerras, como nos foi ensinado?

Comemorar e ressignificar 1968 à luz do presente

Aniversários são vistos como momentos de celebração da vida, em que aproveitamos o fechamento de um grande ciclo solar para refletir sobre "o que fizemos de nós", bela expressão cunhada por Zuenir Ventura para subtítulo de seu segundo livro sobre 1968 (Ventura, 2008). O que éramos naquela época e o que nos tornamos, afinal? É possível que os mais jovens, que nasceram já nesse mundo da superaceleração, nos compreendam? Há algo de nossa experiência humana a ensinar-lhes, ou o que aprendemos para viver naquele mundo já não serve para esse "admirável mundo novo" que vimos nascer?

Comemorações de aniversário nesse sentido são bastante adequadas para a organização do mercado cultural. É possível se programar com antecedência e viabilizar produtos sabendo que haverá em torno do tema alguma expectativa do consumidor. No caso do mercado de livros da área de história não é diferente. Ao menos os aniversários são momentos em que podemos refletir com maior serenidade e distanciamento crítico a respeito da sociedade em que vivemos, à luz daquele momento luminoso de 1968. Um ano que irradiava futuros, que alimentava utopias, e sempre voltamos a nos perguntar qual é o sentido que elas ainda têm, se é que realmente têm, no mundo atual.

Há outros momentos, contudo, em que a história não respeita aniversários, não obedece aos calendários comemorativos e nos obriga a rediscutir 1968, sempre quando há a explosão de um movimento juvenil de rebeldia nas ruas. Tornou-se um paralelo obrigatório compreender a rebeldia juvenil, para apoiá-la ou refutá-la, diante da repressão policial (se há), avaliando se a causa é justa – como fazem os meios de comunicação desde então. São também momentos em que o chão da história se abre sob nossos pés e dele emergem as vozes e as imagens de outras lutas do passado, como descreveu Walter Benjamin, em que os nossos mortos cobram de nós as promessas que lhes foram negadas. É o salto do tigre, que rompe a linearidade cronológica do relógio, do tempo sempre igual e previsível. Foi assim no Brasil durante o processo de *impeachment* do presidente Collor, em 1992 – a história que se repete como farsa midiática – e também durante as jornadas de junho de 2013, com cenas em que a truculência policial diante das câmeras parecia superar em muito aquelas da ditadura militar em 1968.

Rememorar 1968 é um direito que passamos a exercer com o tempo, já que de início ele nos foi negado. Em 1978, ainda havia uma espécie de "tabu" em torno daquele ano rebelde. O Ato Institucional nº 5 (AI-5), decretado no dia 13 de dezembro de 1968 por causa das "agitações subversivas" – segundo as justificativas que o precederam –, proibia manifestações de qualquer tipo sobre assuntos considerados impróprios. O presidente tinha poderes ditatoriais para cassar os direitos de qualquer cidadão, como ocorreu com o líder da oposição no Congresso – fato pouco lembrado, aliás, por historiadores que relativizam a ditadura brasileira.[1] Apesar das promessas de "distensão" do presidente Geisel, o AI-5 ainda vigorava, e só seria revogado no final de 1978. Por essa razão, não houve comemorações públicas no Brasil naquele ano.

O que aprendi posteriormente, como pesquisador do assunto, é que as comemorações ou "rememorações" dos 10 anos de 1968 só ocorreriam no Brasil no ano seguinte, em 1979, ano-chave do final da ditadura militar. O AI-5 havia sido revogado só no finalzinho de 1978, assim como a censura prévia nos jornais e na produção cultural. Também naquele ano voltariam a ocorrer greves, com destaque para a mobilização dos metalúrgicos do ABC paulista. Parecia confirmar-se a necessidade de que os trabalhadores tomassem a frente da luta contra a ditadura, tese defendida pelo líder estudantil Vladimir Palmeira em 1968. E no ano de 1979 ocorreu a Anistia, que permitiu que Vladimir e outras lideranças estudantis de 1968 retornassem ao país, ou saíssem da clandestinidade. E com a Anistia veio a reforma partidária, que permitiu a Vladimir ajudar a fundar o Partido dos Trabalhadores, ao lado de seu colega paulista e um dos principais candidatos à presidência da UNE em 1968, José Dirceu de Oliveira.

Não seria ainda neste momento que os dois líderes estudantis exilados escreveriam juntos suas memórias de 1968 – isso aconteceria apenas na comemoração dos 30 anos daqueles acontecimentos, em 1998. Antes disso, quem publicou memórias sobre aquele ano rebelde no Brasil foi Fernando Gabeira, que em 1968 já era um jornalista consagrado que atuava no *Jornal do Brasil* e depois entrou para uma das organizações clandestinas da luta armada contra a ditadura (Gabeira,

---

[1] Refiro-me ao deputado Alencar Furtado (MDB-PR), que em 1977, já no governo Geisel, teve seu mandato cassado por ter feito uma oposição aos militares muito atuante na Câmara dos Deputados.

1982). Ao lado dele, Alfredo Sirkis, que ainda era estudante secundarista em 1968, relataria também suas lembranças do movimento estudantil e da guerrilha urbana contra a ditadura militar, escrevendo um livro de memórias e ao mesmo tempo um relato de aventuras (Sirkis, 2008).

Em um de seus livros, Sirkis usa como epígrafe a frase do escritor Milan Kundera: "A luta do homem contra o poder é a luta da memória contra o esquecimento" (Sirkis, 1981). É preciso lembrar para não esquecer, porque os torturadores diziam que ninguém nunca iria saber daquilo que se passava. Diziam que ainda que conseguissem sobreviver para contar, era tão horrível e absurdo – e ao mesmo tempo tão bem escondido – que ninguém nunca iria acreditar. Nesse sentido, seu cinismo se parecia com o dos soldados nazistas descritos por Primo Levi, que conseguiu sobreviver para publicar suas memórias (Levi, 1990). Creio que Primo Levi jamais esteve seguro de que seus leitores foram capazes de compreender com profundidade o grau de desumanização ao qual os prisioneiros dos campos de concentração estavam submetidos, e o modo como isso alterava seu comportamento, e a crueldade do que eram capazes entre si.

Essas "narrativas mitológicas" sedimentaram uma primeira versão pública sobre 1968, no momento em que pela primeira vez foi possível falar dos protestos daquele ano nos meios de comunicação, o que mobilizou o mercado editorial. Ambas têm o tom de autocrítica, consideram que foi um erro ingênuo ter pegado em armas contra a ditadura militar, apenas uma reação desesperada que levou ao suicídio vários companheiros e levou outros a uma paranoia protototalitária que transformou sua vida dentro da organização clandestina numa prisão sem grades.

Na sequência, surgiriam as obras que se tornariam a grande referência acadêmica dos estudos sobre 1968, resultado das pesquisas de Heloisa Buarque de Hollanda, professora da Universidade Federal do Rio de Janeiro. Sua tese de doutorado, *Impressões de viagem* (1992), reformularia a visão de 1968, valorizando a postura irreverente do tropicalismo musical de Caetano Veloso em relação ao sectarismo que marcaria a produção do Centro Popular de Cultura da UNE. Em certo sentido, *Impressões de viagem* reabilitava o tropicalismo das críticas feitas a ferro quente por Roberto Schwarz em seu exílio, em 1969, condensadas num ensaio que teria forte impacto posterior. Além disso, Heloisa retomaria o assunto ao realizar uma série de entrevistas com intelectuais e artistas que estavam retornando naquele momento, registrando seus depoimentos, que seriam publicados com o título sugestivo de *Patrulhamentos ideológicos*, a respeito da "censura informal de esquerda" dentro da produção cultural brasileira.

Nas avaliações do período, a tônica dos depoimentos era a de que a luta armada foi um erro, a democracia é um valor universal, e o sentimento era de que juntos iríamos trabalhar para mudar o país, organizando partidos e movimentos sociais para disputar as eleições, aproveitando brechas e oportunidades... Enquanto a maioria se fascinava com o surgimento do Partido dos Trabalhadores, os principais memorialistas de 1968 fundavam no Brasil o Partido Verde, inspirado no seu congênere da Alemanha, que também emergiu do movimento estudantil de 1968. Daniel Cohn-Bendit, o judeu alemão que se tornou o "líder anarquista" de maio de 1968 em Paris, e o idealizador do Partido Verde alemão, tornou-se amigo de Fernando Gabeira, por quem foi entrevistado para o livro *Nós que tanto amávamos a revolução*, que Gabeira publicou quase duas décadas após 1968, com outras personalidades internacionais daquela época (Gabeira, 1985).

Apesar dos desenganos dos anos 1980, sem as eleições diretas em 1985 e sob a presidência de José Sarney, que até um ano antes dava sustentação à ditadura, a segunda "onda memorialística" se deu num contexto de ainda maior esperança. 1988 foi o ano de promulgação da nova Constituição no Brasil, assinalando o fim definitivo da vigência do sistema político que havia instituído a Constituição de 1967, alterada pela emenda de 1969. No ano seguinte ocorrem as primeiras eleições presidenciais diretas, e eram muitas as expectativas em torno de um futuro democrático para o país, que resolvesse os problemas sociais e econômicos deixados pelo antigo regime militar. Essa segunda onda de comemorações se deu em torno principalmente de um livro que já nasceu clássico: *1968, o ano que não terminou*, de Zuenir Ventura (1988), "a aventura de uma geração", como afirma o subtítulo. Através de uma ampla pesquisa jornalística e de entrevistas, ele explora os diversos temas relacionados a política, comportamento, arte e cultura, colocando o Brasil no mapa de 1968.

O livro, uma narrativa mitológica extraordinária que fazia de intelectuais e artistas os mártires da democracia contra a censura, foi aclamado merecidamente pela crítica, ajudando a fazer as pazes com as novas gerações e criando uma versão adequada para aquele passado sempre incômodo. A direita reconhecia que ter apoiado o golpe militar de 1964 fora um erro, e a esquerda afirmava que ter pegado em armas contra a ditadura militar fora outro. "Todos pela democracia" era o discurso que unificava a nação, deixando as mágoas para lá. Apenas a "participação popular" era um caminho seguro para construção de uma cidadania efetiva – embora não se compreendesse essa "participação" da mesma forma. Esse talvez não fosse o sentido que o autor pretendeu dar aos seus leitores, mas foi dessa forma que ele se tornou apropriado naquele contexto.

Certamente este foi um livro fundamental que despertou-me ainda mais interesse no aprofundamento da pesquisa histórica sobre 1968. Eu ainda cursava o ensino secundário, me filiei ao Partido Comunista Brasileiro, para depois romper e ingressar num pequeno grupo anarquista, majoritariamente composto por historiadores, que se reunia nos porões da Casa da Memória em Curitiba. Lá mesmo, nesta instituição cultural em que trabalhava um companheiro do grupo como pesquisador, propus fazer uma pesquisa para escrever a história do movimento estudantil de 1968 em Curitiba. Cheguei a gravar em fita K7 uma entrevista com Tereza Urban, que posteriormente viria a ter seu nome escolhido para a Comissão da Verdade no Paraná.[2] Tereza narrou para mim, não lembro com quantos detalhes, a batalha do movimento estudantil contra o ensino pago na UFPR em 1968. Comentou também sobre a "tomada da reitoria" em maio de 1968, mas sem admitir "influência do que estava acontecendo na França", pois em função do caráter precário das comunicações da época ela não sabia que a Sorbonne havia sido ocupada 10 dias antes – o que confesso que me causou certa decepção.

Não sabemos de quem foi a ideia de ocupar a reitoria da UFPR em maio de 1968, mas não seria de duvidar que ela tivesse vindo de alguma notícia a respeito do movimento francês que os jornais de Curitiba de fato publicavam, como pude verificar pesquisando no acervo da Biblioteca Pública do Paraná. Mas os acontecimentos inéditos no movimento estudantil brasileiro que se desenrolavam ali na capital paranaense, que já contava com bons fotógrafos atuando na imprensa, ocupavam a primeira página dos jornais. Edison Jansen, fotógrafo do jornal *O Estado do Paraná*, receberia reconhecimento nacional com o Prêmio Esso de fotojornalismo por uma foto realizada durante a cobertura daqueles eventos em que o movimento estudantil havia triunfado, impedindo a implantação do ensino pago na universidade.

Era a primeira vez no movimento estudantil brasileiro que os jovens cercavam uma quadra com barricadas, e nas comemorações no pátio da reitoria o busto do reitor Suplicy foi arrancado e arrastado pelas ruas de Curitiba. As fotos do reitor e seu busto seriam publicadas na histórica reportagem sobre o movimento

[2] Já haviam sido publicadas entrevistas de vários líderes estudantis falando sobre essa experiência no livro de Ivan Heller, *Resistência democrática: a repressão no Paraná* (1988).

estudantil da revista *Realidade*, de ampla circulação nacional. O repórter afirmava que os acontecimentos de Curitiba eram o grande ponto de discussão do Conselho da UNE em Salvador, realizado em junho seguinte, indicando que estava surgindo uma nova forma de ação estudantil, e que a experiência vitoriosa no Paraná dava grande impulso a essa tendência – como se verificaria dois meses depois na Faculdade de Filosofia da USP, com as barricadas da rua Maria Antônia.

Eu não sabia de nada disso ainda quando comecei a pesquisa. Não tinha essas informações sistematizadas, e na universidade eram outros assuntos, como o movimento operário anarcossindicalista no início do século XX, que atraíam mais a minha atenção. Movimento estudantil era algo que eu fazia, junto com os meus colegas, participando de assembleias e colegiados do curso, discutindo se as grades curriculares deveriam manter conteúdos marxistas como "história econômica" ou "pensamento econômico", ou se tornar completamente pós-modernas, em determinado sentido concordando com Francis Fukuyama, para quem vivíamos mesmo o fim da história. Não enquanto disciplina, nem enquanto processo de mudanças ao longo do tempo, mas seguindo a ideia de que é possível romper radicalmente com o passado para assim redirecionar o curso da humanidade – ideia em nome da qual morreram tantas pessoas, nas catástrofes ao longo do século XX. Com o fim das metanarrativas, esperava-se um futuro luminoso de paz, sem luta de classes, com uma mistura equilibrada de livre-mercado e Estado de bem-estar social.

Mas como observamos anteriormente, nem sempre o processo histórico obedece à cronologia das comemorações, e por essa razão o ano de 1968 muitas vezes voltou a ser tema de discussão fora de seu aniversário comemorativo. Aliás, isso acontece sempre que vemos cenas de jovens enfrentando policiais nas ruas, pichando muros com palavras de ordem, quebrando vitrines e queimando carros, no espetáculo televisivo dos grandes conflitos urbanos a que nos acostumamos de certa forma a assistir desde então. Ou então pela pura manipulação do imaginário, como ocorreu na comparação entre as manifestações dos "estudantes contra a ditadura" e aquelas que ocorreram em 1992, a favor do impedimento do presidente eleito Fernando Collor de Mello – das quais participei já como universitário.

Lembro naquela oportunidade de ter participado de um debate no rádio, no qual a apresentadora contextualizava aquelas manifestações de milhares de estudantes "novamente", com a presença da bandeira da UNE nas ruas "como em 1968", mas agora com uma outra bandeira em torno da exigência de "ética na política". Debatendo comigo estava um dos dirigentes da UNE em Curitiba, Ricardo Gomide, que em função daquele movimento seria eleito deputado federal, além de Luís Manfredini, "o Manfra", como era conhecido quando era militante estudantil de 1968 e era membro do Partido Comunista do Brasil (PCdoB). Também participou do debate conosco um representante francês da Tradição, Família e Propriedade (TFP), falando mal do movimento de maio de 1968 e afirmando no final do programa que a virgem de Fátima havia previsto "o fim do comunismo".[3]

As comparações com o contexto de 1968 também ocorriam porque estava sendo exibida a minissérie da Rede Globo *Anos Rebeldes*, que teria "servido de inspiração" para os jovens saírem às ruas para derrubar o governo – interpretação vulgarizada pela revista *Veja*. A exibição da minissérie *Anos Rebeldes* teria ajudado a incentivar a juventude a sair às ruas, como se eles assistissem à minissérie à noite e fossem para a passeata de manhã. A minissérie colocava atores de novelas de grande identificação com o público juvenil como "heróis da resistência" em conflito com militares truculentos, policiais cínicos e torturadores sádicos – os grandes "vilões da história". Inspirada nas narrativas de Sirkis e Zuenir Ventura, a minissérie coincidiu com o momento em que a burguesia brasileira passou a admitir que havia entregado o poder a um aventureiro e que deveria haver algum modo de retirar-lhe esse poder. A série seguia a linha de raciocínio de que depois de 1964 ainda havia alguma chance de unir a esquerda e a direita para derrubar a ditadura, mas a radicalização de ambas as partes não permitiu aquela aliança.

Independentemente das variadas interpretações do que estava acontecendo (ou deveria acontecer), na elaboração hegemônica a respeito do significado político daquele movimento histórico, pode-se dizer que o "Fora Collor" foi um "68 com final feliz" para a burguesia brasileira, que se livrou de um governo inconveniente sem precisar apelar aos "gorilas", como eram chamados os militares latino-americanos golpistas. Desta vez, o afastamento se deu de forma pacífica, através do sistema político criado pela Constituição de 1988, em que os deputados foram sensíveis ao "clamor popular", que é o modo como a mídia qualifica as manifestações de opinião nas ruas pelas quais tem aberta simpatia, ou das quais chega mesmo a ser franca incentivadora. Nessa leitura, a democracia brasileira passava por uma prova de fogo, demonstrando que era possível afastar um governo impopular, algo que não foi conseguido em 1968 – em função da

3 O programa se chamava *QI no rádio*, e era transmitido pela Rádio Independência, de Curitiba.

imaturidade dos grupos estudantis, que, desesperados, partiram para a violência, e teriam sido os responsáveis pelo "endurecimento do regime" no final de 1968.

A década de 1990 foi o momento da chegada ao poder da geração de 1968. A queda do Muro de Berlim em 1989, segundo Thimoty Gordon Ash (2011), seria um "68" de ponta-cabeça: tratava-se da mesma geração, dos mesmos personagens, que no Leste europeu então chegaram ao poder, seja na Polônia ou na Tchecoslováquia. No ocidente, Bill Clinton e Fernando Hernique Cardoso representavam, de certa forma, aquela geração que se revoltou contra o autoritarismo nos *campi* universitários. Bill Clinton fora estudante em Berkeley, Fernando Henrique fora professor em Paris e em São Paulo. Mas seu governo, iniciado em 1995 e fundado numa coalizão com seus antigos algozes, que articularam o golpe militar e sustentaram o regime por mais de 20 anos, não agradava às esquerdas. Ainda assim, no plano simbólico, ao menos, parecia que a ditadura militar era um demônio definitivamente exorcizado por ambos os lados, embora não pelas mesmas razões, já que para os neoliberais o problema dos militares não era sua política em relação aos direitos humanos, mas sim seu caráter demasiadamente estatizante no âmbito da economia.

De qualquer forma, foi possível viabilizar as primeiras políticas de reparação, que se iniciaram no governo Fernando Henrique Cardoso, pagando indenizações para as pessoas que tiveram sua carreira prejudicada pela ditadura militar – que perderam o emprego, foram reformados ou aposentados, perseguidos, assim como seus familiares etc. A essas alturas, eu já morava na Casa do Estudante Universitário, trabalhava como músico à noite e cursava a faculdade no período vespertino, e entre colegas estava a filha do presidente do DCE-UFPR em 1968, já então falecido num acidente aéreo ocorrido quando era secretário estadual. Ao saber que eu estava pesquisando o assunto, ela generosamente me convidou para uma festa na qual estavam presentes antigos militantes estudantis ligados à Política Operária (Polop), uma das organizações mais influentes na UNE em 1968. Presente estava também o deputado Nilmário Miranda (PT-MG), então membro da organização e presidente da Comissão de Anistia da Câmara dos Deputados (Miranda e Tibúrcio, 1999). Nesses contatos foi possível entender um pouco mais das relações, conversando informalmente com militantes que me revelaram o modo como se davam as discussões dos trotskistas com os maoístas nas assembleias, falaram sobre o uso de maconha em reuniões estudantis, e sobre a questão do sexo para as militantes que na época eram minoria na universidade e pertenciam em sua maioria à esquerda católica.

Sobre essas questões eu jamais encontrei algo por escrito, ainda que algumas reportagens, sobretudo a respeito do Congresso de Ibiúna, tenham apresentado algumas "provas" dessas práticas no movimento estudantil. Eram questões que estavam em primeiro plano no maio de 68 francês, ou na contracultura dos Estados Unidos, e que aqui tomavam outras características, o que não significava que não existiam. Nunca escrevi sobre isso em meus trabalhos acadêmicos por considerar que era um testemunho parcial, extraído de modo informal e que não teria como ser citado. Ao orientar minha pesquisa, privilegiei documentos escritos – fontes da época ou livros de memórias. E havia muita coisa escrita para investigar.

1968 como pesquisa histórica

E em 1994, no mesmo ano da eleição de FHC para presidente, o governador Roberto Requião ordenou a abertura dos arquivos da Polícia Civil do Estado do Paraná referentes ao Departamento de Ordem Política e Social (DOPS--PR). A oportunidade pioneira de trabalhar com esses arquivos me foi dada pela professora Marionilde Brepohl de Magalhães, que iniciou seu projeto de pesquisa sobre os informantes e a lógica de sua ação naquele contexto. Eu não fazia ideia de como funcionava a repressão naquele contexto, e fui aprendendo que nem toda a repressão estava a cargo de militares, que havia muitos policiais e funcionários civis envolvidos.

Verifiquei que os arquivos guardavam muito mais do que fichas sobre pessoas, continham também uma série de recortes organizados em pastas com títulos diversos. Havia, por exemplo, pastas diferentes sobre o "movimento estudantil", sobre a "União Nacional dos Estudantes" e sobre o "30º Congresso da União Nacional dos Estudantes", de modo que tive que consultar várias pastas sobre organizações e eventos variados relacionados a protestos específicos ligados ao movimento estudantil para ter noção da documentação existente, fichá-la e catalogá-la toda antes de iniciar o trabalho.

Nas pastas havia recortes de jornais e revistas, uma espécie de *clipping* da repressão, em que os policiais selecionavam as principais informações que os jornalistas coletavam sobre o movimento e disponibilizavam publicando-as. O movimento precisava de publicidade, e cabia à polícia manter-se informada sobre suas ações, tanto quanto a população em geral. Posteriormente, essas informações poderiam ser confrontadas e utilizadas como prova contra lideranças consideradas "subversivas", no momento de sua detenção. De outra natureza, mas incluídos na mesma pasta por assunto, estavam os panfletos distribuídos pelos estudantes e apreendidos pela polícia ou entregues por informantes – como supomos no caso de não haver ocorrência de detenção dos responsáveis. Mas havia também relatórios de informantes escritos do próprio punho, bem como circulares internas dos órgãos de repressão, datilografados ou copiados com papel-carbono, normalmente impressos com o papel timbrado da Rede Ferroviária Paraná-Santa Catarina, gentilmente cedido à Polícia Civil não sabemos por meio de qual expediente.

Em todo esse processo de pesquisa, me concentrei inicialmente na operação de repressão ao Congresso da UNE em Ibiúna, em 1968. Ela foi toda planejada pela Polícia Civil de São Paulo, e farto material do congresso foi copiado e distribuído para outras delegacias de polícia civil do Brasil. Incluíam-se aí as teses apresentadas para discussão pelas diversas correntes em disputa, as fotografias e nomes dos participantes do congresso que haviam sido presos, divididos por delegação estadual, assim como os interrogatórios a que responderam, anotados pelo escrivão no momento em que foram feitos. Havia também o relatório com a descrição da "Operação Ibiúna", comandada pelo delegado Romeu Tuma, que na época em que eu realizava a pesquisa havia sido eleito senador pelo estado de São Paulo. Todo esse material eu usaria posteriormente na minha dissertação de mestrado, mas para a conclusão da graduação eu focaria apenas nas teses apresentadas ao congresso.

Eu tinha um trabalho a fazer, que era o de sistematizar a percepção do movimento estudantil organizado sobre o papel da universidade como formadora de pesquisadores e técnicos, trabalhadores intelectuais proletarizados, como acabaria se tornando essa "nova classe média", diferente da tradicional pequeno-burguesia de lojistas e funcionários de escritório. Havia uma parte do movimento estudantil, a chamada "segunda posição" dentro da UNE, que estava disposta a discutir o papel da universidade e defender uma política voltada para questões universitárias. Já a "primeira posição", ditada pela esquerda católica que sempre fora maioria na entidade ao longo dos anos 1960, mas havia perdido o protagonismo durante o ano de 1968, sustentava a luta política nas ruas como primeiro ponto de pauta, já que não havia que negociar políticas estudantis com um governo ilegítimo como era a ditadura militar no Brasil. O AI-5 colocou um fim naquela discussão, impondo uma situação em que era impossível para a UNE continuar, nem mesmo na clandestinidade, como ficou evidente com a morte na prisão do seu último presidente, Honestino Guimarães, em 1971.

Naquele mesmo ano de 1971, a professora Marialice Foracchi publicaria seu clássico livro *A juventude na sociedade moderna*, obra na qual me inspirei para compor a problemática que eu apresentaria de forma mais elaborada na minha dissertação de mestrado, procurando entender o lugar das classes médias na formulação da opinião pública, o modo como as "ideologias revolucionárias" eram apropriadas no seu imaginário, e o modo como, sobre o desencadear dos acontecimentos, elas produziam em seus debates uma narrativa histórica, cujo sentido histórico era desvendado através delas. O sentido dos "acontecimentos de 1968" no Brasil, através da imprensa, dos panfletos, dos inquéritos, das crônicas e memórias, do modo como elas interpretavam "o sentido histórico dos acontecimentos" foi o que procuramos buscar na nossa interpretação não só do comportamento dos jovens que se integraram de alguma forma aos movimentos estudantis em 1968, mas também da dinâmica dos sentimentos que eles provocavam, pela força do simbolismo de suas ações que já se consideravam históricas na sua própria época, e com razão – afinal, ao longo de décadas, elas marcaram indelevelmente nossa imaginação histórica.

Nada disso, contudo, estava no meu trabalho de iniciação científica, onde havia apenas uma constatação de que, ao contrário da imagem que a memória coletiva havia construído a respeito do movimento estudantil de 1968, havia debates importantes sobre o modelo de universidade e seu papel na sociedade. Não eram só "protestos contra a ditadura", havia teses elaboradas e bem fundamentadas teoricamente, o nível de discussão não era raso, não se resumia à repetição de palavras de ordem contra o governo – como muitas vezes pareceu ser o movimento estudantil que emergiu no Brasil após a reconstrução da UNE em 1979.

Corria então o ano de 1995, eu estava me formando e na onda da eleição de Fernando Henrique Cardoso houve todo um processo memorialístico de repúdio simbólico à ditadura militar. A nomeação de um ministro civil para a pasta da Defesa indicava que os militares brasileiros haviam aprendido a se colocar no seu devido lugar, que abusos como os dos anos 1960 e 1970 não seriam mais tolerados, e que aqueles que os sofreram seriam indenizados – em troca os agentes criminosos não seriam de qualquer modo punidos. Nesse contexto, meu trabalho de iniciação científica realizado nos arquivos da polícia política durante a ditadura militar foi premiado em nível local, estadual e nacional, em geral por comissões que só leram o resumo da pesquisa e me ouviram fazendo a apresentação de pôster no salão. Independentemente dos méritos que o trabalho possa realmente ter, o fato é que tal premiação era uma decisão política, no sentido de reconhecer a importância da abertura dos arquivos e incentivar pesquisadores a se dedicar a esse tipo de pesquisa.[4]

Hoje considero esse trabalho uma formulação bastante esquemática, amparada numa análise mais sociológica do que histórica do ponto de vista metodológico. Não fui tampouco o primeiro a constatar o papel que o debate universitário adquiriu no âmbito da UNE em 1968, pois o cientista político João Roberto Martins Filho já havia demonstrado isso no livro *Movimento estudantil e ditadura militar*, publicado em 1987. Aliás, bastava consultar as revistas e jornais da época que qualquer historiador constataria que aquele debate estava posto, e polarizava a disputa para o Congresso de Ibiúna. Mas João Roberto não se aprofundou nesse tópico, seja porque não dispunha de muitas fontes, seja porque não era seu foco principal. De qualquer forma, ele viria lançar seu novo livro sobre a dinâmica dos militares no poder em Curitiba, onde tive a oportunidade de conhecê-lo, e ao pedir seu autógrafo ele me convidou para escrever um capítulo sobre o movimento estudantil em 1968 no Paraná.

Pude assim realizar, paralelamente ao meu mestrado, a pesquisa que havia deixado de lado no início da graduação, agora com uma quantidade bastante farta de material inédito, panfletos e relatórios policiais a respeito do movimento estudantil no Paraná na década de 1960. O resultado foi publicado em 1998, na coletânea *1968: faz 30 anos*. A intenção do organizador era dar um enfoque para além do eixo Rio-São Paulo, mostrando como o movimento estudantil se mobilizou em outras regiões, embora algumas análises sobre as principais capitais tenham acabado por ser incluídas.

O título do capítulo que escrevi, "1968: o ano da derrubada do ensino pago no Paraná", havia sido tirado de uma flâmula comemorativa da União Paranaense dos Estudantes, um pequenino monumento às históricas batalhas travadas em Curitiba contra a implantação do ensino pago na Universidade Federal do Paraná. Pelo seu caráter pioneiro, esse texto foi utilizado por professores de história do Paraná em outras universidades do interior, assim como por militantes da União

[4] O texto, intitulado "Ibiúna, 1968: a encruzilhada do movimento estudantil", seria publicado em 1998 em *História, Questões e Debates*. Revista da Associação Paranaense de História e do Programa de Pós-Graduação em História da UFPR. Ver Hagemeyer (1998a).

Paranaense dos Estudantes, ajudando a manter viva a memória daqueles acontecimentos, incluindo a derrubada do busto do reitor Flávio Suplicy de Lacerda quando os estudantes comemoraram sua vitória. Em 2014, durante o aniversário do golpe militar de 1964, o busto foi novamente arrancado, arrastado pela rua XV de Novembro como fora em 1968, e entregue ao Fórum Paranaense pela Memória, Verdade e Justiça – o que desencadeou uma série de discussões nas redes sociais a respeito do presumido valor histórico ou artístico da escultura do reitor e do que deveria ser feito com ela.

Em certa medida, me senti corresponsável por aquele ato, já que meu juízo no final do capítulo era de que a derrubada de 1968 fora algo merecido, que redimiu naquele momento todos os estudantes brasileiros. Afinal, Suplicy não era apenas mais um reitor da UFPR, homenageado por "federalizar" a universidade. Ele havia sido nomeado ministro da Educação pelo general Castelo Branco logo após o golpe de 1964, e nessa posição havia ordenado a invasão da Universidade de Brasília, demitido uma série de professores pelo Brasil e criado a lei que declarava a União Nacional dos Estudantes ilegal – conhecida como Lei Suplicy. Nada disso era conhecido por aqueles que se diziam preocupados com o "ato de vandalismo" dos estudantes, perpetrado contra um "patrimônio da universidade", quando seu caráter público e sua autonomia são, na verdade, seu maior patrimônio, ameaçado diretamente por aquele reitor.

Além disso, é curioso que o meu capítulo também tenha sofrido, no processo de publicação, uma curiosa "censura". Após ter encaminhado o texto para o organizador, ele me recomendou que eu escrevesse algumas linhas sobre o processo de abertura do arquivo do DOPS-PR e de sua importância para a pesquisa histórica. Assim fiz, mencionando que o governador Roberto Requião, que havia tomado essa decisão, era considerado na década de 1960 um "comunista subversivo", de acordo com os agentes policiais. Por alguma razão que não era possível compreender por e-mail (nos anos 1990 ainda não era possível enviar arquivos anexos às mensagens), a agência financiadora da publicação colocou objeções, ameaçando vetar a publicação do meu texto por "falta de objetividade" em relação a Requião. Eu sequer havia votado nele naquelas eleições e estava então sendo acusado de ser seu partidário apaixonado por alguém dentro de uma fundação de pesquisa. Curiosamente, era o momento em que Roberto Requião estava se indispondo com o governador Orestes Quércia, de São Paulo, no interior do partido de ambos, o PMDB, e imagino que tenha sido esse o problema.

Sem meios de realizar quaisquer alterações no meu texto, pois estava no exterior, autorizei o organizador a realizar a mudança sugerida. Só depois de publicado o texto fui descobrir o que foi censurado: uma nota de rodapé. Nela eu citava uma fonte encontrada no arquivo, uma incrível transcrição de uma gravação feita por um agente da polícia em uma passeata estudantil realizada em Curitiba no ano de 1966. Nela, havia um momento em que um grupo de estudantes gritava "Requião! Requião!", para que o líder estudantil subisse à tribuna para falar. Não apenas foi suprimido o meu comentário, constatando que Requião "já era um grande orador" naquela época, mas também a própria citação da fonte encontrada. Reconhecer num político algum talento oratório não significa concordar necessariamente com suas ideias, menos ainda apoiar sua administração.

Hoje considero essa história até divertida, exemplar de como os censores, onde quer que eles se encontrem, agem segundo uma lógica cujo sentido muitas vezes nos foge. De qualquer modo, acho que o organizador agiu com bom senso, e a falta dessa informação não prejudicou a abordagem do assunto, apenas privou o leitor e os historiadores de saberem que havia agentes da polícia com gravadores, provavelmente escondidos dentro de uma maleta do estilo do espião James Bond, registrando as passeatas estudantis.

De qualquer modo, eu só viria a constatar o resultado da censura sofrida depois de retornar ao Brasil e encontrar o livro pronto nas prateleiras de uma livraria. Mas então já estava em vias de defender o mestrado e com uma série de materiais e memórias na bagagem.

1968: a comemoração dos 30 anos em Paris

Organizar comemorações é, em certo sentido, uma tentativa de domesticar a história, de manter sob controle o fluxo do pensamento sobre ela. Mas, ao mesmo tempo, é a oportunidade de programar-se com antecedência para debater o assunto com outros especialistas. No último ano do curso de mestrado, com minha pesquisa já adiantada, fiz um intercâmbio na Espanha, onde viabilizaria o início da minha pesquisa sobre a Guerra Civil Espanhola. Ao mesmo tempo, seria a oportunidade de acompanhar as "comemorações dos 30 anos de maio de 1968" que ocorreriam em Paris. Turismo acadêmico? Em certo sentido, sim, justificado por quem faz da pesquisa histórica sobre seu tema uma missão.

Mas Paris também estava mobilizada para um evento maior naquela data: os 150 anos do Manifesto Comunista. Realizado na Biblioteca Nacional François Mitterand, o evento teve várias sessões de debates paralelas, entre elas um grupo discutindo sobre 1968 dentro de um barco ancorado na margem esquerda do rio Sena, em que havia várias cadeiras de plástico dispostas para o público. Lá tive a oportunidade de reencontrar, por acaso, um amigo brasileiro que também pesquisava o movimento estudantil, estava fazendo estágio de doutorado na França, e tinha todas as dicas sobre os eventos comemorativos previstos para o mês de maio.

Participei de alguns colóquios de um grupo de pesquisa acadêmica sobre movimentos estudantis interessado em estudar o movimento fora da capital francesa, o papel dos grupos estudantis secundaristas, a juventude operária e os agrupamentos de extrema direita – para além da mitologia revolucionária do movimento estudantil universitário de esquerda. Outros debates, ocorridos nas reuniões de grupos militantes interessados em fazer um julgamento da história, tinham as mesmas perguntas que definem identidades políticas, do tipo "como a revolução fracassou e quem a traiu?". Acompanhando esses eventos, ia também adquirindo em livrarias e quiosques um pequeno acervo de revistas, livros, até mesmo uma caixa comemorativa contendo um álbum fotográfico e dois CDs com uma narração radiofônica dos "acontecimentos de maio de 1968", em que um locutor apresentava ao público contemporâneo as gravações históricas daquilo que o rádio difundia ao vivo para a população francesa. Fiquei na casa de uma amiga francesa onde pude acompanhar documentários sobre 1968 e debates na televisão.

Um balanço dessa experiência de testemunhar as comemorações do maio francês em 1998 foi publicado por mim no ano seguinte, após a minha defesa de mestrado, numa revista acadêmica que já nem existe mais, mas da qual ainda guardo um exemplar (Hagemeyer, 1999). Este texto que escrevo agora é, de certa maneira, um retorno àquela primeira formulação, na qual descrevo o cenário de publicações e debates com uma riqueza de detalhes que hoje já não seria mais capaz de lembrar. Mas após esses 20 anos, o que realmente chama a atenção do historiador é o contraste do tempo em que vivemos em relação àquele otimismo que antecedeu o novo milênio. As mudanças de contexto histórico imprimem outro significado aos eventos, atribuído por gerações que não os vivenciaram, mesmo que nada de novo tenha sido revelado sobre eles ou sua dinâmica interna.

Naquele contexto, eu havia reunido três grandes respostas sobre o que havia sido 1968: uma revolução fracassada, como pensavam os marxistas; uma revolução cultural pós-moderna, como defendiam os partidários da "nova esquerda" dos movimentos pela "diversidade", assim como os defensores da "nova direita" neoliberal, que consideram que só há diversidade no capitalismo; ou então apenas um simulacro de revolução, como consideravam os pós-estruturalistas mais céticos que não faziam a apologia da "liberdade de escolha" que era dada pela "sociedade de mercado".

Afinal, o tema 1968 havia sido apropriado por uma revista de moda, cuja chamada era "faça sua própria esquerda", e até mesmo por uma revista pornográfica que anunciava "1968: faça o que você deseja!". Havia quem observasse uma identidade entre a crítica que os estudantes radicais faziam contra o paternalismo do Estado de bem-estar social e sua crise posterior, nos anos 1970, que levaria ao surgimento do neoliberalismo. Em certa medida, os apóstolos do neoliberalismo viam em 1968 o início da falência do modelo de socialismo soviético, e reivindicavam ser os verdadeiros herdeiros dos ideais libertários daquele ano. Mas os acontecimentos de Seattle na reunião do G-7 no ano seguinte e a organização dos fóruns sociais mundiais apontavam que alguma coisa estava fora da "Nova Ordem Mundial" anunciada.

Na minha dissertação de mestrado, eu me esforcei em demonstrar que o movimento estudantil brasileiro de 1968 não foi um reflexo subdesenvolvido do maio francês, mas teve uma dinâmica própria. Aliás, os principais líderes revolucionários reivindicados em maio de 1968 (Che Guevara, Ho Chi Min, Mao) eram todos do Terceiro Mundo, onde estavam afinal ocorrendo os processos revolucionários.[5] Mas são peças que não se encaixam numa visão de mundo que considera a história uma evolução linear e progressiva, como se o surgimento do fascismo nos anos 1930 fosse apenas um desvio de percurso corrigido com a II Guerra Mundial, as ditaduras militares latino-americanas fossem apenas um sintoma do nosso subdesenvolvimento político, mas a partir dos anos 1980 o mundo estivesse enfim se livrando desses resquícios do passado para abraçar a democracia liberal como o melhor modelo concebido na história da humanidade.

Mas a história não terminou, ao contrário do que previu Francis Fukuyama, e o que assistimos desde a "primavera árabe", com os movimentos juvenis de ocupação de espaços públicos na Europa e nos Estados Unidos, e sobretudo

[5] A dissertação foi publicada enfim há dois anos. Ver Hagemeyer (2016).

com as jornadas de "junho de 2013" no Brasil, são conflitos que mais uma vez se reportam a 1968. As cenas de violência policial desmesurada para reprimir as manifestações de jovens que reivindicam direitos e cidadania mostram os limites da "liberdade de escolha" da sociedade de mercado.

No Brasil, não é possível ignorar que as manifestações de junho de 2013 ocorreram durante os preparativos para rememorar o cinquentenário do golpe de 1964. Para tanto estava trabalhando uma Comissão Nacional da Verdade que deveria entregar um relatório com os crimes de Estado cometidos durante o regime militar. Mas em meio à Comissão da Verdade começaram a surgir denúncias de sequestro, tortura, morte e desaparecimento de cidadãos favelados. Então, como fica a pesquisa histórica a respeito daqueles episódios e a interpretação do significado da ditadura militar? É possível, afinal, estabelecer "políticas de memória"?

Se o objetivo da Comissão Nacional da Verdade era apurar os crimes do Estado, sua situação foi ficando fragilizada na medida em que agentes do Estado se rebelaram contra suas investigações e não foram punidos. A opção por um trabalho discreto, que não provocasse grandes emoções e sentimentalismos, que não envolvesse a sociedade numa trama narrativa com a discussão a respeito dos crimes e seus detalhes mais sórdidos não prevaleceu. Ao contrário, ao longo das investigações, uma parlamentar teve acesso negado aos arquivos de uma repartição, militares se negaram a prestar depoimento mesmo sob intimação judicial, um dos depoentes foi assassinado semanas após ter colaborado com a Comissão, uma bomba foi colocada na sede da OAB do Rio de Janeiro, remetendo a memória a outro atentado ocorrido no mesmo lugar na década de 1980, um cineasta foi detido em sua casa e levado à delegacia em sua cadeira de rodas sob acusação de ter liderado um protesto diante do Clube Militar do Rio de Janeiro contra as comemorações do cinquentenário da "Revolução de 1964" em 2014.

Todos esses fatos tiveram ampla repercussão pública e servem para pensar que a Comissão Nacional da Verdade cumpriu sua função de levantar informações sobre os crimes cometidos no período da ditadura militar (e também no período anterior a ela), mas não conseguiu estabelecer um marco na memória, ao contrário. Se realizou parte de sua tarefa, foi porque foi ajudada por outras comissões e fóruns pela verdade e justiça que se formaram em todos os estados simultaneamente. A presidente Dilma Rousseff, que recebeu seu relatório, e o dedicou à guerrilheira Maria Auxiliadora Barcellos, a "Dodora", seria afastada dois anos depois, tendo um deputado, na abertura do processo, feito apologia do homem que a torturou no período ditatorial.

O que importa é que a Comissão Nacional da Verdade deveria ter promovido um amplo debate no país a respeito da cidadania, dos direitos e da dignidade humana. Nesse campo, a violação dos direitos fundamentais da própria cidadã-presidente da República, afastada sem nenhuma acusação relevante, demonstra que os resultados atingidos foram diametralmente opostos ao que se propunha. A retomada do tema da ditadura militar numa nova minissérie da Rede Globo, que teve papel fundamental na mobilização pela derrubada da presidente, demonstra que o assunto permanece mal resolvido na consciência liberal que não simpatiza com a apologia da ditadura militar, embora tenha sido beneficiada diretamente por ela naquele período.[6]

Ao se iniciar um processo para investigar os crimes da ditadura, não foram apenas os esqueletos que saíram do armário que permanecia trancado depois de três décadas do seu fim. A insatisfação contra o governo se revestiu de um "combate à esquerda", considerada nesse viés como responsável pelo "aumento da corrupção" no Brasil, sensação amplificada pela cobertura dada pela imprensa às investigações do juiz Sérgio Moro, que fornecia gravações ilegais de delações, levadas ao ar na televisão como se fossem verdade – um método inquisitorial medieval, já que a maioria da população não faz ideia das regras que norteiam processos judiciais, ou mesmo das regras da pesquisa histórica, em que é preciso checar a autenticidade da fonte e confrontá-la com outras antes de se chegar a uma conclusão. As "delações premiadas" da chamada "Operação Lava-Jato" tiveram muito maior cobertura da mídia do que os depoimentos na Comissão Nacional da Verdade. Dessa forma, à "vitimização" da esquerda no período ditatorial se contrapôs a "corrupção da esquerda" no governo vigente, de modo que as violações ocorridas na ditadura passaram a ser relativizadas, já que seus antigos combatentes, que agora estavam no governo, demonstravam que "também não eram santos", no dizer popular.

Depois de mais de duas décadas dedicadas ao estudo da história e à investigação histórica, preocupado com a relação entre política, cultura e movimentos

[6] A Comissão Nacional da Verdade foi instituída pela Lei nº 12.528, de 18 de novembro de 2011, que estabelecia em seu primeiro artigo que esta tinha a "finalidade de examinar e esclarecer as graves violações de direitos humanos praticadas no período fixado [1946-1988] a fim de efetivar o direito à memória e à verdade histórica e promover a reconciliação nacional". Disponível em: <https:// ww.planalto.gov.br/ccivil_03/_ato2011-2014/2011/lei/l12528.htm>. Acesso em: 10 set. 2017.

sociais, e confrontado nas redes sociais com questões que meus alunos não colocavam nas aulas ou nas provas – em função de uma relação de poder escolar legitimada num sistema de avaliação e a atribuição de nota, mas que inexiste em ambientes virtuais – me vejo na obrigação de fazer também as contas com o meu passado estudantil e com as expectativas profissionais e políticas que norteavam minha pesquisa sobre o imaginário estudantil de 1968. Afinal, onde foi que erramos (nós, historiadores)?

Esse erro foi maior do que imaginamos, o erro de falar apenas para nós mesmos, como comunidade de especialistas, a chamada "historiografia brasileira". Pior do que não sermos ouvidos é sermos mal compreendidos por aqueles que dizem defender o ensino de história nas escolas. Minha principal frustração se deu no ano passado, quando começaram a ocorrer ocupações estudantis em defesa da educação pública e contra as propostas do movimento "Escola sem partido", e o congelamento de gastos na educação nos próximos 20 anos foi apresentado como proposta de emenda constitucional (PEC nº 241 ou nº 55). Sensibilizado pelo movimento, me dispus a dialogar com a ocupação estudantil da universidade em que trabalho, para tentar estabelecer uma comparação entre os dois momentos.

Fui impedido de falar, contudo. Uma comissão responsável pela segurança (não havia coordenação, a comissão agia por conta própria) me pediu que eu deixasse o recinto, dizendo que eu era uma ameaça naquele ambiente, já que contra mim havia uma denúncia de "agressão contra mulher". Entre estarrecido e indignado, fiquei imaginando o que teria sido inventado a meu respeito, já que sabia ser inocente, mas não tive oportunidade de saber do que estava sendo acusado – momento em que me lembrei do livro *O processo*, de Kafka, assim como da guarda vermelha maoísta durante a Revolução Cultural Chinesa, que colocava chapéu de burro nos professores. Lembrei também que em outras universidades do mundo, como na Itália e na França, ocorreram enfrentamentos parecidos. Foi quando Theodore Adorno cunhou a expressão "fascismo de esquerda", ao ver a biblioteca do Instituto de Pesquisa Social em Frankfurt ser ameaçada de incêndio pelos jovens estudantes radicais.

Na semana seguinte, descobri que ao reclamar do fato de os estudantes não terem naquela ocupação uma coordenação ou uma entidade estudantil que respondesse pela ocupação, eu estaria cometendo "assédio moral". Impedido de compartilhar os resultados da minha pesquisa, financiada com recursos públicos e então lançada em livro, que levei para doar aos estudantes ocupados, fiquei bastante abalado. Mas havia aprendido alguma coisa sobre a diferença entre as ocupações de 1968 e aquelas de 2016. Infelizmente, soube de acusações bem mais graves contra alguns rapazes que também se revelaram vazias, em outros lugares do Brasil. Foi o que fizeram alguns grupos, ao identificar o homem branco heterossexual como alguém que representa o sistema discriminatório, que é privilegiado por ele e que o defende sempre. Logo, aos grupos que desenvolveram esse tipo de sentimento identitário, a história do movimento estudantil de 1968 também não interessava, pois naquela época, segundo essa visão, as mulheres eram minoria na universidade, não possuíam espaço no movimento estudantil, os negros eram quase inexistentes antes da política de cotas, e a orientação sexual não era considerada um problema político sério.

A heroicização de 1968 portanto se tornou fora de moda, e a sua geração foi denunciada como machista, homofóbica e racista mais em função da aparência de seus líderes do que por seu discurso. E apesar de todo o meu apoio ao movimento feminista e ao movimento negro, o problema que vemos hoje é muito semelhante às atitudes excessivamente agressivas dos "jovens" contra os "adultos", também verificada em 1968. Seria interessante debater questões que não pude aprofundar na minha dissertação, por falta de fontes nesse sentido, que explorassem o racismo velado no movimento estudantil de 1968 contra Elinor Brito, o líder da Frente Unida dos Estudantes do Restaurante Calabouço (Fuec), que sofreu a suspeição de ser informante da ditadura, jamais comprovada. Ou entender o papel de Catarina Meloni, uma das principais lideranças estudantis em nível nacional, mas cujo nome foi apagado da memória diante de outras lideranças masculinas.

O conflito de gerações coloca em risco a transmissão de um legado. É impossível aprender com quem nos é absolutamente estranho, ainda mais se acreditamos que esse alguém nada tem a nos ensinar, se não nos interessamos por sua linguagem, se presumimos que já sabemos de tudo. O passado é visto assim não como um repositório de ensinamentos, mas como uma imagem enganadora, que os mais velhos utilizam para nos manipular e assim manter os seus privilégios. A única história que importa, desse ponto de vista, é a história particular de cada grupo, a história de nossa minoria, aquela que foi oprimida durante séculos. Ao se confundir equivocadamente o opressor com o "homem branco heteronormativo", considera-se que mesmo os estudantes pobres que lutavam para se manter na universidade em 1968 eram "racistas e machistas", a despeito de seu discurso esquerdista, e que a nossa minoria nada tem a aprender com aqueles "esquerdo-machos". As novas esquerdas "pós-neoqualquer coisa", ao buscar no passado apenas um espelho de si mesmas, reproduzem sem saber os mesmos problemas de uma certa historiografia militante, que queria contar uma história da classe trabalhadora combativa, ancestral das lutas atuais, separada da história da burguesia e das outras classes.[7]

Então, para que estudar 1968? Para que manter viva a memória daquela data? Como no final do meu livro *Caminhando e cantando*, só me vem à cabeça a frase dita pela família do estudante morto na rua Maria Antônia, em São Paulo: "Filmem e fotografem à vontade. Talvez isso sirva pra alguma coisa, algum dia." Se ali eu ponderei que já tinha chegado esse dia, hoje considero que ainda estamos à sua espera, mesmo que o documento sirva para algo com que não concordamos. Mas é um risco necessário de toda pesquisa histórica, e é nesse sentido que procuramos manter a memória de 1968 viva. Para todos aqueles que, como eu, não o viveram – e para quem o viveu, para que compreenda algo novo sobre seu lugar no mundo.

Referências

ASH, Timoty Gordon. *Os fatos são subversivos:* escritos políticos de uma década sem nome. São Paulo: Companhia das Letras, 2011.

GABEIRA, Fernando. *O que é isso, companheiro?* Rio de Janeiro: Nova Fronteira, 1982.

______. *Nós que amávamos tanto a revolução.* Rio de Janeiro: Rocco, 1985.

HAGEMEYER, Rafael Rosa. Ibiúna, 1968: a encruzilhada do movimento estudantil, *História, Questões e Debates.* Revista da Associação Paranaense de História e do Programa de Pós-Graduação em História da UFPR. Curitiba, v. 13, n. 25, 1998a.

______ 1968: o ano da derrubada do ensino pago no Paraná. In: MARTINS FILHO, João Roberto (Org.). *1968:* faz 30 anos. São Paulo: Ufscar, 1998.

______. Maio de 68: um mito sempre revisitado, *Todavia*, Revista do Programa de Pós-Graduação em História Social, Londrina, v. 1, n. 2, set. 1999.

[7] Em relação a isso, Hobsbawm observa que "eram naturalmente seduzidos a estudarem não meramente pessoas comuns, mas as pessoas comuns que poderiam ser vistas como ancestrais do movimento: não operários como tais, mas principalmente cartistas, sindicalistas, militantes trabalhistas". Ver Hobsbawm (2000:218).

_____. *Caminhando e cantando:* o imaginário do movimento estudantil brasileiro de 1968. São Paulo: Edusp, 2016.

HELLER, Ivan. *Resistência democrática:* a repressão no Paraná. Rio de Janeiro: Paz e Terra/ Curitiba: Seec, 1988.

HOBSBAWM, Eric. *Sobre história.* São Paulo: Companhia das Letras, 2000.

HOLLANDA, Heloisa Buarque de. *Impressões de viagem:* CPC, vanguarda, desbunde (1960-1970). Rio de Janeiro: Rocco, 1992.

LE GOFF, Jacques; NORA, Pierre. *História e memória.* Campinas: Ed. da Unicamp, 2003.

LEVI, Primo. *Os afogados e os sobreviventes.* Rio de Janeiro: Paz e Terra, 1990.

MARTINS FILHO, João Roberto. *Movimento estudantil e ditadura militar, 1964-1968.* Campinas/São Paulo: Papirus/Fapesp, 1987.

_____ (Org.). *1968:* faz 30 anos. São Paulo: Ufscar, 1998.

MENESES, Sônia. Sob o fardo do presente: mídia, memória e esquecimento – questões para pensar a história na contemporaneidade, *Outros Tempos.* Universidade Estadual do Maranhão, v. 6, n. 7, 2009.

MIRANDA, Nilmário; TIBÚRCIO, Carlos. *Dos filhos deste solo:* mortos e desaparecidos políticos durante a ditadura militar. São Paulo: Perseu Abramo, 1999.

REIS FILHO. Daniel Aarão. *A revolução faltou ao encontro:* os comunistas no Brasil. 2. ed. São Paulo: Brasiliense, 1990.

_____. *A roleta chilena.* Rio de Janeiro: Record, 1981.

VENTURA, Zuenir. *1968:* O ano que não terminou. Rio de Janeiro: Nova Fronteira, 1988.

SIRKIS, Alfredo. *Os carbonários.* Rio de Janeiro: BestBolso, 2008.

_____. *1968:* o que fizemos de nós. São Paulo: Planeta do Brasil, 2008.

Sobre os autores

Angélica Müller (organizadora). Doutora em história pela Universidade de Paris 1 e em história social pela Universidade de São Paulo (USP) (2010). Professora do Instituto de História da Universidade Federal Fluminense (UFF) e pesquisadora associada do CHS XXème Siècle da Universidade de Paris 1. Professora convidada do Iheal – Universidade de Paris 3 (2018). Pesquisadora 2 CNPq. Foi pesquisadora sênior da Comissão Nacional da Verdade, responsável pelo capítulo "As graves violações nas universidades" inserido no tomo II do Relatório. Atualmente coordena o projeto CNPq/Universal: "Como eles observavam: a vigilância e a produção de informações sobre o movimento estudantil durante a ditadura militar (1969-1979)". É autora de *O movimento estudantil na resistência à ditadura militar (1969-1979)* (2016).

Camille Goirand. Doutora em ciência política pela Sciences Po de Paris (1998). Professora de ciência política no Institut des Hautes Etudes d'Amérique Latine – Iheal, Université de Paris 3 – Sorbonne Nouvelle. É membro do Creda – UMR 7227, Centre de Recherche et de Documentation sur les Amériques, e associada ao Ceraps – UMR 8026. Seus trabalhos abordam principalmente os comportamentos políticos das classes populares no Brasil, mobilizações e militantismo. Atualmente é pesquisadora do projeto CNPq/Universal: "Como eles observavam: a vigilância e a produção de informações sobre o movimento estudantil durante a ditadura militar (1969-1979)". Entre outros trabalhos, coordenou, ao lado de Hélène Combes et David Garibay, *Les lieux de la colère: occuper l'espace pour contester, de New York à Sanaa* (2015).

Gabriela Costa. Aluna do curso de história da Universidade Federal Fluminense.

Gislene Edwiges de Lacerda. Doutora em história social pela Universidade Federal do Rio de Janeiro (PPGHIS-UFRJ), mestre e graduada em história pela Universidade Federal de Juiz de Fora. Professora de história do Brasil Republicano da Universidade Nove de Julho, em São Paulo. É autora dos livros *Memórias de esquerda: o movimento estudantil em Juiz de Fora de 1974 a 1985* (2011) e *A história em disputa: movimento estudantil e a transição democrática brasileira* (2017).

João Roberto Martins Filho. Professor titular do Departamento de Ciências Sociais da Universidade Federal de São Carlos. Pesquisador 2 CNPq, com doutorado em Ciências Sociais pela Unicamp (1993). Coordena, desde 1996, o Arquivo de Política Militar Ana Lagôa da UFSCar. É autor de *Movimento estudantil e ditadura militar* (1987) e *O palácio e a caserna* (1995). Pesquisador visitante na Universidade da Califórnia, Los Angeles (1997), no Centro de Estudos Brasileiros da Universidade de Oxford (2006/2007), na Faculdade de Artes e Ciências Sociais da Universidade de Waikato, Nova Zelândia (2009) e no Latin American Center da Universidade de Oxford (2013). Ocupou em 2014 a cátedra Rio Branco em Relações Internacionais, patrocinada pela Capes e pelo Itamaraty, no King's College, Londres, em 2015, a Cátedra Rui Barbosa de Estudos Brasileiros na Universidade de Leiden, Holanda.

Larissa Rosa Corrêa. Doutora em história social, com bolsa Capes, na Universidade Estadual de Campinas (Unicamp) (2013). Professora adjunta do Departamento de História da PUC-Rio. Foi pesquisadora visitante na Brown University, Estados Unidos, com bolsa Capes, entre 2009 e 2010, e correspondente no Brasil do Instituto de História Social de Amsterdam (IISH) de 2011 a 2014. Em 2013 e 2014 atuou como pesquisadora do Colégio de Altos Estudos Brasileiros da UFRJ, vinculada ao projeto "Movimentos sociais e esfera pública", que contou com o apoio da SG-PR e da Faperj. Tem experiência na área de arquivologia, pesquisa e ensino de história. Foi uma das ganhadoras do concurso de publicação de teses de 2014 realizado pelo Cecult/Unicamp.

Marcelo Ridenti. Professor titular de sociologia do Instituto de Filosofia e Ciências Humanas da Universidade Estadual de Campinas (IFCH/Unicamp). Pesquisador 1 do CNPq. Foi professor visitante na Universidade de Columbia, Nova York (Ilas, 2014/2015), e na Universidade de Paris 3 (Iheal, 2017). É autor de vários livros e artigos, entre os quais *Brasilidade revolucionária* (2010), *O* *fantasma da revolução brasileira* (2. ed. 2010) e *Em busca do povo brasileiro – artistas da revolução* (2. ed. 2014).

Maria Julia Dias. Aluna do curso de história da Universidade Federal Fluminense.

Maria Ribeiro do Valle. Doutora e mestre em educação pela Universidade Estadual de Campinas, graduada em história pela Faculdade de Filosofia, Ciências e Letras de Guaxupé (1993), e em ciências sociais pela Universidade de São Paulo (1990). Professora livre-docente da Faculdade de Ciências e Letras da Unesp, *campus* de Araraquara. Desde 2014 conta com o auxílio da Fapesp para a coordenação de projetos de pesquisa e de organizações de eventos científicos. Realizou estágio docência no CES (Coimbra, 2016). É autora de vários livros e artigos, entre os quais, *O diálogo é a violência: movimento estudantil e ditadura militar no Brasil* (2008, 2. ed.) e *A violência revolucionária em Hannah Arendt e Herbert Marcuse – Raízes e polarizações* (2014, 1ª reimp.).

Paulo Fontes. Professor do Instituto de História da Universidade Federal do Rio de Janeiro (UFRJ) e pesquisador bolsista produtividade do CNPq. Foi professor da Escola de Ciências Sociais da Fundação Getulio Vargas (Cpdoc/FGV) entre 2008 e 2018. Também foi professor visitante nas Universidades de Duke (2004) e Princeton (2006-7), nos Estados Unidos, e pesquisador visitante no International Institute of Social History em Amsterdã, Holanda (2013) e no re:work Institute da Humbolt University em Berlim, Alemanha (2014). Entre 2010 e 2012 foi o coordenador nacional do GT Mundos do Trabalho da Associação Nacional de História (Anpuh). É autor de vários artigos e livros sobre a história social do trabalho no Brasil após a II Guerra Mundial. Seu livro *Um Nordeste em São Paulo. Trabalhadores Migrantes em São Miguel Paulista, 1945-1966* foi o ganhador do Thomas Skidmore Prize, promovido pelo Arquivo Nacional e a Brazilian Studies Association (Brasa), sendo publicado em inglês pela Duke University Press em 2016.

Pedro Ernesto Fagundes. Doutor em história social pela Universidade Federal do Rio de Janeiro (UFRJ). Professor da Universidade Federal do Espírito Santo (Ufes) e professor permanente do Programa de Pós-graduação em História (PPGHIS – Ufes). Coordenou, entre 2013 e 2016, a pesquisa e a redação do Relatório Final da Comissão da Verdade da Ufes. É investigador associado da rede de investigação "Direitas, História e Memória". Também atua como pesquisador associado do grupo de pesquisa Brasil Republicano – Pesquisadores em História Cultural e Política (BR-PEHCP). Atualmente é pesquisador do projeto CNPq/Universal: "Como eles observavam: a vigilância e a produção de informações sobre o movimento estudantil durante a ditadura militar (1969-1979)".

Rafael Hagemeyer. Doutor pela UFRGS com tese sobre a identidade antifascista nas canções da Guerra Civil Espanhola, e mestre pela UFPR com dissertação sobre o imaginário do movimento estudantil brasileiro em 1968. Seus projetos de pesquisa e extensão estão relacionados a música, cinema, arte e política, movimentos sociais e meios de comunicação. Realizou pesquisa pós-doutoral na Espanha junto ao Departamento de História da Arte da Universidad Autónoma de Madrid, investigando a iconografia das guerras de independência. Foi professor da Universidade Positivo, nas áreas de história da comunicação, arte e estética. Como professor colaborador da UFPR, ministrou as disciplinas de história do Brasil e história moderna e contemporânea. Professor da Universidade do Estado de Santa Catarina (Udesc), onde atua no Laboratório de Imagem e Som (LIS) na produção de videodocumentários históricos.

Esta obra foi produzida nas
oficinas da Imos Gráfica e Editora na
cidade do Rio de Janeiro